D1728874

LA FRANC-MAÇONNERIE NOIRE REVELEE
REVELEE

ou

LA CONFRERIE DES NOBLES VOYAGEURS

© Éditions Dervy, 2006
22 rue Huyghens - 75014 Paris
ISBN : 2-84454-419-3
ISBN 13 : 978-28454-419-3

email : contact@dervy.fr

Un Académicien Sans Academie

LA FRANC-MAÇONNERIE NOIRE REVÉLÉE

REVÉLÉE

ou

LA CONFRÉRIE DES NOBLES VOYAGEURS

Guedolah 'avérah lichmah !

*à Martial Viallebesset
Maître Maçon en 1812
à son héritier
Jacques Viallebesset
Membre de la Confrérie
des Nobles Voyageurs en 2006.*

« *Ayant ainsi à tenir compte de lecteurs très attentifs et diversement influents, je ne peux évidemment parler en toute liberté. Je dois surtout prendre garde à ne pas trop instruire n'importe qui. Le malheur des temps m'obligera donc à écrire, encore une fois, d'une façon nouvelle. Certains éléments seront volontairement omis ; et le plan devra rester assez peu clair. On pourra y rencontrer, comme la signature même de l'époque, quelques leurres. A condition d'intercaler çà et là plusieurs autres pages, le sens total peut apparaître.* »

Guy DEBORD, *Commentaires sur la société du spectacle*

« *Je déclare ici premièrement qu'en cette* Somme*, je n'ai pas enseigné notre science de suite, mais je l'ai dispersée çà et là en divers chapitres. Et je l'ai fait ainsi à dessein, parce que si je l'avais mis en ordre de suite, les méchants, qui en feraient un mauvais usage, l'auraient apprise aussi facilement que les gens de bien, ce qui serait une chose tout à fait indigne et injuste. Je déclare en second lieu que partout où il semble que j'aie parlé le plus clairement et le plus ouvertement de notre science, c'est là où j'ai parlé le plus obscurément, et où je l'ai le plus caché.* »

Jâbir IBN HAYYÂN, *Summa perfectionis magisterii*

INCIPIT LIBER

I'm the Lizard King
I can do anything
I can make the earth stop in its tracks
I made the blue cars go away

For seven years I dwelt
In the loose palace of exile,
Playing strange games
With the girls of the island.

Now I have come again
To the land of the fair, & the strong, & the wise.

Brothers and sisters of the pale forest
O children of Night
 Who among you will run with the hunt?

Now Night arrives with her purple legion.
Retire now to your tents & to your dreams.
Tomorrow we enter the town of my birth.
I want to be ready.

Jim MORRISON, *The celebration of the Lizard.*

PRÉAMBULE

Un ancien rite révélé ?

L'exégèse la plus ingénieuse ne saurait découvrir dans la légende, les emblèmes et le décor de grades de Vengeance, le moindre symbolisme qui suggère quelque idée élevée ou généreuse. Le seul enseignement moral qu'on y trouve est de l'espèce la plus grossière puisqu'il s'attache à démontrer que l'assassinat est un crime digne de châtiment et la prétendue signification secrète des cérémonies et des emblèmes est souvent présentée sous une forme ridicule... Les ressorts sur lesquels les inventeurs comptent le plus, ceux qu'ils font jouer de préférence, ce sont la crainte et l'horreur... L'atmosphère qu'on respirait dans les loges d'Elus était, pour les Frères ayant quelque sensibilité, toute chargée de vapeurs de sang et d'odeur de cadavres.

René LE FORESTIER, *L'Occultisme et la Maçonnerie Ecossaise*

Ainsi donc, dans ce présent volume, le lecteur amateur de curiosités maçonniques pourra prendre connaissance de la « *Maçonnerie Noire* » et de ses « *Grades de Vengeance* », maçonnerie curieuse et insolite dont il n'y a pas ailleurs d'équivalent, hybride entre la fraternité monacale férue de théologie apophatique, la cellule politique anarchiste tentée par la clandestinité, et la coalition de grands initiés en vue d'une farce mystique.

Il existe, recensés de par le monde — et seulement dans des dépôts publics — sans doute pas moins de deux cent rites maçonniques différents, — certains auteurs ont monté jusqu'au millier — et seuls ne sont connus présentés et pratiqués par les maçons qu'une demi-douzaine d'entre eux, et des plus convenables. Qui décide du convenable et de l'orthodoxie ? Selon quels critères certains sont-ils éloignés, réécrits, révisés, adaptés, lissés, effacés, censurés, tandis que d'autres sont tout bonnement passés à la trappe ? Et par qui ? Selon quels mobiles ? Là-dessus, le monde maçonnique est étonnamment silencieux, et préfère parler des rituels sans s'interroger sur leurs auteurs et leurs faussaires, sur leurs contrefacteurs, leurs falsificateurs et leurs escamoteurs. Pourtant, une rapide étude historiographique de la genèse des principaux rituels maçonniques serait très édifiante. On y découvrirait que les rituels qui survivent et qui sont consacrés par les obédiences sont réécrits régulièrement pour satisfaire à l'opinion dominante. De 1740 jusqu'aux années 1780, il règne, selon l'expression de Marcy, une belle « *anarchie écossaise* » en maçonnerie : les hauts grades sont innombrables — Ragon en dénombre mille quatre cents — et chaque loge y va de son *happening* en soir de semaine, avec décor, tablier et pures légendes d'héroïque fantaisie mêlant Arthur au roi Salomon, les magiciens de la lointaine Chaldée s'associant avec druides en tenue d'alchimiste, et les templiers initiés aux secrets des Assassins du Vieux de la montagne revenant en Occident avec le secret de la pierre philosophale.[1] L'uniformisation étend son gris manteau vers 1780, les trois rites les plus connus sont arrêtés en leur forme définitive dans ces années-là : le *rite écossais rectifié* (l'adjectif sent bon ses inspecteurs et sa revue de détail…) est fixé en 1782, le *rite français* en 1784, le *rite écossais ancien et accepté* en 1804. Depuis, *s'initier, c'est apprendre à mourir d'ennui*. La même historiographie des rites maçonniques ferait découvrir que les *contre-rituels maçonniques*, dès qu'ils s'aventurent sur les rivages de la poésie, de l'alchimie effective, de la subversion politique, de la mystique impie ou de l'érotique sacrée, sont systématiquement désapprouvés, blackboulés et perdus. Pourquoi ? Sans doute, parce qu'il s'agit en loge de transmettre, par l'imprégnation symbolique et le travail cérémonial, une vision unique du monde, celle qui domine le siècle et qui pénètre les esprits les plus communs. Les rares rituels maçonniques rete-

1. Nous sommes tributaires, dans cette analyse de la franc-maçonnerie comme divertissement mondain plus que comme agora prédémocratique des plus récents travaux de P.-Y de Beaurepaire (*Théâtre de socialité et franc-maçonnerie aristocratique dans l'Europe les Lumières, une rencontre réussie* ; « L'Autre et le Frère, l'étranger et la franc-maçonnerie en France au XVIIIᵉ siècle », *Les dix-huitième siècles*, n° 23, Paris, Honoré Champion ; « La République universelle des francs-maçons. De Newton à Metternich », *De mémoire d'homme : l'histoire*, Rennes, 1999, Ouest-France ; « La sociabilité maçonnique à l'heure des notables et des capacités. Jalons pour l'étude d'une mutation décisive » in Hervé Leuwers éd., *Elites et sociabilités au XIXᵉᵐᵉ siècle : héritages, identités*, préface de M. Augulhon, Acte de la journée d'étude de Douai, 27 mars 1999, Université Charles de Gaulle, Lille 3, Centres de recherche sur l'Histoire de l'Europe du Nord-Ouest, Lille, Presse du Septentrion, pp. 30-50.) Nous renvoyons aussi au point de vue développé par Ran Halévi, « Les Loges maçonniques dans la France d'Ancien régime. Aux origines de la sociabilité démocratique », *Cahier des Annales*, n° 40, Paris, 1984, qui a revisité le maillage maçonnique du XVIIIᵉᵐᵉ siècle à partir de son inscription dans l'espace et l'armature urbaine, et a présenté la loge plus comme le laboratoire de la sociabilité démocratique que celui des mondanités aristocratiques. Même si Beaurepaire s'ingénie à opposer l'un et l'autre de ces deux usages, il me semble qu'elles peuvent être conjointes par l'utilisation de la loge comme terrain d'apprentissage d'une sensibilité subjective spécifique, l'aristocratie enseignant traditionnellement la fête et la mise en scène somptuaire de ses qualités là où la bourgeoisie « démocratique » transmet l'art du négoce, donc de la négociation égalitaire. On retrouve cette même perspective de socialité démocratique chez Jürgen Habermas (*L'Espace public : archéologie de la publicité comme dimension constitutive de la société bourgeoise*, 1986) et chez George Simmel. Outre ces deux « poids lourds » sur la question de la sociabilité maçonnique, on pourra se référer avec intérêt aux travaux de Maurice Agulhon (« Le cercle dans la France bourgeoise 1810-1848, étude d'une mutation de sociabilité », *cahiers des Annales*, n° 36, Paris, Armand Collin, 1977) et de Daniel Roche (*Le siècle des Lumières en province, Académies et académiciens provinciaux, 1680-1789*, Paris-La Haye, Mouton, 1973, 2ᵉᵐᵉ édition, éditions de l'EHESS, 1984, 2 vol.). (L'étonnant est que Agulhon avouera avoir emprunté cet axe de recherche en ignorant tout des travaux entrepris par G. Simmel avant lui ! Cf. M. Agulhon, *Pénitents et Francs-maçons de l'ancienne Provence. Essai sur la sociabilité méridionale*, Paris, 3ᵉᵐᵉ édition, p. XII, 1984 — sa première édition aux PUF date de 1966 à Aix-en-Provence, mais n'était que sa thèse complémentaire.)

2. A l'époque on attachait le « *patient* » « *à l'extrémité d'un long cordage, pieds et poings liés, yeux bandés* » puis on le redescendait « *de l'étage le plus élevé au fond d'un puits* », des feuilles de choux attachés à ses jambes « *que des lapins déposés à l'avance... venaient brouter* ». (Détail de l'initiation rapporté in Edgar Bérillon, *Historique de la Loge de Joigny in Renaissance traditionnelle*, « Une théâtralisation française », cit. in Hervé Viguier, *Défense et illustration de la maçonnerie française. Le Rite français, t. II, Du Maître au Chevalier Maçon ou les chemins sinueux de l'Ecossisme dans la tradition maçonnique française*, Télètes, 2005).

nus par l'usage le sont parce qu'ils servent à dresser les corps et la sensibilité afin qu'ils accueillent en eux et incarnent la pensée de leur siècle. L'historiographie maçonnique est en effet une science décevante pour le maçon militant : plus la maçonnerie est institutionnalisée et reconnue par les puissants, moins ses rites sont nombreux et échevelés, moins ils sont aventureux et hésitent à mettre en scène des archétypes que la société profane refoule et condamne. Plus l'honorable fraternité se bureaucratise, plus elle prétend à une légitimité sociale et à une reconnaissance des institutions, plus elle passe au crible ses fabrications de poésie pure et collective, et plus elle amenuise leur force imaginale. Ainsi vont les choses, l'imagination ne peut pas être au pouvoir.

Si, au milieu du XVIIIᵉ siècle, les rituels maçonniques étaient truculents, innombrables et si leur floraison anarchique n'obéissait à aucune règle, pas même celle de la décence ou du bon goût[2], c'est parce qu'une nouvelle sensibilité essayait de se faire jour, après que l'aristocratie eût chuté et avec elle sa pompe et son étiquette. La bourgeoisie naissante s'essayait en loge à varier les plaisirs, à jongler avec les sensations nouvelles, tantôt fortes, tantôt capiteuses : elle contrefaisait la messe, moquait les croisades, s'amusait à se donner des titres ronflants, exotiques et solennels. Puis, tandis que la bourgeoisie prenait son essor et commençait à se prendre au sérieux, elle fossilisa et ossifia la vitalité des cérémonials ; elle pétrifia leur génie propre et leur spontanéité débridée, et sélectionna avec toujours plus de rigueur les rares qui pouvaient servir à sa philosophie de l'*économie*, dans la double acception du terme. Ne furent conservés que les costumes sombres à cravate, la gestualité pauvre, sèche et austère. On s'appliqua à faire l'éloge d'une triste vertu qui sentait bon son évangile laïc. Surtout on honora la sobriété, l'épargne, la décence, le travail, le déisme, et la sentimentalité doucereuse et bêtifiante. Tout ce qui, dans cette maçonnerie pour Bouvard et Pécuchet, en appelait à autre chose que l'esprit de sérieux d'un pharmacien de province, était impitoyablement châtié et passé aux oubliettes de l'histoire. Combien de rites sont ainsi morts avant d'avoir pu être joué par les *compagnies maçonniques* ? Combien de cérémonials ont été passés pour perte et profit alors qu'ils étaient de purs éclats de poésie sauvage et hermétique ?

Et aujourd'hui ? Rien n'a changé. Les quelques rites maçonniques qui ont pignon sur rue sont des condensés de cette philosophie à la petite semaine où les corps apprennent la tenue et la retenue, où l'âme apprend à s'épancher sur de la « grande musique », où l'esprit domestique s'enfle à des dimensions mystiques et s'empare de Dieu pour en faire le bibelot dorloté d'une conscience frileuse et parcimonieuse, craignant plus que tout les écarts et les emportements. Cela durera-t-il ? Sans doute aussi longtemps que seront recrutés des bataillons de petits-bourgeois, s'extasiant sur Mozart, redoutant les excès moraux comme un grippé les courants d'air, voulant la paix dans le monde mais surtout la paix dans son arrondissement, et allant en loge pour fuir sa bonne femme.

Il serait pour le moins désastreux que la franc-maçonnerie devînt la dernière Eglise, ânonnant des formules en hébreu d'arrière-cuisine sans les comprendre, s'agenouillant devant l'autel et courtisant la chaisière. Et encore, même l'Eglise a eu son concile de Vatican II, pendant lequel elle s'interrogea publiquement sur elle-même, sur ses cérémonies et leur signification. On attend en vain le Vatican II des obédiences maçonniques...

C'est pourquoi il est grand temps de déstaliniser la maçonnerie, et de ramener à la surface tout ce qu'elle refoule et censure depuis trois cents ans, ces innombrables rituels baroques et païens, illuministes et mystiques, rococos et décadents ou bien encore clandestins et insurgés — la liste serait longue. Il s'ensuivrait que les grandes obédiences auraient des comptes à rendre devant leur *politique culturelle centenaire d'oblitération systématique de la diversité rituelle*. Après tout, une bibliothèque est d'autant plus nourrissante qu'elle porte des livres différents sur ses rayonnages. Pourquoi n'en serait-il pas de même avec la maçonnerie et pourquoi cette dernière s'enorgueillit-elle d'être une association à caractère philosophique et philanthropique, alors qu'il y a moins de rites sur ses rayonnages qu'il y avait de boîtes de conserve différentes dans toutes les épiceries de l'Allemagne de l'Est ? Pourquoi les obédiences autorisent-elles un rituel plutôt qu'un autre ? Et pourquoi si peu ? Et pourquoi ne favoriseraient-elles pas ou n'encourageraient-elles pas la promotion de mille et une formes rituelles bigarrées, diverses et bariolées ? Pourquoi chaque loge ne serait-elle pas invitée à être l'exhumatrice et la réhabilitatrice de telle ou telle œuvre de théâtre collectif d'arrière-salle, de proto-happening maçonnique ? Quiconque a musardé assez longtemps dans des archives maçonniques oubliées, sait de quoi je parle : la plus entière fantaisie y règne, dans l'appellation des grades, dans les décors ou dans la philosophie générale qui les soutient. En l'espace de quelques années, et à moins de dix lieues de distance, les rituels changent du tout au tout, et l'improvisation et la fantaisie y sont particulièrement débridées. Quel écart d'avec notre époque où les bafouillages du soir de quelque agent immobilier coupés par les bredouillements de quelque gendarme à la retraite se font à partir de textes expurgés par la centrale d'achat parisienne, et qu'on récite d'une voix qui fait penser à du Corneille psalmodié par un grabataire. Il est pour le moins étonnant que l'on s'insurge dès que l'on coupe ou que l'on caviarde un texte d'auteur, mais que l'on ne dise rien lorsque l'honorable fraternité — tellement éprise de liberté absolue de conscience — cisaille allègrement ses rituels et les réécrit au gré des successions des gouvernements.

Mais sans doute cela tient-il à la conjonction de deux faits. D'abord la détresse intellectuelle des maçons eux-mêmes, qui se rapportent à leurs rituels comme s'ils étaient des morceaux d'azur tombés du ciel des idées ou de purs fragments de moralité, les imaginant sans histoire ni passé, sans parents humains qui les conçurent pour répondre à une attente ou satisfaire à une requête — maçons, encore un effort pour être laïcs ! —.[3] Ensuite, la chose peut s'expliquer par l'arrivisme des obédiences, dont j'ai

---

3. De toute façon, l'état de la recherche historiographique en France sur la question maçonnique n'en est qu'à son stade embryonnaire. Il n'y a guère que depuis un petit demi-siècle que l'on ose penser la franc-maçonnerie avec des outils qui soient ceux des sciences humaines. Mais il faut se heurter aux francs-maçons eux-mêmes, trop effrayés à l'idée de devoir se confronter à la vérité de l'imposture de leur origine. Les plus courageux d'entre eux pourront donc se référer aux études suivantes : Pierre Chevallier (*Les Ducs sous l'Acacia* ou *Les premiers pas de la franc-maçonnerie française 1725-1743*, Paris, Librairie philosophique J. Vrin, 1964 réédité trente ans plus tard augmenté de *Nouvelles recherches sur les francs-maçons parisiens et lorrains 1709-1785*.) dans les années 60 et Daniel Ligou (qui s'est retiré depuis quelques années) furent les pionniers de la recherche historique. D'autres tels Gérard Gayot (*Les francs-maçons à l'orient de Charleville*, 1965), Michel Taillefer (*La franc-maçonnerie toulousaine*, 1984) ou Jean-Luc Quoy-Bodin (*L'Armée et la franc-maçonnerie au déclin de la monarchie sous la Révolution*

expliqué ailleurs qu'elles sont les institutions qui permettent à la classe moyenne de se former une morphodoxie spécifique, c'est-à-dire une sensibilité commune et un goût partagé entre gens de la même classe sociale. Mais il leur faut pour cela des rituels précis et définis pour dresser les âmes et fabriquer cette *distinction* partagée. La multiplication des rituels serait contraire à la fonction unificatrice de la maçonnerie actuelle qui doit produire à la chaîne une sensibilité spécifique, celle de la classe moyenne supérieure — combien d'arabes et d'ouvriers en loge ? — et que l'on peut appeler, sans trop être insultant, *bourgeoise*.

Prenons-nous à rêver. Si chaque loge était libre, si elle ne se contentait pas de subir la normativité de ses cérémonies, et si elle allait chercher son inspiration ailleurs... On pourrait alors imaginer un monde maçonnique en lequel chaque atelier impliquerait tous ses membres dans la fabrication ou la recherche de rites et de cérémonies conformes aux influences et aux attentes des uns et des autres. Mais qu'on se rassure, il y a loin entre 60 000 maçons et 60 000 artistes, et la Police de la Pensée veille, car les Conseillers de l'Ordre, dans

---

et l'Empire, 1987) ont rencontré le sujet mais l'ont ensuite délaissé. Il n'y a guère aujourd'hui que par Pierre-Yves de Beaurepaire que la recherche historique sur la franc-maçonnerie soit entreprise. Sur l'historiographie de la maçonnerie, on pourra lire avec bénéfice la présentation de Ch. Porset : « La franc-maçonnerie française au dix-huitième siècle. Etat de la recherche. Position des questions (1970-1992) » ; J.-A. Ferrer Benimel coordinador, « La masoneria Espanola entre Europa y America », II, *Symposium Internacional de Historia de la Masoneria Espanola*, Zaragoza, 1-3 de Julio 1993, Zaragoza, 1995, Gobierno de Aragon, departemento de Educacion y Cultura, pp. 903-95 ; ainsi qu'au livre de Ch. Porset, *Hiram sans-Culotte ? Franc-maçonnerie, Lumières et révolution. Trente ans d'études et de recherches ?* Paris, H. Champion, 1998, *Les dix-huitièmes siècles*, n° 24.

4. Au sens bourdieusien d'un *habitus* qui permet d'acquérir une distinction de goût : « *Comme toute espèce de goût, elle* [la disposition esthétique], *elle unit et sépare : étant le produit des conditionnements associés à une classe particulière de condition d'existence, elle unit tous ceux qui sont le produit de conditions semblables mais en les distinguant de tous les autres et sur ce qu'ils ont de plus essentiel, puisque le goût est le principe de tout ce que l'on a, personnes et choses, et de tout ce que l'on est pour les autres, de ce par quoi on se classe et par quoi on est classé.* » P. Bourdieu, *La distinction, Critique sociale du jugement*, 1979).

la pyramide des responsabilités maçonniques, sont attentifs à tout ce qui causerait l'effondrement du Monopole Rituel dont ils ont la garde.

On expose, dans n'importe quelle galerie de province, les huiles et les croûtes d'hommes et de femmes ordinaires qui n'ont pas eu peur de chercher à devenir créateurs. Dubuffet lui-même se battait pour rendre à la spontanée créativité populaire ses lettres de noblesse, et exhortait prisonniers, ouvriers, enfants et malades mentaux à faire acte et œuvre d'art. Pourquoi les maçons, qui se gaussent tant de faire œuvre de culture, ne se prendraient-ils pas au mot, et pourquoi ne seraient-ils pas les architectes de nouvelles cérémonies qui mettraient en scène, dans des œuvres infiniment novatrices et sans cesse recommencées, l'infinie richesse et variété de leur patrimoine pluriethnique ?

En attendant ces temps de liberté maçonnique, j'ai pris *ma* liberté de donner à l'intelligence critique de mes lecteurs la connaissance de ce rituel délaissé et méconnu de « maçonnerie noire ». Il en fera hurler plus d'un, on s'en gaussera, on criera à l'imposture, au canular, au ridicule, à la folie, au délire mystique ou à la manipulation politique. On dira encore de moi des choses qu'on croira être des insultes et qui cependant m'honoreront. Des pisse-froid diront que je ne suis pas sérieux, des salauds qui s'accommodent de l'horreur de ce monde diront que je veux subvertir les honorables institutions qui le soutiennent et le cautionnent, des hommes sans cœur diront que j'en ai trop, des hauts-gradés voudront m'arracher les galons que j'ai déjà déchirés et foulés au pied en riant. Il n'empêche : une lecture honnête de ce recueil montrera que cette pitrerie sans lendemain est une plaisanterie qui fut pensée très sérieusement.

On y voit une maçonnerie qui prend acte de la mort de Dieu et cependant ne se contente pas de se débarrasser de l'appel de l'absolu, puisqu'elle préfère *interroger Son absence*.[5] On y voit une maçonnerie qui prend acte de la fin de la bourgeoisie comme classe sociale, et envisage son dépassement politique par une *révolution qui interroge la militarisation du politique*.[6] On y voit une maçonnerie qui se rapporte au corps et à la nature et cherche à refonder une *alliance avec la nature qui dépasse la métaphysique productiviste*.[7] On y voit enfin une maçonnerie qui refuse d'opérer un divorce entre *Occident et Orient et cherche à conjuguer leurs apports*.[8] Ces quatre points suffisent pour démontrer que cette « maçonnerie noire » est aujourd'hui

5. Ce faisant c'est moins la « *mort de Dieu* » (Nietzsche, *Le Gai savoir*, § 125) dont portent témoignage ces rites maçonniques que « *l'éclipse de Dieu* » (M. Buber), métaphore inspirée par le « voilement » biblique de la Face divine, rappelée par les trois premières sefirot invisibles et inconnaissables, et en même temps éminemment modernes depuis que la Voix prescriptive d'Auschwitz retentit comme un *repons* à la Voix prescriptive du mont Sinaï. Sur l'éclipse de Dieu, on pourra méditer l'une des dernières interventions de M. Buber (in Paul A. Schilpp et M. Friedmann, *The Philosophy of Martin Buber*, Open Court, La Salle, 1967, p. 176) : « *Ces dernières années, en méditant profondément, avec une grande interrogation, saisi toujours à nouveau par le frémissement du « maintenant », je n'ai pu faire davantage que discerner maintenant une révélation dans le voilement de la Face, une parole à travers le silence. Nos yeux peuvent voir l'éclipse de Dieu, ils la verront. Mais celui qui ne trouve aujourd'hui rien d'autre à dire que ceci : « regarde là où cela s'éclaire ! », celui-là induit en erreur.* »

6. Nul ne niera en effet que ce qui caractérise ces dernières années c'est moins la mondialisation du libéralisme, que l'internationalisation du capital, ce qui est son stade ultime puisqu'ensuite, n'ayant plus de terres vierges à coloniser, il lui faudra extorquer et pressurer toute l'humanité *jusqu'à ce qu'elle en crève ou jusqu'à ce qu'il en crève.*

7. De même, il y a quelque chose de pitoyable à entendre les derniers seigneurs de la Préhistoire de la pensée invoquer le retour de la croissance, alors que chacun sait que la terre est ronde et que son exploitation infinie ne peut déboucher sur rien d'autre que son exploitation outrancière, sa dévastation, puis sur l'élimination des espèces supérieures, — dont l'homme. Quant au développement durable, il croit que l'on peut développer l'économie en sous-développant l'exploitation de la planète. Le viol de la terre n'est pas qu'une maladresse ou un dysfonctionnement du capital, c'en est le programme et l'horizon idéologique.

8. Prétendre un choc des civilisations, c'est supposer une opposition culturelle entre New York et Kaboul, — ce qui ne tient pas, au motif que l'Amérique est la première des civilisations à se développer sans culture, et que l'Orient perso-musulman est la dernière des cultures coutumières sans civilisation étatique. En revanche, la rencontre entre Orient et Occident s'est toujours faite, parce que nous autres du Vieux Monde, — êtres de culture et de civilisation — sommes nés *et* à Jérusalem *et* à Athènes.

9. Il y a en effet quelque chose d'abject aujourd'hui à perpétuer des rites maçonniques qui célèbrent la Lumière et apprennent aux Sœurs et Frères à lancer des Batteries d'Allégresse en direction soit du Progrès de l'Humanité, soit du G∴A∴D∴L∴U∴ « qui est Dieu » comme s'entêtent à dire les maçons « réguliers », comme si rien ne s'était passé à Auschwitz. Dieu était-il à tenir la main des enfants qui attendaient les wagons sur le quai à Drancy ? Les a-t-il portés pour éviter qu'ils ne se blessent en tombant à la descente ? Et le progrès humain ? A-t-il contribué à rationaliser mieux encore l'industrie de la mort et la production des savonnettes et des chandelles en graisse humaine ? Continuer à ânonner « *dans le Temple de l'Homme* » de telles formules ne sont pas qu'une insulte à la mémoire des morts du vingtième siècle, c'est par le mutisme ou l'autisme spirituel qui les caractérisent, perpétuer ces crimes, au moins en être le complice. D'où, estimons-nous, *la nécessité d'un rite qui prennent acte de ce que Dieu pleure sa décision, ou de ce que l'homme pleinement humain s'oblige à porter le deuil de son humanisme.* C'est l'enjeu de ces pages.

un recours efficace pour qui a compris que l'initiation est Eveil, donc sortie des conforts et des conformismes.[9] Les exégètes maçonniques se sont épuisés à « évhémériser » ces *grades de Vengeance* et à les historiciser, en prétendant y voir la vengeance de Charles 1er dont les « enfants de la veuve » étaient les Stuardistes rassemblés autour d'Henriette de France ou bien celle des jésuites, écartés du pouvoir par la monarchie et la papauté tout ensemble et trouvant dans ce grade les moyens de former une classe de tueurs dont ils guideraient la lame. Mais si les interactions historiques ne doivent jamais être sous estimées ou ignorées, elles ne doivent pas oblitérer la dimension proprement *imaginale* des rites qui en font d'abord des lieux et des temps *autres*. La *Vengeance d'Hiram* est à la fois cela, et beaucoup plus que cela. Elle renvoie à cette blessure naturelle faite à l'homme par sa naissance même, — il est à jamais séparé d'une origine dont seule sa mort le guérira — mais, de tous les êtres, il est le seul capable de s'en étonner et d'exiger réparation, ce qui en fait l'être métaphysique par excellence. Son désir ardent, s'il ne se décline pas en réintégration nostalgique et en régression *ad uterum* sous la forme de l'*unio mysticum*, prend alors la forme et la force de la révolution luciférienne de celui pour qui l'existence et le monde en l'état sont une injustice et un scandale. Au fond, face à la cruauté de naître, il y a la solution de *droite*, qui est celle de l'acceptation, de la soumission et de l'abnégation fataliste à l'ordre du monde, et la solution de *gauche*, qui est celle de la ré-volte, de la ré-bellion, qui riposte à l'injustice naturelle par l'imposition d'une volonté qui fait violence aux choses et manifeste alors l'exigence inaltérable d'un droit qui ne se satisfait jamais des faits du monde. *C'est ainsi qu'il faut entendre cet appétit ardent de vengeance, comme le symbole métaphysique de la gauche.* Car la gauche, avant de devenir manigances et manœuvres pitoyables pour avoir place au parlement, est d'abord refus de l'ordre du monde et de Dieu, et volonté d'instaurer, contre lui, l'ordre du droit et des hommes. Au droit de Dieu, les Maîtres de Vengeance opposent leur volonté luciférienne : on les dira *mal à droit*, donc *sinistres*, donc *gauches*. Qu'à cela ne tienne : ils préfèreront cette malédiction divine qui en fait les boiteux, les renégats et les éternels révoltés, parce qu'ils préfèrent se séparer (*dia-bolein*) du monde plutôt que de tolérer un ordre trop étroit pour le sens ardent qu'ils ont de la justice. L'essentiel tient là : *les grades de vengeance résument toute la métaphysique de la gauche. Ils sont la matrice imaginale pour toutes les conquêtes politiques, sociales, spirituelles de la gauche historique.*

Il y a deux manières de broyer un homme ou un peuple. La première solution, brutale, consiste à étouffer en lui tout désir de révolte, à démolir sa dignité par laquelle il reste debout regardant son bourreau dans les yeux, malgré les coups qui pleuvent. Il faut pour cela des geôles profondes où l'on tue dans l'isolement, et des assassins embauchés par le tyran, payés de mauvais vin et pavanant par les rues dans des uniformes impeccables. La seconde solution, plus subtile, consiste à maintenir le désir, mais à éviter qu'il s'incarne dans la révolte, la rébellion, l'indignation. Cette solution est le fait de tyrans virtuoses et supérieurs qui ont compris que la meilleure dictature ne se contente pas de mater dans l'œuf toute rébellion, mais qu'elle encourage les désirs d'utopie et de changement qui sont enracinés au cœur de l'homme, et qu'elle parvient à les détourner loin de la cité et de la dignité, pour les faire s'épuiser sur d'autres objets moins redoutables. On donnera alors à ce désir des objets de substitution, qui peuvent être, dans l'au-delà, Dieu ou dans l'ici-bas, des objets à posséder et à consommer et qui se succèdent sans cesse à un rythme effréné. Ainsi la démocratie de marché tempérée d'une bonne dose de déisme est-elle la plus raffinée des dictatures. Elle seule a compris que l'homme est habité par un désir d'absolu que rien ne peut étancher. Mais à l'infini du désir de l'homme, qui pourrait le faire se battre pour ce qui n'existe pas dans ce monde, et qui s'appelle la dignité, la liberté ou la justice, les bourreaux les plus subtils répondent par Dieu ou la roue infernale de la consommation capitalistique[10]. Ils espèrent ainsi nous faire oublier que la révolte et la dignité nous sont aussi nécessaires que l'air que nous respirons ou l'eau que nous buvons.

Jamais n'a été aussi urgente la nécessité de riposter, et dans le même temps, jamais la gauche n'a été aussi absente. Quand nous disons gauche, bien sûr, nous ne faisons pas référence à ces poses rebelles qui sont désormais des modes de consommation culturelle. Nous ne faisons pas non plus référence à la gauche de gouvernement qui, tant qu'elle gouverne ou veut gouverner, se contente d'avaliser l'ordre du monde en administrant l'empire techno-économique —

que ce soit de manière réformiste ou révolutionnaire —. Lorsque nous disons gauche, nous faisons référence à cette gauche métaphysique, dont l'essence est de signaler l'inaccoutumance de l'homme au monde, et l'insatisfaction première par quoi il se sépare de l'animal, des Dieux et des hommes que rien n'étonne. Pour la gauche métaphysique, le monde ne va pas de soi, au moins il étonne, — voire il épouvante. Il allume en l'homme la critique à l'égard des évidences et des accommodements avec les habitudes sociales et culturelles. *La gauche, c'est l'insolence,* c'est-à-dire, étymologiquement, la méconnaissance (feinte ?) des habitudes, l'incapacité à se soumettre à la coutume parce que rien ne va de soi, l'ironie, la distance, le détachement, le masque, l'humour. D'où cette évidence : il n'y a pas de gauche respectable, ni de gauche au pouvoir, parce que par fonction elle désamorce les jeux du pouvoir en n'y adhérant plus. Le plus grand danger pour le pouvoir viendra de ce qu'un jour plus personne ne le

---

10. Il est opportun ici de citer le célèbre texte de Debord (« Le déclin et la chute de l'économie spectaculaire-marchande » *I.S.*, n° 10) qu'il avait consacré aux émeutes de Watts : « *L* » *homme qui détruit les marchandises montre sa supériorité humaine sur les marchandises. [...] La société de l'abondance trouve sa réponse naturelle dans le pillage, mais elle n'était aucunement abondance naturelle et humaine, elle était abondance de marchandise. [...] Pour la première fois ce n'est pas la misère, c'est au contraire l'abondance de matérielle qu'il s'agit de dominer selon de nouvelles lois. Dominer l'abondance n'est donc pas seulement en modifier la distribution, c'est en redéfinir* toutes les orientations *superficielles et profondes. C'est le premier pas d'une lutte infinie, d'une portée infinie.* » Il va sans dire qu'il y a deux sortes de pillages, l'un déterminé par le ressentiment consommatoire qui vole pour apaiser la frustration engendrée par le spectacle de la marchandise toujours exhibée et toujours promise mais jamais offerte aux pauvres — celle-là est réactionnaire et alimente le totalitarisme sécuritaire dominant —, l'autre qui n'est plus déterminé par le principe d'économie ou d'accumulation, mais par celui du don, du saccage et du potlatch. Celui-là, en ouvrant le désir à autre chose que la possession de marchandises, arme une critique de l'économie politique. C'est pourquoi il nous paraît opportun de signaler, à la manière de la piraterie du XVIIᵉ siècle, que le meilleur de la nouvelle génération se signale dans son aspiration à détruire et à ravager tout ce qui est consommable dans de belles nuits d'émeutes, et qu'il y a là une profonde vérité anticapitaliste à laquelle la gauche contemporaine devrait se ressourcer.

convoitera, car alors, en tant que tel, il disparaîtra. Si la gauche veut le pouvoir, elle est de droite. D'où cette autre évidence : le combat de la gauche aujourd'hui doit être *au moins* anticapitaliste.

Anticapitaliste, parce que le capital est l'opération qui convertit, on le sait assez, tout en marchandises, et qui notamment s'applique aujourd'hui à broyer l'homme, à le dévaster et à ruiner la terre entière. Cette barbarie sans nom qui s'est planétarisée grâce aux « attentats » du 11 septembre s'impose désormais comme un ordre absolu et une norme absolument indépassable, à laquelle il faut impérativement consentir et s'adapter. C'est pourquoi les tenants de l'ordre établi somment et ordonnent d'accepter inconditionnellement la loi du marché, et c'est pourquoi encore ils estiment que tous ceux qui s'y opposent sont des dangereux nostalgiques de la révolution, des apologistes de la violence, incapables d'accéder à la culture du compromis qui est au cœur de la démocratie. Tout cela est une assez bonne définition de ce qu'est la gauche — révolutionnaire, s'interrogeant sur les limites de la paix sociale et de la démocratie — en un mot : dangereuse.

Mais j'ai dit que la gauche devait être *au moins* anticapitaliste. Au moins, parce que le capitalisme n'est qu'une mousse d'écume à la surface d'une vague de fond bien plus terrible, et qui vise, systématiquement, par un dispositif techno totalitaire, à évincer toute *présence* humaine. Oh !, certes, il y aura toujours des *civilisations*, mais celles-ci seront-elles sous-tendues par une *culture* ? Il y aura toujours *foule* dans les rayons des supermarchés, mais sera-ce encore un *peuple* ? Il y aura bien encore des *êtres humains* qui défileront sous les caméras de vidéosurveillance, mais seront-ils encore *capables d'humanité* ? Il y aura toujours de grands *corps* pleins de santé et des *esprits surdéveloppés* et très compétitifs dans l'ordre du bonheur, mais y aura-t-il encore des êtres *capables d'intersubjectivité*, c'est-à-dire aptes à se rencontrer et à s'ouvrir, chez l'autre, à ce qui me dépasse absolument et lui confère une absolue étrangeté, donc qui exige de ma part une délicatesse et des égards également infinis ?

Le dispositif mondial qui est en train de s'accomplir aujourd'hui n'a pas d'autres fonctions que de *sécuriser* la vie de l'homme, c'est-à-dire d'évacuer ce qui lui est facteur de risque, d'inconnu, d'invisible et d'indicible. Tout pouvoir aujourd'hui, avant d'être capitaliste, est technologie de la sécurisation, donc étouffement de l'infini. Le capital, comme concentration des moyens de productions entre des mains privées est technologie de sécurisation, c'est-à-dire stratégie économique pour éviter le risque d'une activité non marchande ou d'une économie du don, de l'ouverture, de l'offre sans la demande. *Cette possibilité d'une béance, d'un déséquilibre, d'une ouverture vers la dépense est ce que redoute absolument le capital, non pour des motifs économiques, mais pour des raisons existentielles : la possibilité d'une vie qui offre sans vouloir combler le déficit de la dépense, c'est-à-dire le rappel de l'existence même de la mortalité et du don comme principe même de toute vie et qui ruine toute économie, c'est tout cela que le capital, comme métaphysique, s'applique à nier.* Or c'est bien cela qui est l'essence même d'une vie proprement humaine ; c'est qu'elle témoigne de ce que, dans l'homme, il existe quelque chose qui est inaltérable et qui échappe à toute désignation, à tout enfermement. Dans cette perspective, il faut être anticapitaliste, mais ne pas s'arrêter à cela, car vouloir répondre, — par exemple — à l'horreur économique de la rentabilité capitaliste par une autre gestion des modes de production, même en les collectivisant ou en les nationalisant, tout cela ne résout pas le problème de l'extension infinie de l'empire de la technique sécuritariste. C'est pourquoi la gauche aujourd'hui est confrontée à l'un de ses plus grands défis depuis le grand siècle des conquêtes prolétariennes : revenir à ses fondamentaux pour réarmer la critique du capital, et au-delà, *repenser l'humanité comme risque, ouverture, don, dépense.*

J'ai dit plus haut que *ce rite est l'expression métaphysique de la gauche historique.* Je veux dire par là qu'il est un creuset dans lequel tous les paradigmes de la gauche — *comme métaphysique de l'insolence* — sont déposés et dans lequel il est aujourd'hui impératif de plonger. Véritable *fons vitae* pour le *niger senex* du premier *opus* de la tradition alchimique, cette échelle de grades peut donc donner à penser pour ceux-là qui veulent explorer l'au-delà de notre crépuscule.

Je suis bien sûr sans illusion sur la postérité de ce rite : il ne peut être mis en usage que par des *parias*, des bandits d'honneur et des moines défroqués, — ce que ne permet plus la maçonnerie contemporaine, dévorée de l'intérieur qu'elle est par la fatuité et le maniérisme pédant. Il faudrait alors une maçonnerie de contrebande, qui prît ces rituels et les développât loin des obédiences officielles qui dînent à la table des ministres. On sait que de telles pratiques furent en usage par le passé chez certaines sociétés secrètes qui prenaient appui sur les loges pour subvertir l'ordre des dominants, mais, sitôt que le jacobinisme de la IIIe République corrompit définitivement l'esprit maçonnique, on fit l'impasse sur cette tenace tradition fédéraliste grâce à laquelle Philadelphes, bandits d'honneur, frères de la côte, Carbonari, etc. surent investir les loges et les déborder sur leur gauche.

Après tout, le grand public, friand de secrets de polichinelle, reconnaît la franc-maçonnerie à son usage immodéré des triangles, triples pressions de l'index dans la poignée de main et autres signes trinitaires. Mitterrand, qui était suffisamment avisé pour n'en être point mais faire croire qu'il en était, aimait à appeler les Enfants de la Veuve les Frères Trois Points — assez désobligeamment pour que l'hagiographie taise cela — « *les Frères Lagratouille* ». La glose maçonnologique adore faire l'herméneutique de ces trois points que l'on découvre aussi parfois chez des grands dadais qui signent des documents officiels ainsi en espérant hâter leur dossier de carte grise. Les deux exégèses les plus à la mode sont les suivantes : on dit qu'il s'agit d'une résurgence de la Sainte Trinité, — puisque les clercs médiévaux n'hésitaient pas à abréger leur *nomen* en le triponctuant pour rappeler leur fidélité au Dieu triple en un — ; et l'on dit aussi qu'il s'agit d'une figuration de l'idéal maçonnique de perfectionnisme moral, qui dépasse les oppositions pour invoquer une valeur supérieure et pacifiante (thèse/antithèse/foutaise — chacun a fait sa philo et s'est assez ennuyé sur Hegel pour qu'il ne soit pas nécessaire de revenir là-dessus). Il n'est pas question de nier la vérité théologique et morale des trois points, mais il serait bon aussi de se souvenir qu'à notre connaissance, les trois points, avant d'être la propriété des Fils de la Veuve, étaient d'abord arborés fièrement par nombre de taulards, sous la forme des trois points tatoués en bleu dans l'angle de chair tendre entre le pouce et l'index, signifiant « *Mort Aux Vaches* », manière symbolique, occulte ou hermétique (pour dire comme les maçons) d'*envoyer se faire foutre la maréchaussée*.

On peut regretter le silence des herméneutes maçonniques sur ce sujet. Pourquoi les maçons n'auraient-il pas emprunté leur outillage emblématique aux voyous ? Après tout, chez les bandits comme chez les maçons, il y a le culte du secret, les promesses d'égorgement pour toutes les balances, le mythe de fondation qui se fait dans le sang versé, et la volonté affichée — dès les statuts de 1723, article 2 — de couvrir tout frangin rebelle à l'Etat, autrement dit de *planquer les affranchis en cavale...*

Prens du blanc, laisse du bis
Ruez par les fondes la poe
Car le bizac avoir advis
Fait au beroars faire la moe.

Le plus surprenant est que la maçonnerie soit devenue depuis le ministère du Petit Père Combes et l'affaire des fiches une matrice de l'intégration républicaine ou un lieu de culte pour crypto-catholiques en mal de messes, alors qu'elle est profilée pour être la base arrière idéale pour tous les bandits d'honneur. Mais après tout, on a déjà vu des singes se servir de pneus pour faire des balançoires...

Or donc, suis-je en train de signer une maçonnerie qui établira son recrutement dans les marges et les lies de la société ? Une *Lumpenmaçonnerie* ? Dame ! Pourquoi pas ? Voilà de quoi effrayer les bourgeois qui défilent à la loge comme des bedeaux entrent à la messe ! Rappelons qu'il est une tradition tenace qui réserve aux obscurs et aux sans-grades le monopole du Secret des Secrets. Abellio ne s'y était pas trompé qui ajoutait, à la tripartition forcée et très platonicienne — donc de droite — du Frère Dumézil, la quarte caste, méprisée d'entre toutes et dépositaire des secrets les plus précieux : les *parias*, et enfin une autre, *quintessence sociale*, celle des *Connaissants*, qui, libérés, passaient outre tous les interdits et les *devoirs* et circulaient indifféremment d'une classe à l'autre, se délectant notamment de passer des *brahmanes* aux *parias*. Il ne faisait guère fausse route puisque le tantrisme de la main gauche ne promet l'illumination à ses sages qu'à la condition qu'ils s'accouplent avec la femme de condition sociale la plus basse : la blanchisseuse. Lao-Tseu pour sa part spécifie clairement que son programme de sagesse qui est moins destiné à une élite surcompétente et socialement reconnue qu'aux crasseux et aux imbéciles.

Le sage dont la vertu est accomplie aime porter sur son visage et dans son extérieur l'apparence de la stupidité.

Et le soufisme en terre d'Islam nous rappelle également qu'un *pîr*, le Maître véritable, et plus encore, le Maître des Maîtres, le « pôle », doit rester inconnu et parfois inconnu à lui-même. Car il s'agit, pour accéder à la délivrance, de se débarrasser de tout ce qui fait écran entre soi et le monde. Or les écoles initiatiques, poétiques et philosophiques donnent précisément les clefs pour parvenir à ce que Sovharardî appelait *le désembuage du miroir intérieur.* Mais justement, par le fait même qu'elles sont enseignées et reçues par des disciples de la part des maîtres, elles concourent à rendre plus périlleux encore l'accès à la vérité. Les clefs se font portes dès l'instant que les moyens de la libération sont vénérés comme des fins en elles-mêmes. Ainsi Zarathoustra prophétisait-ils à ses disciples assemblés que pas un ne lui serait fidèle après la mort, parce que tous voudront justement conserver pieusement son message, — et le convertir en une morale alors qu'il n'est qu'une éthique —. C'est pourquoi Corbin, s'interrogeant sur le *Paradoxe du monothéisme*, et méditant sur la figure du martyr que fut Sovharardî, interprète la mise à mort du néoplatonicien par les docteurs de la loi coranique d'une façon analogue : il fallait au *nabî* subvertir la Loi pour lui rester fidèle.

Les maçons eux-mêmes ne sont pas en reste, puisqu'ils commémorent la mémoire de leur maître Hiram qui eut la charge de bâtir le temple selon les ordres et la volonté du très sage Salomon, le plus sage d'entre tous les hommes et chéri de Dieu.[11]

Dieu donna à Salomon une sagesse et une intelligence extrêmement grandes et un cœur aussi vaste que le sable qui est au bord de la mer. La sagesse de Salomon fut plus grande que la sagesse de tous les fils de l'Orient et que toute la sagesse de l'Egypte [...]. Il prononça trois mille sentences et ses cantiques étaient au nombre de mille cinq. Il parla des plantes, depuis le cèdre qui est au Liban jusqu'à l'hysope qui croît sur les murs ; il parla aussi des quadrupèdes, des oiseaux, des reptiles et des poissons.

---

11. 1 Rois, 5 9-13.

La qualité de Salomon le fait juge (il connaît les sentences), poète (il connaît les cantiques) et philosophe de la nature. Ainsi Salomon est-il l'interprète de la Loi du code, de la loi du cœur et de la loi de nature. F. Bacon fera même référence au « livre de Salomon » en quoi se couche sa science des signatures divines dans le monde, dont Ramsay dans son premier discours revendiquera l'héritage. Mais que lui apportera cette sagesse ? La Bible en témoigne[12] : de répudier la femme unique de sa race au Dieu unique, et de prendre femmes étrangères, d'honorer des dieux étrangers, et de se mettre à la poésie...[13]

Salomon suivit Astarté, la divinité des Sidoniens, et Milkom, l'abomination des Ammonites. Il fit ce qui déplaît à ???? et il ne lui obéit pas parfaitement comme son père David. C'est alors que Salomon construisit un sanctuaire à Kemosh, l'abomination de Moab, sur la montagne à l'orient de Jérusalem, et à Milkom, l'abomination des Ammonites. Il en fit autant pour toutes ses femmes étrangères, quoi offraient de l'encens et des sacrifices à leurs dieux.

Si l'on songe qu'Hiram de Tyr fut employé par Salomon pour aller « *auprès de Salomon et exécuter tous ses travaux* »[14], on peut raisonnablement penser que le Maître tutélaire des francs-maçons, après qu'il en eût fini avec le temple *orienté à l'Occident* et les appartements du roi, a dû aider aussi à la construction de ces temples dédiés aux dieux étrangers parmi lesquels l'*Ashtoreth* des Phéniciens, la femme principielle, la déité feminisée, consacrée à l'amour. Là-dessus, les loges sont étonnamment silencieuses. Quelles sont les proportions du plan parfait de la Déesse Mère tracé par leur maître Hiram ? Quelle forme au temple de la déesse d'Amour donna l'ouvrier bronzier venu de Tyr ? Et était-ce un temple ou une clairière ? Ou un lupanar ? Fait de pierres maçonnées ou de bois et d'argile mêlées ?

---

12. Et d'ailleurs les Ecritures Saintes regorgent de descriptions d'actes impies et contraires à la Loi qui n'offensent pas Dieu mais l'honorent : inceste des filles de Lot, prostitution de Tamar (Genèse, 38 :14-26), adultère de Yaël, etc.
13. 1 Rois, 10, 4-8
14. 1 Rois, 14.

Ou de voiles tissés ? Il y a là tout un continent noir de la rêverie maçonnerie que n'osent pas découvrir les frères et les sœurs mais qui mériteraient qu'on l'explore si l'on voulait bien comprendre que le sacré de transgression n'est pas l'antinomie ou la caricature du sacré, mais son accès le plus direct. La fascination pour la réversion et l'inversion sacrale est un motif central dans toutes les traditions religieuses, et Salomon et Hiram ne font rien d'autre, en élevant des temples aux vices et en creusant des tombeaux pour la vertu, que de perpétuer une antique voie spirituelle auquel le judaïsme lui-même allait se frotter plus avant. En effet, cette pureté dans et par l'ignoble fut l'objet d'une dispute dans le Talmud de Babylone et aboutit à une formulation lapidaire qui ne laissa pas les cabalistes indifférents :[15]

Oula dit : Tamar s'est prostituée, Zimri s'est prostitué. Tamar s'est prostituée : des rois et des prophètes furent ses descendants. Zimri s'est prostitué : par sa faute des myriades d'Israélites tombèrent. Rav Nahman bar Isaac dit : Grande est la transgression désintéressée plus que l'observance non désintéressée, comme il est dit : « Entre les femmes que bénie soit Yaël, femme de Héber le Qénite, entre les femmes [qui habitent] sous la tente » ? Sarah, Rébecca, Rachel et Léa.

---

15. Horayot 10a et cf. Nazir 23b. Cette théorie de la « *sainte ruse* », héritière du *Zohar* et de la cabale lourianique sera au cœur de vive polémique au XXe siècle entre les rabbins orthodoxes d'Europe centrale et orientale favorable au sionisme politique — Issakhar Chlomo Teichtal en tête — et ceux qui le considéraient comme une entreprise profanatrice et condamnable au regard de la Loi, puisque des impies irreligieux animaient un mouvement de résurrection d'Israël. Le rabbi Issakhar Chlomo Teichtal trahit-il une résurgence sabbatéenne ? Pas si l'on reconnaît à la transgression désintéressée une fonction théurgique dont l'opérativité est confirmée dans l'Histoire par la création d'Israël. En cela bien sûr, nous nous opposons à la vache sacré des kabblisants — Gershom Scholem — pour qui la transgression désintéressée est une « antinomie » alors qu'elle doit être entendue comme une fidélité à l'esprit qui oblige donc à briser la lettre.

Faut-il aussi rappeler ici les dernières paroles de ce sage himalayen du XIᵉ siècle, Milarepa, ascète capable des pires mortifications, magicien aux pouvoirs miraculeux, maître de centaines de disciples, patron de la puissante branche des Kargyud-pa et très grand poète :[16]

Ayant dédaigné sans feinte le discours,
J'ai oublié l'usage de l'hypocrisie.
Ayant choisi le corps et le langage des humbles,
J'ai oublié le dédain et l'arrogance des personnages importants.
Ayant fait de mon corps mon propre monastère,
J'ai oublié le monastère de ma ville.
Ayant adopté l'esprit sur la lettre,
J'ai oublié de disséquer les mots.

Il y a lieu de méditer cette descente dans les glèbes, *dans le corps* et la plèbe pour ce qu'elle signifie essentiellement : ce sont les boues, les tourbes et les corps qui contiennent les braises sur lesquelles il faut souffler pour réveiller le foyer d'immortalité. Ainsi dans un entretien piquant avec R. Amadou, L'affreux réactionnaire Canseliet se s'était-il pas mis en rogne contre A. Barbaut qui, après la lecture de la *Turba philosophorum*, s'était mis à alchimiser à partir de compost végétal. Et le vieux Canseliet de pester en précisant — incroyable ! — que la matière première de l'œuvre philosophale, c'était la *turba* non comme boue matérielle mais comme « *assemblée turbulente* » ![17] Canseliet anarcho-syndicaliste caché ? Chaos secret des sages, corps et peuple, trois promesses d'immortalité… On voit qu'il est grand temps pour l'occultisme de trouver son Feuerbach. Mais il faudrait pour cela dépasser les pratiques intellectuelles normatives qui valorisent la vertu, l'esprit, l'élite le sacerdoce et la chevalerie, et oser la subversion spirituelle comme seule voie d'accès à l'énigme. Au fond, l'idée n'est pas neuve, et elle a même été l'objet d'une taxinomie par

---

16. Retchung, *Milarepa, ses méfaits, ses épreuves, son illumination.*
17. Robert Amadou, In *Le Feu du Soleil, entretien avec Eugène Canseliet*, Pauvert.

R. Caillois, qui l'appelait naguère un « *sacré de transgression* »[18], et qu'il voyait surtout à l'œuvre dans les fêtes et les cérémonies religieuses ou l'excitation collective et populaire est à son comble. Pour le dire encore autrement, toute voie si elle est vécue dans le cœur, ne peut conduire qu'à sa propre subversion. Ainsi la descente dans la plèbe, l'ignoble c'est-à-dire le vulgaire — au sens spirituel comme au sens sociologique — va-t-elle de paire avec l'accès à la vérité de la quête.

Ainsi, que ce soit, chez Lao-Tseu comme en Inde, en Islam comme dans le judaïsme, en Occident chez les Maîtres Coquillards et les autres *joncheurs experts en joncheries*, enfin dans la sagesse maçonnique, la subversion « par la main gauche » n'est pas une voie fausse qui viendrait se *substituer* à la seule voie droite. Au contraire, il n'y a de voie régulière que subversive, contestataire et hérétique, et il n'y a de maîtres et d'élites véritables que *dégradés* qu'ayant renoncés à tous les honneurs pour retourner à l'anonymat du peuple. Certes, cette invisibilité des Maîtres inconnus a souvent été entendue en des termes métaphoriques et occultistes.[19] Ainsi se souvient-on des efforts du

---

18. R. Caillois, *L'Homme et le sacré*. Consulter aussi les travaux de l'anthropologue L. Lévi-Makarius, *Le Sacré et la violation des interdits*, Payot, 1974 et ceux, plus spécifique de L. de Heush, *Essai sur le symbolisme de l'inceste royal en Afrique*, Bruxelles, 1958. On peut aussi, — à propos des transgressions festives —, se rapporter aussi avec intérêt à J. Baumarten, « *Le purim shpil* et la tradition carnavalesque juive », *Pardès*, 15, 1992, pp. 37-62. L'indianiste Sunthar Visulingam parle pour sa part de « *sacralité transgressive* », in « The Transressive Sacrality of the Diksita : Sacrifice, Criminality and Bakthi in the Hindu Tradition », *Criminal Gods and demon devotees, Essays on the Guardians of Popular Hinduism*, Hiltebeitel, State University of New York Press, Albany, 1989, pp. 427-62.

19. L'abbé Langlet du Fresnoy, dans son *Histoire de la Philosophie Hermétique* (1742) en parle en ces termes : « … *les méditations de leurs premiers fondateurs surpassent de beaucoup tout ce qui a jamais été connu depuis la création du monde : qu'ils sont destinés à réaliser le rétablissement général de l'univers. Ils ne sont assujetis ni à la faim, ni à la soif, ni à la vieillesse, ni enfin à aucun autre désagrément de la nature. Ils connaissent par révélation ceux qui sont dignes d'être admis à leur société. En tous temps, ils peuvent vivre comme s'ils existaient depuis l'origine du monde, ou comme s'ils devaient rester jusqu'à la fin des siècles. Ils peuvent forces les esprits et démons les plus puissants, et les mettre à leur service.* »

Baron de Hund pour revendiquer l'héritage des Supérieurs Inconnus, de la tradition martiniste du Philosophe Inconnu, enfin de celle des maîtres invisibles de la Rose-croix[20] pour ne parler que des *invisibles les plus repérables*. Mais cette tradition doit d'abord être ramenée à sa dimension sociale. De la même manière qu'il existe au cœur du peuple une vitalité irrémissible qui échappe à toute subordination devant le pouvoir, cette puissance dionysiaque produit des initiés parfois inconscients de leur propre initiation, dépositaires du Feu secret des sages. Dès lors, le *secret dont ils ont la garde tient moins à une mystique de l'inconnaissabilité qu'à une sociologie de la dissimulation*.[21] A quoi tient ce secret ? A l'Art Royal qui consiste à pouvoir vivre sans roi puisque l'on s'est couronné soi-même. Pourquoi est-il secret ? Parce que le couronnement de la race des Sans-Rois est retardé par l'existence des rois eux-mêmes, et que si les rois en apprenaient l'existence, ce serait pour en confisquer l'exercice au peuple. Dès lors, le peuple, la *lie* — au sens alchimique et sociologique — est à la fois le lieu où est déposé l'Arcane, — et nul n'est plus près que la lie pour savoir le secret de l'Or — et en même temps, — tragiquement pourrait-on dire —, la proximité est telle que l'intelligence de sa situation avantageuse échappe au peuple lui-même. C'est pourquoi, l'obscur et le méprisé sont le lieu où gît l'Or. « *Et voilà l'Or caché dans Saturne* »[22]

---

20. A lire aussi à la lumière des paroles du *Second Manifeste des Rose-croix* : « *S'il vient à quelqu'un le désir de nous voir uniquement par curiosité, jamais il ne sera en communication avec nous. Mais si réellement et en fait, sa volonté le porte à s'inscrire dans le livre de notre fraternité, nous, qui jugeons par les pensées, nous lui ferons voir la vérité de nos promesses ; si bien que nous n'indiquons pas le lieu de notre résidence, puisque les pensées jointes à la volonté réelle du lecteur, sont capables de nous faire connaître à lui, et lui à nous.* »

21. D'où la nécessité pour l'anthropologie hermésienne de répondre à la théologie apophatique par une sociologie « apodémique ».

22. *De signatura*, VIII. A mettre en dialogue avec toute une littérature qui faite l'éloge de la *terre Noire* et des lies comme lieu infiniment méprisé et pourtant détenteur de l'infinie puissance transmutante. Cf. par ex. *Le Triomphe hermétique* : « *Quand par distillation, nous retirons l'Eau, qui est l'Ame et l'Esprit, le Corps reste au fond du vase, comme une Terre morte, noire, boueuse, qui toutefois ne doit pas être dédaignée... Les superfluités de la terre se convertissent en une véritable essence, et celui qui prétend séparer quelque chose de notre sujet, ne sait rien de la Philosophie.* »

dira Böhme, dont on sait qu'il fécondera Hegel lequel à son tour nourrira Marx. Et comment en effet comprendre Marx autrement lorsqu'on lit ce texte fulgurant :[23]

> *Quand le prolétariat annonce la dissolution de l'ordre social exis-*
> *tant, il ne fait qu'exprimer le secret de sa propre existence car il*
> *constitue lui-même la dissolution effective de cet ordre...* La philo-
> sophie est la tête, le prolétariat est le cœur de cette libération. La
> philosophie ne peut se réaliser sans l'abolition du prolétariat...
> Quand les conditions internes seront réalisées, *le jour de la résur-*
> *rection sera annoncé par le chant du coq gaulois.*

Il y aurait donc lieu de repenser le rapport au Peuple, non seulement dans les termes sécularisés d'une technologie du pouvoir, mais dans les termes resacralisés d'un Art du politique. A ce moment, le creuset populaire, loin d'être le lieu d'où est banni toute vitalité, est justement ce grand corps animé — au grand dam des procédures de réglementation donc de stérilisation du pouvoir — lequel est capable de transfiguration historique. Dans cette perspective, les classes sociales les plus éloignées des centres de direction sont celles qui détiennent la seule puissance véritable, l'énergie chtonienne et ténébreuse. Mais sans doute là-dessus, à propos du peuple comme puissance insaisissable et détentrice d'infinies potentialités, le phallocratisme marxiste doit-il se taire devant les intuitions de Rosa Luxembourg :[24]

> Rien n'est plus changeant que la psychologie humaine. Et ceci,
> d'autant que la psyché des masses recèle toujours en elle, comme
> Thalassa, la mer éternelle, toutes les possibilités latentes : le calme
> mortel et la tempête qui gronde.

L'insurrection des consciences est à l'ordre du jour maintenant que l'homme quitte enfin sa préhistoire planétaire, et il faut pour cela des soldats de l'ombre qui travaillent à lever les tempêtes et à dresser les

---

23. *Critique de la philosophie hégélienne du droit*, 1844. C'est nous qui soulignons.
24. Cit. in André Nataf, *Le Marxisme et son ombre — Rosa Luxembourg*, Balland, 1970.

flots. Où les chercher ailleurs que là où coule la sève vivante de l'humanité ? Non pas chez ceux qui conduisent le char de l'Histoire, mais parmi ceux qui le tirent. Ce renversement de perspective dans la sociologie maçonnique est-il possible ?[25] En tout cas, la tentative aura eu le mérite de bouleverser les habitudes étriquées du demi-monde en tablier...

Car il s'agit ici, par cette diffusion d'un rituel et par le lent travail d'herméneutique qui le complète, de rendre à tous les francs-maçons un peu la conscience de l'énorme patrimoine auquel leurs hiérarchies obédientielles et leurs autorités initiatiques leur interdisent l'accès. Il s'agit de ruiner chez tous les maçons le confort de la docilité et de leur rendre le courage de la liberté. *Il s'agit, par cette publication, de faire fondre les glaces de la stalinisation de l'imaginaire maçonnique.* De là, espère-t-on, l'émergence d'une nouvelle génération de maçons qui pourra subvertir et saper à la base, là où elle se trouve, les édifices pompeux de ce monde misérable d'où l'homme libre est banni. Puisse cette maçonnerie noire être la première pierre de ce chantier de recomposition des *loges maçonniques insolentes.*

Qui est l'auteur ?

C'est dommage de divulguer en public, au moyen de l'écriture, ces secrets qui ne sont transmis que verbalement, parmi un petit groupe de sages... Les divinités, elles aussi, détestent les choses exposées au public et profanées, et aiment celles tenues secrètes ; ainsi toute expérience de magie a horreur du public, veut rester cachée, se fortifie avec le silence, se détruit en la déclarant, et l'effet complet ne se produit pas... Il faut que l'opérateur soit discret et ne révèle à personne ni son œuvre, ni le lieu, ni le moment, ni le but poursuivi, sauf à son maître ou à son coadjuteur, qui lui aussi devra être fidèle, croyant, silencieux, et digne de tant de science, ou par nature, ou par culture.

H.-C. AGRIPPA, *De la philosophie Occulte*, III, 2

---

25. Pelloutier, fondateur des bourses du Travail s'était exercé à une œuvre analogue en cherchant à diffuser sa Chevalerie du Travail dans les milieux syndicalistes d'avant 1914 du temps où la CGT était anarchiste.

La *Maçonnerie Noire* est datée de 1972. Nous avons pu accéder aux documents constitutifs de l'Ordre à la Pentecôte 1999, tardivement, et il nous a fallu cinq années pour vérifier les sources et nous assurer auprès des témoins vivants de la réalité de l'entreprise. Entre le moment du réveil de la maçonnerie noire en 1972 par *Lizard King* et sa divulgation dans l'espace public en 2005, trente trois ans se sont donc écoulés. Le nom de l'auteur ne contribue en rien à la compréhension du document, — l'histoire de l'occultisme est toute entière émaillée de ces anonymes qui reprennent souvent les noms d'auteurs qui leur sont antérieurs ou qui n'ont parfois jamais existé. La pratique est courante chez les adeptes d'Hermès, et depuis toujours. Ainsi Geber, le prétendu auteur en 1678 de la *Somme de la perfection ou l'abrégé du magistère parfait des philosophes* était le nom latinisé de Jâbir ibn Hayyân, savant et alchimiste arabe censé avoir vécu au huitième siècle aurait été aussi l'auteur cinq siècles plus tard d'un traité en latin, la *Summa perfectionis magisterii*, alors qu'en vérité les études historiographiques postérieures ont montré que l'auteur véritable en est vraisemblablement le moine franciscain Paul de Tarente. Bien sûr des âmes simples soupçonneraient l'immortalité d'un auteur ayant découvert le secret de la poudre de projection là où il existe plusieurs auteurs se référant à un même ancêtre et reconnaissant son autorité notamment en matière *d'alchimia verborum*, cette « *balance des lettres* » étonnamment antérieure à la kabbale et pourtant si proche d'elle, retrouvée par Rimbaud, croisée par Breton, saisie par Vaneigem. De même, si Nicolas Flamel a bien réellement existé au quatorzième siècle, il ne fut pas l'auteur du moindre ouvrage d'alchimie, en particulier pas de « son » *Livre des figures hiéroglyphiques*, imposture débusquée pour la première fois par Etienne-François Villain en 1758. Cette dissimulation des sources illustre le postulat de base de l'ésotérisme selon lequel la philosophie hermétique est une, même si ces manifestations exotériques sont changeantes et diversifiées. Elle confirme aussi que la pratique occultiste est une pratique collective, donc conséquemment, une expérimentation politique. Tout au long de ces lignes, nous avons donc substitué au nom de l'auteur celui de *Lizard King*.[26]

---

26. Que le lecteur me permette cet aparté hiéroglyphique que j'adresse aux manieurs de langue d'oiseau : Veuille compulser l'imagier des Mansions de Vulcain et d'Elie, certain catafalque de pierre t'enseignera quelle place il faut réserver au Serpent Roi dans la maçonnerie.

Nous épargnerons aussi à notre lecteur la fable des « *manuscrits trouvés dans une poubelle* » sur la voie publique « *et par le plus grand des hasards* ».

Les documents furent volés à leur propriétaire.

L'aigrefin était un jeune homme mince dont l'allure faisant tantôt penser à une sorte d'ingénieur froid, méticuleux, méthodique et extrêmement intelligent — une espèce de clergyman athée qu'on sent appelé à jouer les idéologues à guillotine —, tantôt il avait cette allure de séducteur canaille et précieux tout à la fois, qui le faisait jouer avec une égale virtuosité d'ironie méchante et cruelle et de délicatesse exquise. Il avait un lourd passé d'activiste, pour lequel la rumeur disait qu'il jouait parfois double ou *triple jeu*. Les pharisiens disaient de lui qu'il était anarchiste, mais les anarchistes faisaient courir sur lui le bruit qu'il était à la solde des fascistes. Lui semblait s'amuser de ces étiquettes, et se disait « *sceptique approximatif* ». Il n'était pas intéressé par l'argent puisque, lorsque je lui fis une première offre contre les manuscrits, il s'en indigna et exigea que je retire immédiatement cette offre ou bien le marché était rompu — naïf que j'étais encore, je croyais qu'il voulait un prix plus haut ! —. Je ne lui connaissais aucune ambition mondaine, et s'il n'était pas ascète à se mortifier, il pouvait également mépriser les plaisirs quand ils ne se présentaient pas à lui. Je le savais impliqué dans beaucoup d'organisations initiatiques et la rumeur courait même sur lui qu'il était l'un des chefs occultes d'une résurgence des *Illuminaten* de Bavière. Lui rendant compte de cette rumeur un soir que nous dînions ensemble, il nia les faits après s'être lentement essuyé les commissures des lèvres de sa serviette impeccable, puis il ajouta en plantant ses grands yeux verts dans les miens : « *Je n'en suis pas le chef occulte, puisque je ne le cache pas à qui m'en pose la question* ». Je ne sais toujours pas s'il était à ce moment là l'idéologue à guillotine que je connaissais, ou le maître ès ironie adorant jouer des tours et monter des impostures. Un jour, je prétendis vouloir faire l'expertise des pièces par lui dérobées, empruntai sa documentation, en fis copies, puis restituai uniquement l'original au voleur, conservant par devers moi les copies que je m'apprêtai ensuite à diffuser à son nez et à sa barbe. Les bonnes mœurs entre gredins m'ont cependant obligé à dévoiler au détrousseur ma volonté de verser cette œuvre au domaine public. Je n'ai pas été inquiété, car *dans ces milieux-là*, un voleur pardonne à son voleur.

Mieux, mon voleur volé compléta mes pièces de quelques documents qu'il avait escamotés au moment de l'emprunt parce qu'il craignait de ma part — avec raison — quelque forfanterie. Nous sommes depuis les meilleurs amis du monde.

En 1972, l'auteur des feuillets est un homme discret et sans histoire dont les qualités maçonniques sont reconnues de toute part, en toutes obédiences, en tous rites. Il a participé à la réforme du rite ancien et primitif de Memphis-Misraïm, ce rite maçonnique pétri de l'imaginaire des égyptiens. On le disait « égyptien », comme dans la langue de Molière, en pensant autant aux romanichels qu'aux gardiens des Nécropoles du Nil, en pensant à Isis autant qu'à Sainte Rita. Toute son histoire, le rite a d'ailleurs oscillé entre ces deux tendances : tantôt la munificence des civilisations grandioses et disparues, tantôt l'esprit de contrebande, le nomadisme et l'aventure, les brigands d'honneur et les folles équipées entre deux frontières avec les carabiniers à ses trousses. Deux visages pour un même rite, *janus bifrons* entre Néfertiti et Pieds Nickelés, sublime et dérisoire. Pour ce rite qu'il affectionne particulièrement, notre homme a participé à la réorganisation des structures administratives nationales et internationales. Son érudition, ses compétences et son expérience dans les champs initiatiques n'en font pas qu'un maçon reconnu et estimé par ses pairs. Martiniste, gnostique, mage, astrologue, théosophe, féru d'occultisme, il pourrait passer comme un excentrique au sein de la grande famille des fils de la veuve, l'explorateur des terres frontalières entre la société initiatique combattante de la République et la congrégation de magiciens ambassadeurs de la Cité céleste. Amateur d'ésotérisme en tout genre, d'Histoire secrète du royaume de France, le dégrossissement de la pierre brute l'a tant débarrassé des préjugés qu'il aborde en toute quiétude les rivages incertains où la pensée rationnelle se tait pour laisser la place aux fulgurances magiques, avec leurs congruences magnétiques, leurs invocations en langue hénochienne, leur sapience à l'envers et leur goût immodéré pour les randonnées extatiques et les vagabondages psychiques. Pour un peu, cette fascination à la fois experte et enfantine pour les paysages astraux et leur cortège d'archontes et de gardiens du seuil le ferait passer pour une sorte de doux rêveur ayant l'administration des provinces insolites et des mar-

ches superstitieuses de la maçonnerie. Les ateliers qu'il fréquente et
dont il a parfois la charge voient en effet défiler toute une faune bigar-
rée qui, certes, détient les grades les plus pompeux et les plus grandioses dont la maçonnerie a le secret, mais elle vient avec lui maçon-
ner pour se parfaire dans ce que les autres n'osent faire qu'à demi,
quand la lune est noire et que la somnolence de la raison fait rédiger
des rituels en écriture automatique. On vient dans ces loges égyptiennes après avoir été sévèrement tuilé et avoir prouvé sa solide compétence maçonnique pour ensuite se permettre de libres vaticinations,
entre doux délire et prophétie, langue analogique des alchimistes et
métaphores schizophrènes, et surtout, l'on y vient pour faire tourner
les guéridons, y faire descendre les anges ou s'entendre conter des
ritournelles médiumniques. On vient au rite ancien et primitif de
Memphis-Misraïm pour s'essayer à un peu de réalisme magique, on
s'efforce d'y débusquer les signatures qui feraient espérer que le
monde quotidien de la guerre froide, avec ses incessantes batailles
d'ingénieurs n'est pas que la seule version du monde, et qu'il est d'autres contrées, plus hospitalières pour le besoin de merveilleux qui gît
dans le cœur de l'homme.

Qui l'en blâmerait d'ailleurs ? Les temps, dans les loges maçonniques, ne sont guère à la méditation transcendantale, au zen ou à la
crise de la subjectivité. Et c'est bien là le paradoxe dont elles devraient
souffrir, mais qu'elles ne pressentent pas, tout aveuglées qu'elles sont
par leurs querelles intestines et leur crispation conservatrice sur des
rites bicentenaires. Ces années soixante-dix voient fleurir dans la rue
et dans les âmes une contestation qui n'est pas que politique. Mieux,
la contestation, avant d'être politique, est *domestique*. C'est moins
l'Elysée que l'on veut prendre ou les États généraux que l'on veut
refaire que les états de conscience que l'on veut subvertir. Les Beatles
font leur voyage en Orient ; Huxley, Michaud, Castaneda, et Morrison
s'aiguisent les sens et incisent la réalité à coup d'injection de mesca-
line et d'héroïne ; Suzuki donne des leçons de zen sur les pelouses
du campus à Berkeley et Desjardins, transfiguré par ses rencontres
tibétaines, s'y essaie à Paris. L'Occident embrasse à pleine bouche
l'Orient, il mâche les fleurs capiteuses de Lotus et s'essaie à un long
rêve éveillé. Les normes patriarcales, sévères, dualisantes et ségréga-
tionnistes s'épuisent et s'effondrent tandis qu'émergent une nouvelle

spiritualité, cherchant à tâtons dans la lumière éblouissante du *flash*, une manière de redire, par l'immanence, le corps jouissant et célébré, la transcendance et le Mystère. Ces tentatives communautaires, sexuelles, psychotropiques tâtonnent et hésitent à dire ce qui pourtant devrait être chanté : il n'y a de vie humaine que redressée et tendue vers l'absolu ; mais il n'y a d'absolu vers lequel tendre qu'à la condition qu'il célèbre et honore, magnifie et illumine, de l'en-dedans, la vie profonde, humble et obscure des entrailles, du sexe, de la chair. Philosophie adolescente pourrait-on croire ? Pas si simple. D'abord elle n'est pas léthargie dans l'immanence, elle est tension spirituelle extrême, qui veut réconcilier les deux axes inverses de la matière et de l'esprit, et les faire se croiser et s'unir dans l'expérience de la *chair sensible*. Or le concept est retrouvé à la même époque sous la plume des phénoménologues qui sentent bien que se joue là quelque chose qui reprend le mystère de l'incarnation mais l'expriment autrement, sans l'orienter par l'Histoire. Ensuite, cette philosophie expérimentale n'est pas qu'une fable pour hippies ; elle est centenaire au moins, car les *Wandervogel* allemands s'y frottèrent déjà. Enfin, l'hermétisme occidental et la *contre-culture* ésotérique n'a jamais dit autre chose, de la *Kabbala denudata* de Knorr von Rosenroth à Agrippa en passant par Paracelse. Ainsi, il n'y a pas que Dionysos qui danse sur les barricades de mai 68 et se moque d'Apollon. C'est d'abord Hermès, le Dieu des bandits et des alchimistes qui découvre dans les émeutes du Quartier Latin, sous les pavés, *la Pierre*.

Pendant ce temps que fait la Franc-Maçonnerie ? Rien. Ou plutôt, elle ne comprend pas ce qui se passe dans les cœurs des hommes. Société initiatique, dernier asile pour celui qui, en Occident veut jouer avec les symboles et se laisser aller à tutoyer la Lumière, voilà l'honorable dame qui reste campée sur des positions d'un autre siècle. Elle appolinise à plein régime, pérore contre la mystique sauvage et rectifie sa position. Elle se divise à la hache entre deux camps qui ne veulent pas s'entendre — encore moins s'écouter —. Ces frères ennemis sont d'un côté adhérents à une sensibilité gaulliste, vieille France chrétienne, — très minoritaire mais soutenue par l'OTAN et encouragée par les officiers de l'armée américaine —, et de l'autre côté, radicaux-socialistes, bouffeurs de curés et mêlant dans un même fumet les vapeurs de cassoulets de banquets républicains avec l'odeur de la poudre des barricades de la Commune. Voient-ils, les uns et les autres, que la société civile appelle de ses vœux une nouvelle spiritualité et une nouvelle politique ? Le jacobinisme qu'il soit catholique romain ou radical-gaulliste n'existe déjà plus, renversé avec les dernières voitures du quartier latin en ce joli mois de mai. Et pourtant, rien n'y fait, la maçonnerie joue encore dans le monde des années 30. Les uns ne jurent que par de très-chrétiens bâtisseurs de cathédrales, et vont à la loge comme leur père allait à la messe et leur mère à confesse. Notables de province, tenants du juste milieu, ils sont des sortes de Guizot ésotéristes, restent fidèles à Rome, au Général, à la France fille aînée de l'Eglise et abhorrent la chienlit communiste, le matérialisme et la musique yéyé. Les autres ne savent pas même pourquoi ils suivent encore le rituel, souvent l'abandonnent, y voient des sornettes d'un autre âge, et s'esclaffent dans les crocs rebroussés de leurs moustaches radicales et socialistes dès qu'on leur suggère la possibilité d'une vie intérieure ou d'une pratique spirituelle.

Lizard King vit en son siècle. Il sait tout cela. Il sait aussi que sur l'échiquier des maçonneries continentales, il détient une carte originale en jouant du rite ancien et primitif de Memphis-Misraïm, lequel porte sur lui la réputation d'occultiste ou d'ésotérique. Son occultisme le met hors de portée des lourdeurs des maçons laïcards, mais ses appels à une tradition hermétique, alchimique, rose-croix, l'écartent aussi de toute la dogmatique et la pompe de l'Eglise apostolique et romaine.

Dans ces années où l'Occident fait sa mue, l'auteur de nos feuillets dactylographiés participe à deux réformes majeures : il initie les femmes, encourage pour elles une totale autonomie administrative et rituelle, et il initie à ce rite des apprentis. C'est une nouveauté, car jamais auparavant l'initiation maçonnique n'était conférée à ce rite. C'était même plutôt le contraire. Lorsque les maçons usés par les autres rites voulaient sentir le souffle du dragon, ils y allaient comme en pèlerinage, ainsi que les vieux éléphants s'en vont mourir en un lieu mystérieux et magique, au cœur de la jungle la plus reculée, pour que l'ivoire blanchi de ces mastodontes forment les voûtes de ces cathédrales d'ossuaire convoitées par tous les contrebandiers. En voulant ouvrir la base de son recrutement à des novices, voulait-il tenter une métamorphose, afin que l'honorable fraternité s'ouvrît aux mille vents de la contestation spiritualiste qui soufflait dans la rue ?

Nous le croyons, car il avait une carte à jouer. — C'était le temps où la revue *Janus* popularisait le zen et l'alchimie, où le *Matin des Magiciens* de Bergier et Pauwels avait fait grand bruit, où le mage russe Gurdjieff consultait dans la banlieue parisienne entre tabac brun, colère noire et ballets roses, où la CIA s'ingéniait à faire passer le sorcier-sociologue Castaneda pour un junkie au LSD — comme si le LSD pouvait rendre junkie ! —. Toute une jeunesse parisienne qui avait assez goûté de l'Inde pour savoir qu'il lui fallait plus de vies que n'en avait un chat pour s'asseoir correctement en lotus était revenue aux plus sages études de l'hermétisme occidental. Et justement, Canseliet racontait son maître Fulcanelli, et parlait du surréalisme avec Breton, et Breton lisait Nicolas Flamel et cherchait l'Or du Temps. Caza et Jororowski étaient encore jeunes et s'attaquaient à la face nord de l'au-delà en convoquant champignons magiques, tarots et astrologie. On croisait les sources, on rééditait les *Demeures philosophales*. Notre homme savait tout cela, et voulut de cette maçonnerie faire autre chose qu'un énième laboratoire d'idées, et peut-être l'un des tout premiers oratoires des songes.

Mais d'innombrables organisations occultistes parallèles papillonnaient autour et dans ce rite égyptien et s'entredéchiraient et se réconciliaient avec la même ardeur ; et les mêmes serments engagés sur mille ans ne tenaient pas plus de dix jours. Les querelles de chapelles, les anathèmes incendiaires et les guerres picrocholines secouaient à intervalles réguliers le petit monde des occultistes. Si le seul enjeu n'avait été que jalousie entre mages de banlieue, crypto-évêques d'Église gnostique apostolique et groupusculaire, et autres kabbalistes au petit pied, l'affaire aurait été vite entendue. On eût pu laisser ces randonneurs féeriques battre innocemment la campagne astrale, et laisser ainsi à toute une nouvelle génération de maçons français la chance de pouvoir se baguenauder sur les terres en friche de l'imagination alchimique ou théosophique. Le rite égyptien eût pu être ainsi, non l'asile des sages, mais le repos des maîtres maçons usés par le rationalisme dogmatique ou la révélation apostolique et romaine qui, en ces dernières années d'avant le joyeux séisme de 68 n'en finissaient pas de mourir. Mais il n'en fut rien, car, d'années en années, ce n'étaient pas seulement que des initiés qu'un doux grain d'ellébore faisait venir à ces tenues maçonniques. C'étaient aussi d'autre genre de maçons, moins férus de baguette de sourcier, moins amateurs de cosmos réenchanté, et plus fervents d'une critique radicale de la modernité.

Lecteurs de Guénon, — ce mathématicien ésotérologue qui émargeait à l'Action Française avant d'inspirer au Caire le fondamentalisme islamiste naissant —, gloseurs d'Evola — qui en ces mêmes années, faisait parler de lui de ses contreforts cisalpins dans un attentat terroriste néo-fasciste —, tout un autre monde venait frapper à la porte du temple. Ils avaient été rarement initiés à la maçonnerie en premier lieu. Ils venaient d'organisations templières et rosicruciennes plus occultes qu'occultisantes, plus politiques que rêveuses, ou bien encore, ils s'étaient hissés aux derniers degrés de la hiérarchie d'Eglise catholique, gnostique, gallicane. Ils avaient reçu des investitures parfois régulières aux yeux de Rome, mais la tiare leur avait donné des ailes, et ils se pensaient déjà les administrateurs d'un nouveau monde, — voire d'un Ordre Nouveau. Ils venaient aussi d'ordres martinistes en mal de Roy, geignant après la révolution française, doloristes à souhait dès qu'il fallait supporter les affres de la modernité. Et les innombrables passerelles qu'ils avaient savamment mises au point pendant plus d'un siècle entre leurs groupuscules d'un autre monde et la maçonnerie égyptienne leur donna l'opportunité, d'années et années, de tisser leur toile et de prendre possession du rite en France. Notre homme le savait. Sans doute le sut-il dès après la guerre. Il chercha à clarifier et séparer les sphères d'influence de ces divers groupes, fixa en une forme maçonnique, — quoiqu'un peu trop vigoureusement et dogmatiquement occultisante — le rite de Memphis-Misraïm afin qu'il ne soit pas gauchi et manipulé afin de servir les intérêts, les mythes et les songes parfois inquiétants dans lesquels s'abîmait cette faune d'initiés hors des marches de la maçonnerie. Car les habitait une vision du monde tirée des nostalgies les plus radicales de l'Ancien Régime. Il leur apparaissait en effet que la démocratie, la laïcité et l'extension du régime technique et scientifique n'étaient pas autre chose qu'une subversion des valeurs éternelles sous lesquels l'homme, devait doucement végéter. Les plus bêlants d'entre eux, farcis d'un évangélisme d'Eglise Intérieure, gémissaient doucereusement en attendant la venue du Paraclet, de Jésus et de ses cortèges d'anges roses et joufflus. Leur rêverie saint-sulpicienne buvait aux sources de Madame Guyon, de Fénelon et de Saint Martin. Ils rêvaient d'une vraie doctrine chrétienne dans les Loges, voulaient que la Maçonnerie fût tout entière dévouée à servir Rome, et que l'on recrutât en ses rangs les conseillers des Princes d'une France débarrassée de 1789 et de 1905.

Ils étaient parvenus en 1919 à instaurer, au cœur de la maçonnerie des rites de consécration de l'Eglise apostolique et romaine avec quelques uns de leurs séides aux ordres des Jésuites. Ils étaient en train, dans les années 1960 d'établir des passerelles entre les Eglises gnostiques dont ils avaient la charge et de bizarroïdes degrés de patriarche au sein du rite de Memphis-Misraïm où le vénérable maître de loge avait plus l'allure d'un pope confit dans la dévotion mariale qu'un libre penseur défilant au Mur des Fédérés.

Mais il existait aussi toute une autre frange, bien plus dangereuse celle-ci, qui s'était nourrie d'une sorte de nietzschéisme de bazar, et qui voulait voir dans l'initiation une technique à produire des héros. Car le monde moderne, c'est certain, avait consommé la mort des héros, fussent-ils des prêtres ou des guerriers. Et les efforts grotesques et poussifs du kitsch mussolinien n'y purent rien : il n'y avait plus place pour une mystique de l'héroïsme dans le monde du soupçon, dans le monde d'après Freud, Marx et Darwin. Or de cela, des mages initiés à des techniques théurgiques ne voulurent pas. Ils voulaient se consoler en croyant à la possibilité par l'ascèse alchimique de retourner à l'état de prime innocence de l'homme. Et la haine dans laquelle ils tinrent la modernité, la détestation qu'ils eurent pour la démocratie, par une sorte de surenchère, leur permit de faire croître plus encore l'amour qu'ils avaient pour une humanité rêvée, pure et régénérée par l'expérience transcendantale des mystères. Ceux-là donc, à la même époque, cherchaient à investir les loges maçonniques pour y pythagoriser, pour y mithradiser, pour y réveiller les Mystères antiques des mondes païens. Ils jetèrent leur dévolu sur le rite égyptien dont les connotations pré-chrétiennes leur firent croire qu'il était une terre propice à ensemencer des rêveries naturalistes, héroïques et naïves.

Pris en tenaille entre une opposition papiste, plus catholique que le Christ, et une opposition païenne, solaire et boréale, notre homme s'opposait à l'une comme à l'autre. Une page se tournait, tandis que poussaient hors de la terre alluviale du Nil les rejetons gémellés du jésuitisme et du paganisme. Nul ne saura dire si les initiatives auxquelles il se joignit avec quelques autres pour publier les rituels de maçonnerie égyptienne et les verser ainsi dans le domaine public, pour ouvrir les temples aux femmes et à la jeunesse de son temps, si ces initiatives obéissaient à une stratégie raisonnée ou étaient une fuite en avant.

Nul ne saura dire si notre homme savait que c'en était fini de l'occultisme auquel il avait cru ou s'il préparait cette mue et ce rajeunissement des cadres pour éviter l'arraisonnement par des influences étrangères à la culture maçonnique. Il n'empêche.

Un beau soir de 72, notre homme s'assit à sa table de travail, prit quelques feuilles de papier qu'il doubla de feuillets de carbone, ouvrit sa fenêtre et contempla les étoiles. C'était l'entrée dans l'été, la première nuit estivale, et les toits de Paris étaient chauds encore du soleil qui les avait pilonnés tout au long de la journée. Un poste transistor au loin crachotait un rock'n roll approximatif d'une fenêtre entrebâillée. Quelques chats se battaient. La rumeur de la ville assoupie se faisait lointaine. Il revint à sa chaise, fit craquer les articulations de ses doigts douloureux et s'alluma une Gitane.

Le matin le retrouva dans la même position, quoiqu'un peu plus voûté, et près de lui le cendrier plein. Son dos lui faisait mal et il avait très soif. Il sentait les crampes venir et eut mal en inspirant un peu trop fort. Le diabète ? Il haussa les épaules et contint un début de toux. Il arracha la dernière page du rouleau de sa machine d'un geste bref. Un merle siffla sottement. Son chat s'étira sur le bureau et le regarda avec cette indifférence si particulière aux félins à mi-chemin entre la bêtise crasse et la superbe aristocratique. Venait-il d'écrire une pure fiction ? Etait-ce les bases d'une régénération de l'Ordre ? Se mystifiait-il lui-même ? Il voulut caresser son chat qui avait passé toute la nuit sur un coin du bureau. La bête noire esquiva la main, feula, l'ignora et s'en alla par les toits, laissant à l'endroit où elle avait somnolé un petit recueil daté de 1610, la *Fama fraternitatis des löblichen Ordens des Rosencreutzes* de Johann Valentin Andreae. A défaut de caresser le chat, sa main un instant en suspens se ravisa et se posa doucement sur la couverture de l'ouvrage. Il était tiède, et dans les brumes du sommeil qui le gagnait, l'homme en eut peur un instant, car il crut, en touchant le cuir de la reliure, sentir la chaleur d'un être vivant qui l'épiait muettement. Puis il sourit de sa frayeur. Non, ce n'était ni une farce, ni une réforme, ni une mystification. Seulement un *ludibrium curiositorum*. Il jeta la *Fama* au fond d'un tiroir où elle acheva de refroidir, glissa la liasse de feuillets qu'il venait d'écrire dans une chemise rouge, et éclata de rire.

J'ai parlé de *Lizard King*, qui fut l'auteur des quelques pages doublées de papier carbone qui révolutionneront la face obscure de l'occulte, qui savait autant kabbaliser que travailler à la cohobation de l'œuf cosmique, connaissait les arcanes maudites de la liturgie gnostique et grimpait à toutes les échelles de degrés maçonniques comme un vieux gibbon aux branches de son arbre — et j'en ai dit assez sur lui.

J'ai parlé sobrement de celui par qui ces pages m'étaient parvenues, qui fait partie de cette faune interlope comme il n'y en a que dans les ports des romans de Conrad et dans les venelles des quartiers de Venise où s'assemblait la loge secrète à laquelle émargeait Ugo Prat et de laquelle il reçut trois fois commande. Mais celui par qui les papiers de *Lizard King* me parvinrent n'a pas voulu que je m'étende sur lui plus avant, ni sur ses motivations psychologiques, ni — encore moins — politiques, et me faisant promettre, lorsqu'il eut vent de ma prochaine publication, de taire son existence, jusqu'à refuser même d'être dénommé, ne fut-ce que par un pseudonyme — antique terreur des mages qui savent fort bien depuis Thot que quiconque possède le nom assoit son autorité sur la chose, et que tout pseudonyme, s'il est lu correctement par qui sait lire la langue des oiseaux, se mue vite en hiéronyme et enseigne parfois plus encore que le *nomen* profane —.

Mais je n'ai pas encore parlé de moi, qui me trouve être en bout de course, troisième et dernier passeur en date, n'ayant eu vent à ma connaissance — à l'heure où je prends la plume — de personne d'autre qui soit au secret de la franc-maçonnerie noire.

Il me faut donc, si je veux être droit avec mon lecteur, me raconter un peu. A moi, à qui il a échu l'honneur et l'embarras de donner une forme éditable à ces quelques pages, je dois ici confesser ma grande gêne, car je voulais de ce travail faire non témoignage, mais *œuvre littéraire*. Le mot est pompeux pour le projet que je caressais, et il peut prêter à contresens. Non que je voulusse me piquer de littérature et écrire comme les prétendants aux concours de belles-lettres, ou produire un énième recueil ou manuel de franc-maçonnerie appliquée que liraient les connaisseurs et grâce à quoi ils allaient faire ployer les planches de leur bibliothèque. Non, mon projet était à la fois moindre et plus ambitieux encore, puisque je voulais fabriquer un « livre-fantôme » — objectif qui a plus à voir avec l'artisanat obscur et besogneux qu'avec le génie des Goncourt. Car ces quelques pages que je rédigeais avec forces notes et commentaires avaient certes pour première fonction d'exhumer et de réordonner un certain patrimoine de la franc-maçonnerie oublié et refoulé depuis presque trois cent ans ; elles complétaient en outre cette restitution d'un corpus historiographique détaillé, l'enrichissaient d'une herméneutique qui conjuguait les apports de l'histoire des religions, de l'exégèse des symboles ; et elles le nourrissaient de commentaires politiques empruntés à la radicalité situationniste. Mais l'essentiel n'était pas là à mes yeux. Car l'ouvrage dont je voulais la diffusion ne devait pas être un livre destiné à élargir la culture historique des initiés, ni un manifeste militant destiné à faire réponse à la Nouvelle Droite en préconisant ce que l'on pourrait appeler la Nouvelle Gauche. Et de même, ce ne devait pas être un recueil de rituel maçonnique. Ni un manifeste crypto-gauchiste. Ni la couverture et l'écran de l'un pour l'autre. Ou de l'autre pour l'un. *Ce devait être une fiction réaliste.* Un objet littéraire concret et actif. Un objet et non livre ; littérature et non science ; pratique et non théorie ; activité et non passivité. Je le voulais : *livre-fantôme.*

Il y eut, avant le mien, d'autres livres-fantômes, d'autres objets littéraires concrets et actifs. Citons pour mémoire, au début des Temps modernes le *Traité des trois imposteurs,* brûlot irréligieux décrivant Moïse, Jésus et Mahomet comme de vulgaires escrocs sans foi ni loi manipulant les foules, qui fut cité sans cesse, glosé, commenté, stipendié, condamné avant que quelqu'un — enfin — ne se décide à l'écrire... Il y eut aussi bien sûr, vers 1610, la *Fama fraternitatis des löblichen Ordens des Rosencreutzes,* rédigée par Andreae et ses compagnons du cercle de Tübingen, d'abord diffusée anonymement, complétée par une publication énigmatique de placards et d'affichettes, enfin imprimée pour révéler au monde entier le réveil d'une « Fraternité de la Rose-croix », travaillant à une réforme radicale des institutions politiques et religieuses. L'Europe entière se passionna pour elle, notamment Leibniz et Descartes qui cherchèrent à entrer en contact avec elle, jusqu'à ce que son auteur reconnaisse la fabulation — qui n'était cependant pas affabulation puisque la fiction devint réalité et que les confréries rosicruciennes se formèrent et continuent de se former de nos jours encore malgré son démenti le plus officiel...[27]

---

27. Ch. Von Besold, Appendice à Tommaso Campannella, *Von des Spanischen Monarchy,* 1623.

Et déjà la fameuse fraternité des Rose-croix déclare que dans tout l'univers circulent des vaticinations délirantes. En effet, à peine ce fantôme est apparu (bien que *Fama* et *Confessio* prouvent qu'il s'agissait du simple divertissement d'esprits oisifs) il a aussitôt engendré des choses en partie ridicules et absurdes, en partie incroyables. Et ainsi des hommes probes et honnêtes de différents pays se sont prêtés à la raillerie et à la dérision pour faire parvenir leur franc-parrainage, ou pour se persuader qu'ils auraient pu se manifester à ces frères... à travers le Miroir de Salomon ou d'autre façon occulte.

Le livre-fantôme d'Andreae se diffracte et essaime. En son nom, d'autres sont écrits et amplifient sa puissance d'intervention onirique, sa *sténurgie* pourrait-on dire. Ainsi, en 1616, Robert Fludd fera circuler une défense et illustration de la secte qui n'existe pas encore, afin de confondre tous ses calomniateurs qui sont pourtant légion. Son *Apologia compendaria Fraternitatem de Rosae Cruce suspicionis et infamiis maculis aspersam, veritatem quasi Fluctibus abluens et abstergens.* Deux ans plus tard, il rédige aussi son premier *livre-fantôme*, où il révèle enfin les secrets rose-croix — *De Naturae Secretis* —, dont lui seul a la connaissance, puisqu'avant lui *ils n'existent pas.* Or, à la date de sa révélation, Fludd découvre qu'il suffit de retrancher les 188 années de silence et de dormition promises par les rose-croix pour tomber sur l'année 1430, qui est la date de l'institution de l'Ordre de la Toison d'Or. Dès lors, son livre alimente et surenchérit sur la diction, réaliste, de telle sorte que des mouches à miel aux yeux glauques comme Guénon s'y feront prendre de nos jours encore.[28] Mais l'affaire ne s'arrête pas là : en 1623, Maier publie la

---

28. R. Guénon, *Aperçu sur l'initiation*, XXXVIII : « *Il est probable que la plupart des prétendus Rose-croix, communément désignés comme tels, ne furent véritablement que des Rosicruciens* (sic !)... *On peut même être assuré qu'ils ne l'étaient point, et cela du seul fait qu'ils faisaient partie de telles associations, ce qui peut sembler paradoxal et même contradictoire à première vue, mais est pourtant facilement compréhensible...* » Il est certain que, lorsque le paradoxe contradictoire est compréhensible, les pires aberrations deviennent les faits les plus établis. On comprend pourquoi Guénon est tellement apprécié dans les loges maçonniques, en lesquelles la bêtise logique et les incohérences du discours passent pour les plus hautes et subtiles émanations de la « logique du tiers-exclus », manière de camoufler en sublimité ésotérique l'indigence du bon sens.

même année une *Arcana Arcanissima* où le mot même de Rose-croix n'apparaît pas où chacun soupçonne, *du fait même que Maier n'en parle pas qu'il en sait beaucoup plus sur eux qu'il n'en écrit...* Je songe aussi à l'activité sténurgique de *l'œuvre-fantôme* de Guy Debord dont le situationnisme est l'enfant bien réel. Je dis de l'œuvre de Debord qu'elle est *fantomale*, — et non fantomatique — parce que chacun a cru y voir un programme de subversion politique alors qu'elle est un objet littéraire, et sans doute même une pose esthétique et moraliste. Debord — dans le droit fil de La Rochefoucault, de Lautréamont ou d'Arthur Cravan — brosse et usine une œuvre littéraire qui prend le révolutionnarisme insurrectionnel comme alibi mais qui se donne comme but réel la fabrication d'un style propre, flamboyant, hermétique, dogmatique le tout sur un fond insoupçonnable de ton réactionnaire. La postérité donnera raison à sa fiction, en la rendant concrète sur les barricades de mai 68... Mais que font les jeunesses du monde, lorsqu'elles compulsent fiévreusement en ces années la Société du Spectacle ? Elles croient comprendre une *praxis sociale* là où Debord, dans le « monde inversé » qui est le nôtre — l'expression est sienne et elle peut être méditée à la lumière de la notion kabbalistique de l'Autre Côté — écrivant en *inversé*, de *droite à gauche* pourrait-on dire, contemple *Le Spectacle de la Société*. De telle sorte que son œuvre, si elle est lue avec les clefs qu'il donne lui-même et qui sont les moyens de riposter à un « *monde inversé* »[29] et à la « *vie séparée* » n'est pas une *praxis* pour répondre à l'horreur de cette situation-là, mais qu'elle est au contraire une *theoria* — spectacularisation de la société par l'activité littéraire, c'est-à-dire mise en scène par le procédé scripturaire d'une société, comme le fit avant lui Chamfort, La Bruyère ou Graciàn. Ainsi Debord ne se contentait-il pas de riposter ou de réagir *secondairement* face à un réel donné, sur lequel le pourvoir aurait la mainmise, mais au contraire il anticipait et produisait et donnait, par l'activité sténurgique, un réel nouveau et autre, dont il était le démiurge et l'imprésario, bénéficiant ainsi de l'initiative dans le combat qui l'opposait au monde du pouvoir, puisque c'est lui qui ouvrait un monde par son activité scripturaire,

---

29. « *Dans un monde inversé, le faux est un moment du vrai* ». (SS)

l'enfantait, l'armait et donnait en même temps les règles du jeu et du
duel auquel on pouvait se prêter sitôt qu'on pénétrait ses lignes et ses
frontières. Et lorsqu'enfin le pouvoir, en 1972, eut compris ce que
c'était que la société spectaculaire qui avait été mise en scène par les
fictions politiques de Debord, lorsqu'il put les domestiquer et les coloniser avec l'extension idéologique du régime ultra-démocratique,
alors Debord renonça à poursuivre le combat sur un terrain dont l'adversaire connaissait désormais les carrières et les fondrières, et il se
résolut à dissoudre l'I.S.

D'où vient le succès des livres-fantômes ? De ce que tous jouent
du secret, invoquent plus qu'ils ne disent, et mettent en garde sur l'insuffisance de ce qu'ils contiennent. Le livre-fantôme se donne comme
un objet inachevé, non parce qu'il est théorique ou fictionnel, mais
inachevé parce qu'il est tenu au secret. Il laisse ainsi entendre qu'il
déborde de toute part dans la réalité, que sa virulence et son pouvoir
de létalité est tel qu'il doit se cacher au cœur des choses pour éviter
qu'on l'anéantisse. Le pouvoir du livre-fantôme repose aussi sur le
pouvoir d'autodérision de ses auteurs, — quand ils existent —.
Andreae parle de la Rose-croix comme d'une « *farce entre curieux* »
(*ludibrium curiositorum*), Debord parle d'un « *parodique sérieux* » et
choisit de faire figurer en 1994 l'arcane du bateleur du tarot divina-
toire en couverture *Des contrats*. Serait-ce là amenuiser le pouvoir
fantasmatique du secret qui devait accroître la puissance opérative du
livre-fantôme ? Bien au contraire ! Que l'auteur moque plaisamment
ses prétentions, qu'il traite son œuvre comme une pochade, voilà qui
confirme justement qu'il cache du grave sous le léger, et du terrible
sous le désinvolte. Tout sert au secret, son silence, sa divulgation, —
et plus que tout, sa dénégation par son auteur même…

Déjà, si le langage est stratégie subversive et démantèlement des
forces du pouvoir, une grande partie du combat est gagnée. Le langage fictionnel, en brouillant les pistes du réel, fragilise les entreprises du pouvoir qui est pouvoir parce qu'il a la parole, notamment la
parole d'ordonnancement. Mais il n'y a effectivité du pouvoir comme
parole qu'à la seule condition que ceux qui s'y plient pensent que les
mots du pouvoir recouvrent les choses et exercent ainsi un magistère
absolu sur le réel. Autrement dit, le pouvoir n'est pouvoir qu'en tant
qu'il parle et que ses mots prétendent se superposer parfaitement au

réel, sans décalage aucun qui serait signe d'échappée, mécompréhension, et donc, impuissance. Mais si d'aventure le pouvoir n'est plus « réaliste », s'il ne semble plus parler et ordonner les choses qui se passent dans son empire et dans les frontières qu'il administre, alors ce pouvoir perd son fondement subjectif et bientôt connaît une crise de laquelle il a peu de chances de sortir indemne. Mais comment montrer que le pouvoir est irréaliste ? L'erreur — de la *Rote Fraktion Armee* à la bande à Baader — est de vouloir s'attaquer « au cœur » du pouvoir comme s'il était une personne à cibler ou une institution à détruire — L'Etat et sa police, le patronat et son capital, les médias et leurs spectacles —. En vérité, le pouvoir ne se réalise ni par des hommes, ni par des institutions, mais par les mots dont il prétend qu'ils recouvrent la réalité dont il a l'intelligence. Mais si soudain affluent de nouveaux discours ou reviennent d'antiques et d'immémoriaux discours qui débordent le réel sur lequel le pouvoir entend exercer le monopole de sa direction, alors à ce moment-là vraiment, le pouvoir est touché en son sein. De telle sorte que le meilleur moyen pour subvertir le pouvoir consiste à élargir le réel jusqu'à déréaliser le réalisme du pouvoir, et pour ce faire, à rendre concrets des discours nouveaux et à baliser avec de nouveaux mots des réalités insoupçonnables auparavant. Ainsi la fiction sténurgique, en tant qu'imposture littéraire, si elle est habilement conduite, peut-elle être plus dévastatrice que n'importe quel paquet de dynamite, non parce qu'elle sape le pouvoir à sa base, mais parce qu'elle fait accoucher au réel de nouveaux mondes et de nouvelles provinces sur lesquels le pouvoir n'exerce pas encore son empire, et qui peuvent être autant d'avant-gardes et de camps de retranchement à partir desquels organiser la résistance, la riposte et le soulèvement général de l'empire.

De ce fait, l'existence du livre-fantôme comme objet littéraire destiné à fabriquer une imposture qui prendra de vitesse le pouvoir en fabriquant des territoires plus rapidement que celui-ci fabriquera les clôtures et les piquets pour l'enserrer, l'existence d'une telle œuvre littéraire est déjà une réussite. Et si j'étais parvenu à ce niveau au moins, j'aurais pu m'en féliciter.

Mais ma gêne venait de ce que je craignais de ne faire *qu*'œuvre littéraire, de me saouler de mots et de ne noircir du papier que pour occuper le vide de mon âme, et déserter les laideurs de ce monde.

Ö certes, je savais bien que la littérature et l'art n'étaient pas que des illu-
sions et des évasions, mais qu'ils étaient ces opérateurs bien réels qui
façonnaient le monde. Proust écrivait à propos de la peinture figurative
et des œuvre littéraires que « *tout est question non de technique mais de
vision* »[30]. Vision que l'artiste a de son monde et qu'il ajoute au nôtre, de
telle sorte que, grâce à lui, nous n'évoluons plus dans notre pauvre univers aux perceptions ordinaires dont les parois sont hautes et rappro-
chées, mais voilà que, par lui, nous participons d'une réalité supérieure,
élargie, et aux sonorités et aux lumières plus intenses :[31]

Maintenant regardez. Et voici que le monde (qui n'a pas été créé
une fois, mais aussi souvent qu'un artiste original est survenu) nous
apparaît entièrement différent de l'ancien, mais parfaitement clair.
Des femmes passent dans la rue, différentes de celles d'autrefois,
puisque ce sont des Renoir, ces Renoir où nous nous refusions jadis
à voir des femmes. Les voitures sont aussi des Renoir, et l'eau, et le
ciel [...]. Tel est l'univers nouveau et périssable qui vient d'être
créé. Il durera jusqu'à la prochaine catastrophe géologique que
déchaîneront un nouveau peintre ou un nouvel écrivain originaux.

Et de même, le traitement de la lumière par Rembrandt ou Vermeer
donne au sujet de leurs tableaux et à la vision que nous en avons des
siècles plus tard, même quand il s'agit de scènes ou de paysages connus,
un sens que nous ne leur aurions jamais reconnu dans la réalité. Proust,
comme Flaubert, ont inventé la langueur de temps et l'ennui de la bourgeoisie provinciale, et les nuages laiteux ont changé de couleurs depuis
que Vermeer nous les a fait voir argentés : un nouveau temps et de nouveaux cieux sont venus au monde par l'intercession de tels fabricateurs
de mondes. Quand Vermeer peint son *Soldat et jeune fille riant*, la carte
géographique punaisée au mur au-dessus de la jeune fille réussit ce que
ne réussissent jamais toutes les femmes qu'il a peintes : celles-ci ne se
métamorphosent pas pour passer du tableau à la réalité, alors que ses
cartes refusent d'être des images de cartes et se changent immédiatement en ce qu'elles ne voulaient que représenter : la carte peinte est

---

30. Proust, *A la Recherche du temps perdu*, t. III.
31. *Ibid., Du côté de Guermantes*, t. II.

observée par les amateurs comme une carte géographique et chacun cherche sur le tableau les côtes et les fleuves de sa région d'Europe. C'est ainsi que le tableau de Vermeer connut un piètre succès, non parce qu'il était mal peint, mais parce qu'il attirait le regard du spectateur sur ce qu'il pouvait apprendre du réel. A ce titre, Vermeer déçoit, parce qu'il s'incline devant les puissances du monde. Mais sitôt qu'il reprend sa véritable fonction esthétique, qui n'est pas d'enseigner le monde et de faire des reproductions fidèles — donc serviles —, mais d'enfanter et de fabriquer de nouveaux mondes, alors il enchante. Sa *Vue de Delft* ne cherche pas à reproduire le côté sud de la ville avec ses églises et son port, mais plutôt à nous faire percevoir cette lueur argentée, cette douce brillance des grains du monde, qui n'est ni ici-bas, ni outre-monde parce qu'elle se loge aux cieux comme dans les eaux dormantes. Ici travaille l'artiste, peintre comme auteur de littérature, à créer de nouveaux univers qui n'existaient pas avant sa venue. Tout cela, assurément, je le savais. Et surtout, je connaissais et avais longuement médité le passage troublant de *L'Œil et l'esprit* de Maurice Merleau-Ponty, dans lequel, pour expliquer la puissance active de l'art, le phénoménologue invoquait le patronage d'Hermès Trismégiste :[32]

> L'art n'est pas construction, artifice, rapport industrieux à un espace et à un monde du dehors. C'est vraiment le « cri inarticulé » dont parle Hermès Trismégiste, qui « semblait la voix de la lumière ». Et, une fois là, il réveille dans la vision ordinaire des puissances dormantes un secret de préexistence.

Le passage a toujours été troublant pour moi parce que Merleau-Ponty en plein dans la contemporanéité, bien après la *voyance* de Rimbaud, et sans prêter le flanc au jeu facile du romantisme, Merleau-Ponty, a perçu les correspondances très occultes qui enchaînent par leurs maillons dorés les artistes et les littérateurs au « *cri inarticulé de la Lumière* ». Cette intuition gnostique retrouvée sous la plume d'un compagnon du Parti communiste n'avait finalement pas de quoi surprendre. Elle confirmait l'existence de ce fil rouge si ténu, à peine visible, et cependant si solide, qui avait failli unir, dans les années cinquante la spéculation révolutionnaire à

---

32. M. Merleau-Ponty, *L'œil et l'esprit*, 1960, NRF, 1967, p. 61

la résurgence des thématiques ésotériques — Abellio, qui l'avait révélé trop vivement, en fit les frais pour n'avoir pas assez vite sorti les témoignages de son double-jeu au service des trotskistes[33] —. Mais enfin, que sous la plume de Merleau-Ponty, sous celui qui voulut restaurer la chair sensible contre le corps-machine du cartésianisme, — en cela héritier sans qu'il le sache lui-même de l'*Astralleib* paracelsien —, revienne ce refoulé de l'Occident, cette contre-culture, cette contre-littérature, voilà de quoi redonner de la vigueur à un Art des Lettres qui ne soit pas qu'un succédané du prométhéisme dominant aux âges noirs et industriels de la race de fer, mais qui augure en même temps du retour du même sous le visage de l'Etranger, l'Hermès au pied léger. Cette fabrication des nouveaux mondes par les procédés littéraires de l'*Ars verborum* nous éloignait donc des mythologies d'usines pour nous faire retourner aux athanors des sages et à leur maturation des lies et des spermes métalliques.

Tel était en effet le second projet littéraire du livre-fantôme, sa finalité à la puissance deux. Ne pas seulement se contenter, si je puis dire, de rendre réaliste une imposture, celle des Nobles Voyageurs et de leur franc-maçonnerie occulte, vengeresse et clandestine, mais de la *révéler*, parce qu'elle *existait véritablement avant même que ne fussent rédigées ces pages*, et de rendre mes contemporains enfin sensible à son existence. W. Benjamin disait de toute perception qu'elle était autant sensorielle que politique, et de ce fait la culture authentique n'était pas celle qui ajoutait au sujet une compétence intellectuelle, mais véritablement, elle le transfor-

---

33. L'Annexe I de *Sol invictus*, contient la déclaration de Jean Gemaehling en date du 3 novembre 1950, « *ex-chef national du réseau KASANGA (Service de renseignements du Mouvement de Libération Nationale), Liquidateur de ce réseau auprès de la France Combattante, Président de l'Amicale du réseau KASANGA, Compagnon de la Libération, Chevalier de la Légion d'Honneur* » qui certifie que Georges Soulès [*i. e.* Raymond Abellio] dirigeait secrètement l'équipe du néo-MSR avec de Castellane pour transmettre à la Résistance, au B.C.R.A. de Londres, à l'état-major des F.F.L. à Alger et aux services américains en Suisse des renseignements précieux. De plus, « Combat », en date du 18 octobre 1952 ajoute à ce témoignage celui du général de Bénouville et celui de Raymond le Bourre — qui à l'époque rallia FO pour servir la cause trotskiste — lesquels confirment qu'Abellio, en prenant le risque de rejoindre au MSR et à la LVF servait en fait comme taupe et agent double pour les intérêts de la Résistance.

mait intérieurement, en lui permettant une réforme de la sensibilité grâce à laquelle des pans entiers du réel camouflés par l'idéologie politique pouvaient revenir à l'avant-scène de ce qui est perçu et renverser les rapports de forces sociaux. Et de la même manière que les femmes de Renoir existaient avant Renoir mais qu'il fallut Renoir pour qu'on les vît enfin, *et qu'elles se sachent, ces femmes en noir, elles-mêmes, voyantes*, de même, je voulais véritablement que l'*opus verborum* auquel je m'adonnais parvinsse à hisser jusqu'aux limites perceptives de mes semblables une réalité pour l'instant reléguée dans les couloirs obscurs de l'Histoire, réalité des Nobles Voyageurs, noirs vengeurs et solitaires, hommes d'engagement détachés, nonchalamment violents, et révoltés désinvoltes, drapés d'ombre et de sable, silhouettes fugace dans la nuit que trahissent seuls les éclats des dagues, des larmes et des sourires, et qui attendaient ce livre-fantome comme un révélateur, le coup de pinceau lumineux du projecteur qui allait permettre de les faire mieux et plus distinctement être. Ils attendaient en dormition depuis trente et trois ans, depuis trois cent ans, depuis sept cent ans, — je ne compte plus — et j'escomptais sur le pouvoir miraculeux de l'écriture pour les ramener à la vie. *Fiat Nox*, non par le Verbe, mais par le Mot — Mot de passe, et non de passe-passe — — liberté de passage — — — à l'acte. Il s'agissait là d'une véritable opération théurgique, comparable à celle de l'imbibition de l'homoncule, celle par laquelle la combinatoire des lettres n'allait pas être que la rédaction d'un mensonge auquel on allait croire, mais allait devenir le procès verbal d'évènements fictifs avant d'être écrits, et rendus réels par l'opération même, opération magique et invocatoire de l'écriture. Ce procédé, hermétique *en diable*, je savais qu'il existait. Ou plus exactement, je savais que des livres nombreux en parlaient. La question de savoir si des livres qui disent que les livres agissent réellement sur le monde, si de tels livres sont créateurs de leur imposture ou créés par elle, une telle question, on le voit, est étourdissante et fait vite perdre pied.[34] Si l'on a le goût du précipice et si l'on aime lâcher prise, alors

---

34. Deux juifs se chamaillaient devant un troisième. Le premier, qui était laïc, disait au deuxième, qui était orthodoxe : « L'homme a fait Dieu ! ». Le troisième, qui était kabbaliste et les écoutait, opina du chef en silence. Alors le deuxième répondit au premier : « Dieu a fait l'homme ! ». Et le kabbaliste, tout en écoutant, opina également en silence. Les deux se retournèrent alors vers lui : « Mais tu es incohérent ! ». Et le kabbaliste, après les avoir écouté, opina en silence…

on découvre très vite que la tradition de l'*ars verborum* et de la kabbale littéraire sont une branche de la théurgie et de l'ésotérisme occidental qui a ses lettres de recommandations et ses quartiers de noblesse. Une légende juive raconte qu'un soir de Kippour, après le prière, le Ba'al Shem était assis à table avec ses disciples. Tout à coup, il s'écrit : — Dites à Alexeï — c'était le nom de son cocher — d'atteler ! Il prend avec lui son disciple préféré, rabbi Naham de Kossow, monte dans la voiture et donne l'ordre de la conduire dans un village lointain. Arrivé à destination, il se rend à l'auberge et, lorsque l'aubergiste se présente pour demander à ses hôtes inattendus ce qu'il pouvait bien leur servir, le Besht l'interroge aussitôt : — Comment as-tu fait la prière de la sainte journée de Kippour ? Voilà l'aubergiste saisi d'une crainte révérencielle. Il lui faut attendre un moment avant de pouvoir répondre en balbutiant : — Saint Rabbi, vous savez bien qu'en ce jour redoutable je me suis grevé d'un terrible péché, le malheureux homme que je suis ! Mais, croyez-moi, rabbi, je n'ai fait que céder à la tentation, et c'est sûrement Satan qui est responsable de mon malheur ! Alors le Besht lui dit : — Raconte-moi comment les choses se sont passées. — Hier commence l'aubergiste, j'ai pris avec moi ma femme et mes enfants et nous nous sommes mis en route afin de célébrer la sainte journée en ville et d'y prier avec la communauté. Tout à coup, je me souviens que j'avais oublié de fermer la cave. Craignant que le non-juif à qui j'avais confié la garde de la maison n'en profite pour s'y régaler, je fis demi-tour, tandis que ma famille continuait le voyage. J'étais à peine rentré dans la maison qu'un messager se présentait pour me demander quelques bouteilles dont on avait besoin, disait-il, pour une petite fête au château. Je lui donnai donc ce qu'il voulait. Entre-temps, d'autres clients étaient arrivés. Comme il faisait encore jour, je pensais pouvoir encore arriver en ville avant le soir. Mais les clients se succédaient sans interruption. Lorsque, enfin, il n'y eut plus personne dans l'auberge, et que je voulus fermer la cave, je m'aperçus avec terreur, que la nuit était tombée et qu'il ne m'était donc plus possible de partir. Que faire ? me demandais-je. Je me retirai alors dans une petite pièce de la maison, afin d'y épancher mon cœur devant Dieu. Car, me disais-je, il sait tout et me pardonnera mon péché. Cependant, je n'arrivais pas à trouver un livre de prières. Ma femme et mes enfants les avaient tous emportés. Alors

je me mis à pleurer à chaudes larmes devant Dieu, en lui disant : —
Maître de l'univers, Tu vois combien mon cœur est lourd, puisque je
ne puis, en ce saint jour, m'uni à la communauté pour prier avec elle.
Je n'ai même pas un rituel dont je pourrais me servir ! Et je ne connais
pas non plus les prières par cœur ! mais je sais maintenant ce que je
vais faire, la seule chose qui soit en mon pouvoir : je vais me mettre
à répéter l'alphabet, de tout mon cœur, comme l'enfant, qui ne sait
pas encore lire. Et Toi, ô Dieu ! Tu Te chargeras bien d'assembler les
lettres pour composer avec les mots de mes prières. Je vous demande,
saint rabbi, que pouvais-je faire d'autre ? Alors le Ba'al shem posa sa
main sur l'épaule de l'aubergiste tout contrit, et lui dit : — Depuis
bien longtemps une prière aussi sainte et aussi fervente n'était pas
montée vers le ciel ! Sois-en sûr : Dieu s'est réjoui de ta prière !

L'histoire est plaisante[35], elle rappelle depuis Aboulafia qu'on ne joue
pas impunément avec les lettres et les nombres et que leur combinatoire a une fonction théurgique bien réelle. L'association des lettres, et
par extension la composition des mots, puis des phrases, puis des chapitres, enfin des récits, débouchent sur la réalisation concrète d'univers
dont la « fréquence harmonique » — pourrait-on dire pour se moquer
des occultistes — est strictement déterminée par la racine des lettres
dont elles dérivent et dont la *gématriyya* aboulafienne connaît les
secrets. Mais si Aboulafia combine et impose des rotations alphanumé-
riques à יהוה , si le pauvre marchand de vin, offre non pas quatre mais
vingt-deux lettres en sacrifice à Dieu pour qu'il s'essaie à son tour à la
combinatoire arithmosophique, que sera-ce si la même chose est faite

---

35. Sous son apparence légère, l'histoire enseigne quand même que l'homme
qui détient le Secret de la combinatoire est obsédé par sa *cave*, et qu'il trans-
gresse la Loi dès l'instant où il accepte d'y descendre pour servir du *vin* aux gens
du *château*, mais que cette transgression désintéressée va permettre que naisse
sur ses lèvres la prière la plus chère à Dieu. Si l'on se souvient que *yayin* (« vin »)
et *sod* (« secret ») ont la même valeur numérique (70, ע , «ayin », autant que de
tribus après la destruction de la tour de Babel/ Babylone), et que Cesare Della
Riviera dans son *Monde magique des héros* (1605) stipule précisément — en cela
conforme avec l'ésotérisme rabelaisien du *Trink* — que le VINUM est d'abord en
langue d'oiseau *VIs NUMerorum, i. e.* « puissance des nombres » (*in* XI — « Le
vinaigre philosophal — le vautour — le feu de nature »), on aura compris que
cette historiette cache beaucoup plus qu'elle ne dit...

avec un livre entier ? C'est à ce petit jeu-là que je me risquais, gardant aussi en mémoire que la route avait été tracée par d'autres que moi, et bien plus illustres. Avant tout, en des temps profanes et profanés comme les nôtres, Malcolm Lowry s'y était bien essayé — et avec un succès incroyable. La *magie des mots*, non au sens métaphorique, mais dans sa vérité la plus kabbalistique avait son efficace.

ABOULAFIA, *Hayyê c'est-à-dire*, ABOULAFIA, *Hayyê c'est-à-dire*[36]

Il n'empêche, je craignais d'être ergotant, pérequisant, en quelque sorte, jouant sur les mots et leurs implicites, à les faire résonner par d'occultes correspondances, à solliciter d'eux leur pouvoir stupéfiant de coagulation et dissolution les uns sur les autres, mais non pour faire descendre une essence et s'incarner une étincelle, mais comme un pur jeu littéral, gratuit et délivré de toute responsabilité magique. Je craignais même le choc en retour à ce petit jeu là. Si je voulais donner à ma sténurgie tout son pouvoir évocateur, alors selon l'antique loi des similitudes et de l'analogie, aux signes couchés sur le papier devaient répondre des intersignes et des signatures logées dans le monde. C'est ainsi que marche la poésie active, lorsque les choses répondent au poète et que le cosmos murmure à l'unisson de son cœur. Novalis et Böhme l'avaient annoncé et René Char s'y connaissait là-dessus, puisqu'avant d'abattre de sang-froid un collabo pendant qu'il était au maquis, il avait demandé au monde de lui faire Signe pour s'assurer non moins d'une absolution que d'un soutien et d'un *accord* d'avec les puissances élémentales. Et moi-même, qui ne voulais guère tuer d'hommes mais qui m'étais entêté à vouloir trouver les traces sur plusieurs siècles d'une confrérie de Nobles Voyageurs ayant le silence comme message et le crime comme possibilité de sanctification, je m'usai l'âme et les semelles à chercher partout les signes jetés çà et là dans l'Histoire de mon Ordre noir. Et j'écrivais, le regard tourné à l'intérieur de moi-même en direction des constellations qu'avaient laissées Borges, Thomas Mann, Hermann Hesse, me figurant n'être pas grand'chose de plus que l'Ulysse / Personne de Joyce, scrutant un peu mes cieux intérieurs incertains et laiteux mais surtout

---

36. Ainsi que le signale en 1999 André Kervalla dans sa *Maçonnerie écossaise dans la France d'Ancien régime*.

ceux de l'en-dehors, ceux de la Camargue qui me couvraient, monumentaux et minéraux, d'un azur abyssal et crépusculaire en son zénith. J'y voulais voir des signes, comme Saint Bernard vit la croix le jour où il annonça la croisade — mais n'en vis point, ni croix ni *ouroboros*, — tout au plus, comme à ma misérable habitude depuis mon adolescence et ma découverte de Fragonard, je voyais dans les nuages joufflus des culs généreux et des seins rebondis —. Mais, même, de nuages, il n'y avait point, en cette terre de Camargue gonflée d'eau sous l'œil noir d'un soleil pétrifié de colère immobile. Aussi, las et désespéré, j'abandonnai là mon travail d'écriture que je savais vain, mais qu'en plus je découvrais vaniteux.

Je voulus prendre conseil auprès d'une amie mienne, traductrice de la correspondance de Marcile Ficin, familière de Plotin et de sa théologie à rebours, intime du Nolain, et qui avait tôt vu en moi la marque de Saturne. Nous étions conviés, elle et moi, à une soirée commune, — l'occasion m'était donc donnée de lui demander secours. Mais comment l'aborder et comment lui exposer le Secret sans l'éventer ? Aussi la soirée passa, réception demi-mondaine, ou chacun s'applique à masquer de mots soignés l'inanité et la superficialité de tous ces bavardages décousus, et nous semblâmes nous éviter l'un l'autre. Que je le fis s'explique assez si l'on songe que je ne savais comment m'adresser à elle afin qu'elle me guide et m'indique comment ce qui ne peut être dit peut faire signe… Mais je pris ombrage de la voir également m'éviter sans raison. Et les heures passant, mon humeur se fit maussade puis massacrante, de savoir peu à peu n'être venu pour rien. Je me mis à boire sec, Martini et whiskies et liqueurs industrielles et sucreuses, croquant les glaçons sous un soleil narquois, la jaugeant du coin de l'œil, cette brune qui lisait Bruno dans le texte, brune brunienne pulpeuse à la coupe de page et au profil aquilin. Des papillons d'azur s'étaient posés sur ses sandales lacées à la cheville, et un autre ornait la naissance de ses seins comme s'il y venait boire un nectar à moi interdit. J'étais furax, — non contre elle car je sais vivre —, mais contre moi, et j'entendais me punir à coup d'alcool. J'en vins donc à l'épais Merlot des Costières de Nîmes, vin tellement rouge qu'il en était bleu noir, entier comme une bûche, qu'il fallait boire d'un coup, en basculant la tête à l'envers, comme on encaisse un uppercut. Il tapissait l'estomac comme une crème, baume lourd et anesthésiant à la fois, et les amuse-gueule venaient s'y engluer comme des mouettes prises dans le mazout. M'assassinant avec application, je ne la quittai néanmoins pas du regard. Elle parlait vivement, ici et là, souriant comme il fallait, dansant sur ses escarpins avec ses pieds mignons et si bien faits, sa robe azuréenne faisant du ciel un nigaud palissant… Je ne la convoitais pas : l'érotisme est fatiguant s'il n'est pas reconduit à sa source, et la reconduction de l'érotisme à sa source est plus fatiguante encore. Mais je ne parvenais pas à me détacher d'elle. Et je savais qu'elle m'accordait de laisser mon regard se poser sur elle, voleter avec ses papillons cobalts, parce qu'elle savait que je n'en voulais rien faire, de ce désir. Aussi, compréhensive et lointaine, souriant doucement dans la lumière dorée de cette fin d'après-midi à d'autres que moi qui étaient trop prêts pour oser la désirer, je savais qu'en même temps elle souriait à moi, parce qu'elle me savait trop loin pour la vouloir consommer. Les incultes s'imaginent que de latiniser à longueur de journée et de militer en faveur du néoplatonisme au siècle de l'Internet est un signe de neurasthénie évidente et que ne se perdent en de telles activités que des maniérées anémiées. Mais de passer jour et nuit sur la *Furor* poétique, de s'interroger sur la volonté ardente et monstrueuse, pélagienne, de ces hermétistes qui cherchent le secret pour faire vibrer leur chair à l'unisson des divinités planétaires, cela fait, à la longue, de *sacrée nature*, qui souvent boivent et mangent et baisent et lisent plus que de raison et comme des puits sans fond, parce qu'ils savent que ce fond, métaphysique, ne pourra jamais être comblé par de la substance physique. Aussi vont-ils à l'extrême, joyeux et décidés, la fleur au fusil, et sereinement tutoient-ils la mort, la stupéfaction, le divin et l'hystérie comme on flatte son chien, parce que la promenade journalière qu'ils font le long des gouffres saturniens les a tôt immunisés contre la dépression ou le suicide. Mithridatisation contre les terreurs des gens ordinaires, la méditation quotidienne de la *Prisca theologia* fait de ces philosophes des monstres patelins, chichiteux et coquets avec les thèmes très horrifiques qui font se jeter en masse leurs contemporains dans les bras oublieux de la strychnine, des anxiolytiques et de la camisole médiatique.

Ce fut elle qui fendit la foule pour aller à moi, avant même que je ne réagisse. — J'aurai besoin de toi pour écrire un article ? — Sur quoi ? — Sur l'énigme. J'eus un coup au cœur…

Contre-signe…

J'étais venu m'adresser à elle afin qu'elle m'enseigne comment
décrypter les signes par lesquels le mystère se révèle et se laisse entra-
percevoir, et elle venait à moi m'interrogeant sur la même chose...
J'étais venu pour l'interroger. En guise de question, je dus à mon tour,
faire réponse. Le destin se jouait de moi, mais au moins, il se jouait.
Et je parvins à jouer avec lui. Lequel des deux était le chaton de l'autre, à jouer avec le bout de laine ? Nous passâmes des heures avec
Ibn Arabî, les jardins de Fez et sa recherche du *Qezr*, Agrippa de
Nettesheim, Böhme et son *De Signatura rerum*, Char, Heidegger, le
Malleus Malleficarum dont elle avait une réédition incroyable. Elle
m'interrogea sur l'Archange empourpré, l'*Aurea cadena* qui court
d'Homère à Moïse en passant par Hermès, la magie des pierres et les
occultes correspondances minérales et planétaires.

Je revins dans la nuit par les routes campagnardes, au milieu des
prés à taureaux bordés de platanes ou cascaillaient les cigales. La nuit
était noire comme le Merlot ; des entrées maritimes chargées d'iode
empoissaient l'air ambiant et brouillaient les étoiles. Il faisait chaud,
obscur et étouffant. De rouler fenêtres ouvertes faisait entrer une humi-
dité grasse et poissarde, qui se déposait sur moi et faisait coller les
vêtements. Fenêtres mi-closes, je roulais dans la nuit, laissant sur la
gauche, plus en bas vers le Vistre, la manade Lafon, passant les prés à
taureaux qui sentaient le fourrage humide et la bouse tiède. Combien
de scarabées faisaient cette nuit festins et alcôves de cette merde tau-
rine ? Combien allaient se battre et périr pour leur boulette fécale qui
allait compter plus que leur vie ? Et moi, quelle boule qui comptait
plus que ma vie faisais-je rouler et dans laquelle j'avais mis tous mes
œufs ? Que les égyptiens aient placé dans cette pérégrination à reculons
du bousier un symbole d'éternité trahissait le fantastique sens de
la dérision de ce peuple pour ses propres symboles. Déjà Thot le trismégiste était pour eux un babouin à cul bleu et rouge, quand il n'était
pas, ce maître des sciences secrètes, l'Ibis avec son bec à fouailler dans
la vase. Etonnante perversion d'une civilisation hiératique qui mettait
ses plus hautes arcanes alchimiques dans les plus grotesques figures.
Immortalité merdique et omniscience vaseuse étaient les deux mamel-
les de la sagesse égyptienne... Au volant, je sentis la fatigue me tomber dessus, et tirer les traits de mon visage, comme si ses serres invisibles se plantaient dans les joues pour tirer mes paupières vers l'en-

fer. Mes épaules s'affaissèrent et je songeais à ma conversation d'avec la brune brunienne. J'aurais pu m'en féliciter, mais voilà qu'une aigreur subite me gagnait. Après tout, j'étais venu pour avoir un signe, et j'avais rencontré quelqu'un qui m'avait interrogé sur celui-ci. Le destin m'avait fait tourné bourrique. Je revenais bredouille, et surtout, ridiculisé par les Parques. Mais enfin, vapeurs de l'alcool ? torpeurs de cette nuit étouffante ? frustration coutumière de n'avoir pas rencontrer Dieu pour lui nier Son existence ?, en tout cas, j'en voulais plus encore, et il me manquait un signe plus net, comme en eut Böhme et qui décida sa conversion, de petit cordonnier qu'il était en 1600 jusqu'à devenir, après la visite de... — Un chien déboula de la nuit. Un chien noir, haletant et courant dans mes phares, droit sur moi. Je fis une embardée. Je crus la mort venir, dans ce platane qui m'attendait depuis cent ans et maintenant se jetait vers moi à toute allure. Le chien passa à gauche. Je mordis le talus gras à droite, les pneus dérapèrent et la caisse chassa par l'arrière. Contre-braquage. Je repris la route, chassai un coup à gauche à fond de volant, un coup à droite, et balançait un dernier coup de patin tout droit. Vivant. Dans la nuit noire, les mains serrées sur le volant, une suée glaciale au front qui dégouttait sur mes tempes et descendait dans ma nuque. — Putain de clebs. *Nada* ? C'était ma chienne, *nada*. Comme *nada de nada* de Saint Jean de la Croix. *Nada* était noire également, mais je l'aurais reconnue entre mille. Or cette bête n'était pas *nada*. Je posais mon front sur le volant. Le moteur ronronnait doucement, bête docile attentive à moi, sans état d'âme, elle. Et justement, le chien. Je songeai à la bête. Autour de moi, le noir plus noir que noir. Avais-je rêvé ? Non. La bête avait couru sur moi. Elle s'était jetée sur moi, sous mes roues. En flash, la vision me revint. La bête noire, immense, courait vers moi *en remuant la queue*, comme si elle me connaissait. Me *reconnaissait*. Elle courait à ma rencontre, allant droit sur moi, ne cessant de me fixer, *au-delà de la lumière des phares*. Soudain, j'eus peur, très peur. Je jetais des coups d'œil atterrés alentour. Des folies fugaces de gamin me revinrent en mémoire. Lycanthropie. Mais ma bête était noire, mais *joyeuse*. Je m'usais les yeux à percer l'Obscur. En vain. La peur ne me quittait pas. Je fis l'effort de me souvenir un peu mieux. Pas de collier. Chien libre. Soudain, comme un éclair d'orage soulage le ciel d'une trop grande tension caniculaire, je compris.

L'*Elu de P*. Le Guide qui conduisit le premier Vengeur vers le premier meurtrier. Le Chien de Pérignan.

Ce chien était la bête familière qui avait conduit le premier des Voyageurs, le pèlerin de justice, c'était elle qui avait pisté Abiram l'assassin d'Adonhiram notre maître.

Ce chien avait conduit le premier des maîtres vengeurs, le maître élu des neuf jusqu'à la caverne où il allait pouvoir châtier et décapiter le premier des trois mauvais compagnons et soulager les mânes de notre cher maître supplicié. Toute peur s'effaça. Une allégresse m'envahit. Au moment de l'embardée, la bête avait disparu de ma vision, sur ma gauche, engloutie par la nuit. Devant moi, dans la lumière de mes phares, un chat blanc me jaugeait. Je fis marche arrière, précautionneusement. Une fois, sur cette même route, j'avais percuté une aigrette blanche, de celles qui veillent sur les reins des taureaux, avec leur couronne dorée. Dans mon rétroviseur, elle avait battu d'une grande aile valide, voile immaculée tendue au dessus de son pauvre corps disloqué, sanglant et pantelant, l'œil rond et fixe. Que voyait-elle ? Elle ne me voyait déjà plus. Que fixait sa pupille ronde et noire cerclée d'or ? Quelle constellation pouvait-elle contempler, que nous autres, hommes, ni ailés, ni couronnés, ne pourrions jamais connaître ?

Mais cette nuit, derrière moi, il n'y avait rien. Rien d'autre que la nuit noire, poisseuse et chaude comme une marée de sang. J'ouvris ma fenêtre en continuant ma marche arrière. Avais-je heurté l'animal ?

Rien. Je coupai les gaz.

Cigales, oscillations sèches des roseaux et murmure de géants des platanes.

Soudain, jaillissant du néant, à hauteur de ma face, la bête. Elle avait plaqué ses deux pattes sur ma portière. Sa face devant la mienne, ses yeux dans les miens. Je me mirais en elle. Elle était immense et noire, dressée comme un homme sur ses pattes arrières. Moins de vingt centimètres séparaient sa gueule de mon visage. Elle eût pu, si elle voulait, m'arracher la moitié du visage, l'emportant dans ses crocs. Je sentis comme une onde de terreur m'engourdir, venir du tréfonds de mes tripes, terreur sidérale, venue des temps archaïques, terreur devant la bête fauve. Et cette lame de fond de panique, je savais qu'elle pouvait me submerger, et qu'alors la bête allait la sentir, et que, comme toute bête, elle allait y répondre. Par l'attaque. A vingt centimètres de mon visage et de ma gorge. Je n'osai bouger et fit l'immense effort de garder mon calme. Mais, sans que j'en sois pour quelque chose, voilà qu'aussitôt après, une vague de sympathie nous confondit l'un en l'autre. Je me perdais dans son regard, elle en fit de même. Je lui parlais un peu. J'étais ivre et soulagé. Et nous partageâmes cette ivresse. De me voir ainsi enivré de vie rendit la bête joyeuse et amicale. Je parlais, lui parlais en riant de bon cœur. Et mon ivresse coula de mon cœur au sien. Elle était joyeuse de me savoir en joie. — C'est toi, mon allié, Anubis, Chien céleste et éclair noir, guide des égarés dans l'Amenti, et pisteur rapide comme le vent sur les talons des tueurs, conducteur de la justice et compagnon de la vengeance, salut à toi ! Merci d'être venu jusqu'ici et merci de me conduire au-delà. Je portais la main sur la poignée de la portière, mais elle se recula, se jeta vers l'arrière, et fut engloutie aussi vite dans la nuit qu'elle s'en était détachée. Plus rien d'autre que les cigales, le moteur et la nuit poisseuse. J'avais encore sur ma face la mémoire de son souffle tiède. Je la remerciai encore par la fenêtre ouverte, enclencha la vitesse et me mis à rire de moi.

Composition du présent volume

Tout ce qui est glorieux sera recouvert d'un voile.

Isaïe, IV, 5

Ce présent volume s'occupe donc de rapporter l'échelle des grades de *Maçonnerie Noire* dits aussi « *Grades de Vengeance* », telle qu'elle s'est éparpillée depuis ses 275 années d'existence, d'en définir les contours et les enjeux, pour en proposer une refonte qui puisse être actualisable aujourd'hui. Une clarification de vocabulaire s'impose peut-être préalablement. La coutume maçonnique réserve le titre de *Maçonnerie Noire* aux seuls aréopages de *Chevaliers Kadosch*. Ici l'auteur étend la dénomination à l'ensemble de grades d'*Elus* qui se rapportent à la vengeance d'Hiram, parmi lesquels le *Chevalier Kadosch* qui n'est qu'une étape transitoire et non pas, comme on le verra plus loin, le *nec plus ultra*. Il fut fait une autre fois référence à un *Ordre Noir*.[38] Il s'agit d'une société d'anti-coëns dont un certain Valmont était le Grand Maître, que Martines de Pasqually aurait rencontré. Si l'on songe que les *Elus Coëns* sont un ordre interne à la maçonnerie, christique, théosophique et théurgique, dont l'idéologie est « *théocrati-monarchique* », et si l'on sait aussi que dès 1946, *Lizard King* est immergé dans les milieux coëns, il est clair que ce dernier, en mettant au point sa *maçonnerie noire*, n'a pu ignorer l'existence de cet *Ordre Noir*. Mieux même, nous supposons, qu'il a pu construire sa *Maçonnerie Noire* sur le modèle de ce dernier, puisqu'il oppose à la réintégration martinéziste, son révolutionna-risme métaphysique, et puisqu'il contre le christianisme théurgique de Willermoz — qui était aussi coën — par une « *virilisation* » de la voie initiatique. Quant à l'expression de « *grade de vengeance* », elle est de René Le Forestier, in *L'Occultisme et la Maçonnerie Ecossaise*. Depuis, l'habitude a été prise de leur réserver ce titre.

Le lecteur pourra donc se contenter de la lecture des textes origi-naux rédigés de la main même de *Lizard King*. Ils sont consultables dans la première partie du présent recueil, sous le titre « *Documents originaux* », en leur état brut, dactylographiés à partir des tapuscrits originaux en date de 1972, sans correction ou mentions spéciales. L'original sera bientôt consultable aux archives de la Bibliothèque municipale de Vauvert, dans le fonds dévolu à la kabbale. Ces docu-ments sont courts, allusifs, et leur rédaction est insuffisante pour définir dans le détail le dispositif achevé qu'envisageait l'auteur. Le lecteur pourra en éprouver quelque peine. Car tout se passe alors comme si l'on était confronté sur quelque tablette d'argile au pre-mier plan tracé de la tour de Babel, avec quelques commentaires en notes cunéiformes illisibles ou dans un jargon seul compris des architectes entre eux. Il est loisible au lecteur de se contenter de la jouissance de la contemplation de la tablette, parce que le trait est sûr, hardi, l'écriture originale, et que, pour toutes ces raisons, il mérite qu'on l'admire. Après tout, c'est un morceau de l'histoire de la maçonnerie que ne doivent pas négliger les connaisseurs.

Mais il est aussi possible de bâtir l'édifice à partir des indications succinctes qui sont sur la tablette. L'entreprise est incertaine — cer-taines cotes sont effacées, d'autres négligées, d'autres encore cryp-tées —, mais à partir du matériau de base, et en croisant les sour-ces, un chantier d'architecture est possible, et la construction devient envisageable. Je me suis attelé à cette tâche de construction. Le résultat est disponible lui aussi à la lecture, et il figure aussi dans le recueil.

Mais comme ce travail convoque autant la documentation maçonnique, l'archéologie de l'idée d'initiation, et une certaine capacité herméneutique, il fallait, pour être honnête, rendre compte le plus intelligemment possible de la genèse de cette recomposition et justifier des choix de l'interprète que je suis. J'assume ici d'être l'interprète dans la double acception du terme, à la fois comme celui qui glose et fait l'exégèse rigoureuse d'un texte dans la plurivocité des champs herméneutiques possibles à partir d'une documentation scientifique et objective, et comme celui qui, à la manière d'un pianiste, reprend un morceau écrit par le compositeur disparu, et cherche ici et maintenant à lui donner une étoffe et une épaisseur afin qu'il touche ses contemporains, en investissant une bonne part de sympathie et de subjectivité. Cette conjonction de la rigueur herméneutique et de la chaleur interprétative est sans doute l'union de la carpe et du lapin. Néanmoins elle reste pour moi l'un des meilleurs gages de l'authenticité de la démarche, authenticité qui se décline sous le double mode de la vérité et de la sincérité. J'ai donc donné à lire la genèse de cette interprétation, et ai cherché à justifier toutes mes orientations, afin de laisser au lecteur le soin de me juger sur pièces, non en lui confiant des rituels comme s'ils étaient produits par on ne sait quel *Deus ex machina*, mais en montrant comment ils ont été fabriqués, usinés par un homme, par un artisan, amoureux besogneux et patient du cérémonial maçonnique. Cette partie n'a pas d'autres fonctions que de convaincre que les rituels sont des œuvres d'hommes, avec tout ce que cela implique de science et d'amour, de geste (mal) assuré et de doute.

Ainsi le lecteur pressé pourra-t-il trouver de quoi le satisfaire en se contentant de lire les documents originaux. Le lecteur que le temps ne tenaille point pourra s'adonner à la lecture détaillée des rituels tels que je les donne. L'érudit ou le polémiste pourra trouver os à sa dent — et, je crois, moelle sous l'os — dans la justification herméneutique. Et chacun s'en pourra retourner content à l'Occident.

Pour moi, ma satisfaction consistera d'avoir pu rendre encore le Noir à la Lumière.

Documents originaux

Principes

1 — L'insuffisance engendrant l'insatisfaction, l'insatisfaction engendrant le mécontentement, le mécontentement est donc l'agent moteur même de tout progrès, technique ou social. Sans lui, l'Humanité en serait demeurée au stade de la préhistoire.

2 — En conséquence de ce qui précède, et fort logiquement, tout ce qui freine ce progrès est issu et mû par les forces régressives, techniques ou sociales.

3 — A peine d'être inconséquent, tout partisan du progrès est donc, par voie de conséquence, partisan de la révolution.

4 — La révolution, c'est, d'autre part, la ré-évolution, c'est-à-dire une évolution, permanente et ininterrompue.

5 — Elle doit se faire du consentement de tous les citoyens, consciemment exprimé par une consultation loyale et régulière, se traduisant par une opinion majoritaire.

6 — Définitivement exprimée, elle doit se traduire en actes par la voie légale exclusivement, sans désordre ni violence d'aucune sorte.

7 — La ré-évolution ne saurait remplacer une caste privilégiée par une classe privilégiée, ni supprimer une liberté au nom de la Liberté, ni substituer une dictature à une autocratie.

8 — Elle se doit donc, à elle-même, de défendre ces principes qui la justifient, et elle le doit à ceux qui ont mis en elle leur espérance.

9 — A ce titre, toute opposition, occulte ou avouée, doit être bravée, et cela, par tous moyens appropriés.

10 — De même qu'une société civile possède ses lois, que des hommes sont chargés de les appliquer, d'autres chargés de les défendre, la ré-évolution, condition même et agent moteur de tout progrès, se doit de posséder ses principes, d'avoir des citoyens pour les diffuser, les faire admettre, et les appliquer, et d'autres pour les défendre.

11 — Tout comme les forces de régression possèdent leurs militants avoués, connus, la ré-évolution possède les siens.

12 — Tout comme les forces de régression possèdent leurs agents occultes, inconnus, des procédés psychiques pour les défendre et les appuyer, la ré-évolution possède ses agents occultes, inconnus, des procédés psychiques pour les défendre et les appuyer en leur activité.

13 — Tout comme les procédés occultes utilisés par les forces de la régression résident dans les rites religieux, ceux de la ré-évolution résident dans l'Occultisme Traditionnel.

Applications

14 — Dans une lutte se déroulant d'abord sur le plan des idéologies et revêtant en ses racines un aspect psychique, reposant ainsi sur des rites, il apparaît de façon indiscutable que, des deux côtés, le secret soit une condition importante du succès. Ce afin d'éviter tel "brouillage" dans l'émission active. Et effectivement, l'essentiel dans la lutte entre les deux courants se déroule dans l'ombre, inconnu au monde profane

15 — Face aux Eglises, à leur appareil hiérarchique séculaire, à la discrétion absolue qui y est de règle pour les choses essentielles, le courant adverse devra s'inspirer des mêmes principes. Il semble que l'organisation la plus ancienne, la plus stable, constituant le meilleur séminaire de recrutement, soit la Franc-Maçonnerie, et plus particulièrement la Maçonnerie Latine.

16 — La Maçonnerie anglo-saxonne n'ayant jamais eu dans les États luthériens, protestants, anglicans, à subir de persécutions de la part des pouvoirs publics, est demeurée conservatrice, religieuse et dogmatique. Ce qui assurément est un non-sens, la Maçonnerie étant par essence adogmatique. Au contraire la Maçonnerie Latine a toujours été persécutée au Portugal, en Espagne, en Italie, et à certaines

périodes, en France. Là où l'Eglise Catholique est demeurée prépondé-
rante, pesante sur l'appareil légal de l'Etat, les mêmes forces régressi-
ves évoquées au § 2 ont combattu, freiné, les courants de progrès social
ou technique, les libertés individuelles et morales les plus sacrées.

17— En conclusion de ce qui précède, et compte tenu de l'humaine
curiosité, du désir d'acquérir des grades nouveaux, la Maçonnerie dite
"régulière" ne saurait constituer le séminaire évoqué au § 15.
Parallèlement, les grades à tendances "christiques", reposant sur
l'abandon à la providence, sur le renoncement à toute activité virile,
sur le pardon des offenses, ne sauraient former les candidats à l'action
occulte indiquée au § 13. Il convient donc d'écarter du recrutement
tout maçon qui a été imprégné de ces principes, et particulièrement
marqué des rites qui les véhiculent : Rite Ecossais rectifié, en tous ses
hauts grades Rite Ecossais Ancien Accepté en son 18ᵉᵐᵉ degré (Chev.·.
R.·. C.·.), etc. Et même, un Maçon martiniste ne semble guère offrir les
garanties exigées.

18 — Il convient donc d'observer que l'Occulte Maçonnique réside
à peu près en totalité, dans les grades de la Maçonnerie dite "Noire",
de la couleur de ses décors, et dans ces degrés dits "de vengeance", et
qui conservent l'essentiel de la Magie Maçonnique, avec des éléments
venus directement du Tantrisme et du Taoïsme.

19 — La chose paraîtrait étonnante, si l'on ne se souvenait qu'au
17ème siècle, la Rose-Croix se scinda en deux courants. L'un christi-
que et mystique, demeura en Europe. L'autre, occulte et naturaliste, se
retira en Asie selon la tradition, et cela à la fin de la guerre de Trente
Ans. Les observations relevées au § 18, quant au Tantrisme et au
Taoïsme confirment ladite tradition.

20— C'est ainsi que face à une Maçonnerie dite régulière, imbue du
principe que rien ne devait changer en Europe, soutenant parfois
même le droit divin des monarques, l'autorité dogmatique de l'Eglise,
on vit apparaître des grades moins galvaudés, tels que le "templier
d'Asie", le "Précepteur d'Asie", le "Chevalier d'Asie", le "frère d'Asie",
etc. Les "Illuminés de Bavière " en furent également une manifestation.

21— Il convient donc de retenir que le candidat à une telle action
évoquée au § 12, devra être choisi et retenu parmi les Maîtres Maçons
n'ayant pas encore reçu une autre augmentation de salaire, et libre
de toute sujétion à une quelconque Hiérarchie des grades supérieurs.

*22 — La Maçonnerie Noire, dite encore "Maçonnerie de Justice" a
vu ses degrés incorporés un peu au hasard dans la hiérarchie primitive du Rite dit de Perfection, puis, avec toute celle-ci, dans celle du
Rite Ecossais Ancien et Accepté. Il convient donc de les en détacher et
de les rassembler de nouveau en une unique hiérarchie, constituant
bel et bien une Maçonnerie d'Elus.*

   *23 — On observera avec profit que cette hiérarchie se compose de sept
ou neuf grades, selon que l'on part de l'Apprenti ou du Maître. Le tableau
ci-après fera mieux comprendre cette unité de la Maçonnerie Noire :*

1 — Apprenti *2 — Compagnon* *3 — Maître*	*Port du Cordon noir,* *avec emblèmes funèbres.*
4 — Maître Elu des IX *5 — Ill.˙. Elu des XV* *6 — Subl.˙. Chev.˙. Elu*	*Cordons noirs, de gauche à droite,* *gants noirs, poignards flamboyants.*
7 — Chev.˙. Prussien *8 — Grand-Elu Kadosh* *9 — Prince du Royal-Secret*	*Cordons noirs, de droite à gauche,* *gants noirs, glaives flamboyants* *ou non avec emblèmes funèbres.*

   *24 — Il apparaît évident que le Maître Maçon, premier grade ou
apparaît le Cordon noir avec emblèmes funèbres, lors de la Cérémonie
reproduisant la mort d'Hiram, peut être assimilé à un Apprenti-Elu.
On lui révèle le drame qui va — en ses conclusions et conséquences —
le mener vers les degrés d'Elus, où la Justice poursuit le Crime.
Conséquence en découlant, le Sublime Chevalier-Elu peut-être assimilé
au Compagnon-Elu et le Prince du Royal-Secret au Maître-Elu.
Chacun de ces trois degrés ultimes d'une de ces trois Classes étant
l'aboutissement d'une préparation en trois grades, dans lesquels se
reproduit la même classification : Apprenti (M.˙. Elu des IX et Chev.˙.
Prussien), Compagnon (Ill.˙. Elu des Quinze et Grand-Elu Kadosh),
Maître (Subl.˙. Chev.˙. Elu et Prince du Royal Secret).*
   *25 — L'étude attentive de la rituélie de ces divers grades apporte la
preuve de l'existence d'une Magie Maçonnique, dans laquelle des éléments venus directement du tantrisme (moudras), du Taoïsme (poly-*

gramme du Y-King) marquent de façon indélébile son origine asiatique. En cela l'Asie évoquée au § 19 s'impose de façon indiscutable.

26 — La classe des Maître-Maçons constituant ainsi le séminaire de recrutement d'une Maçonnerie d'Elu, l'important sera d'obtenir d'eux qu'ils renoncent, par avance, à toute progression hiérarchique dans les divers systèmes maçonniques en vigueur actuellement. S'ils sont déjà reçus en des hauts-grades de caractère opposé, et s'ils sont susceptibles de s'en détacher psychiquement et intellectuellement, ils pourront à ces seules conditions, entrer dans la Maçonnerie d'Elus et en recevoir les enseignements et les instructions.

27 — Le texte de serment d'entrée et d'adhésion devra comporter des formules, suffisamment occultes pour que tout abandon ou toute trahison ultérieurs, de la part de l'affilié, soit sanctionnés par avance de ce fait même. Les procédés d'action occultes permettent de composer un tel serment, dans lequel c'est l'affilié lui-même qui se condamne par avance, en cas de trahison. L'efficience de tels serments n'est pas niable, la formule usitée par les Esseniens en est la preuve absolue.

28 — L'organisation d'une telle maçonnerie devra comporter des formes de recrutement et de réception suffisamment souples et compartimentées pour que la découverte d'un ou de plusieurs affiliés ne permette pas néanmoins de rejoindre les éléments voisins, et encore moins de remonter jusqu'aux membres de sa direction.

29 — La nécessité d'une utilisation rapide du candidat devenu Affilié implique que lorsqu'il formule sa demande d'entrée, il soit suffisamment documenté sur l'Occultisme en général, et particulièrement en matière d'Astrologie et de Magie ou de Théurgie. Ainsi donc, passant directement à l'enseignement de la Magie Maçonnique, son Instructeur perdra un minimum de temps.

30 — Aucun candidat ne sera donc admis que son Instructeur futur n'ait constaté par lui-même qu'il possède une solide culture occultiste, une documentation livresque abondante et suffisante en ce domaine, et qu'il a, par avance, acquis les accessoires qu'on lui a indiqués. Il devra de même avoir la possibilité matérielle d'opérer, quant au lieu. Dans la négative, il conviendra de surseoir à sa réception. Quant aux qualités morales, aussi indispensables que les qualités intellectuelles, le candidat devra posséder celles qui font un soldat courageux, loyal, discipliné, ne craignant ni le danger ni certains scrupules de conscience. C'est ainsi qu'on ne sau-

rait absolument pas recevoir un prêtre dans la maçonnerie Noire, (à moins qu'il n'ait librement quitté son Eglise), la formation évangélique, dévirilisante au maximum, se trouvant de ce fait même un obstacle à une semblable action occulte. Quant à ses qualités morales, elles sont impliquées par la signification même de la couleur noire en Héraldique traditionnelle (sable) : la foi, le savoir caché, le sens du secret, l'inflexibilité, l'esprit de sacrifice, le deuil (dépouillement) des ambitions profanes.

Règlement Intérieur de la R∴. L∴.
« Les Sergents de la Rochelle »

Article 1 – But et nature des travaux :

La Loge « Les Sergents de la Rochelle » est une loge d'étude et ses travaux portent sur les aspects insolites ou mal connus de l'Histoire, dans les domaines de la politique, de la sociologie, et du travail, ce plus particulièrement pour la période des XIXe et XXe siècles. Ils sont naturellement fonction et arguments en faveur des exclusives précisées à l'article 2.

Article 2 – Réceptions, affiliations, et exclusives :

Tout Maçon appartenant à une Obédience française officielle (ou étrangère), est susceptible d'être affilié à son grade à la Loge "Les Sergents de la Rochelle ". Il est préalablement "interrogé" sans bandeau au cours d'une Tenue à son propre degré. Un scrutin régulier a lieu ensuite qui en décide.

Tout profane désireux d'être initié et reçu à la Loge " Les Sergents de la Rochelle " présente sa candidature dans les formes traditionnelles, est enquêté par trois Frères de l'Atelier, subit ensuite l'interrogatoire sous le bandeau, et est alors l'objet du scrutin habituel. S'il est décidé de le recevoir comme membre, il est alors confié à la R∴. L∴. " Hermès ", et il fait partie des prochains profanes reçus en cet Atelier. La Loge " Les Sergents de la Rochelle " le confit à la Loge " Hermès " pour sa formation ésotérique et symbolique, se réservant sa formation idéologique.

La Loge " Les Sergents de la Rochelle ", dans le but d'éviter un futur noyautage impliquant une déviation ultérieure des buts et objectifs initiaux, applique des exclusives dans le domaine des affiliations et initiations. En ce but, ne seront jamais affiliés (mais simplement reçus en visiteurs), et jamais reçus comme membres réguliers, les Candidats qui se déclareront au cours de leur interrogatoire en Loge

a) - favorable à tout régime autoritaire de type monarchique ou dictatorial, au racisme, à la ségrégation, aux mesures discriminatoires contre quelque catégorie sociale ou humaine que ce soit, à l'établissement d'une religion dite d'état, à l'indifférence en matière politique, etc.

b) - hostiles et opposés au divorce civil, à la contraception libre, à la laïcité de l'Etat, à la forme républicaine du régime politique, exprimée dans la "Déclaration des Droits de l'homme & du Citoyen en sa forme du 26 août 1789, laquelle constitue uniquement le " livre sacré " de la Loge " Les Sergents de la Rochelle ".

Article 3 – Des scrutins de réception :

Les fils de Maçons sont reçus à dix-sept ans comme louveteaux. Les profanes sont reçus à vingt et un ans révolus, dans les formalités habituelles. Lors du scrutin, trois boules noires font remettre la réception. Il en sera discuté en tenue de comité ; Les Frères opposants auront préalablement fait connaître en secret et hors de la Loge, au Vénérable, les motifs de leur refus. S'ils les maintiennent, le Vénérable les fera connaître à cette tenue de comité, puis à la Loge. Un nouveau scrutin sera organisé. Si trois boules noires reviennent, le profane sera définitivement refusé. Si les opposants initiaux se sont récusés, le Vénérable fera procéder à la réception rituelle dans le cadre du programme de la Loge "' Hermès ". Si l'on vote à main levée, en un quelconque scrutin, et s'il y a égalité des voix, celle du Vénérable comptera pour deux. En tous scrutins de réception d'un profane, les Compagnons votent avec les Maîtres. Pour l'affiliation d'un maître appartenant à une autre Loge ou Obédience les Maîtres de la Loge voteront seuls. Pour l'affiliation d'un Compagnon, les Compagnons voteront avec les Maîtres. Pour l'affiliation d'un Apprenti, voteront les Maîtres, les Compagnons et les Apprentis membres de la Loge depuis au moins six mois. Pour éviter tout froissement entre membres des Loges du Rite et des autres obédiences, lorsqu'une tenue de la Loge "Les sergents de la Rochelle" comportera un scrutin, on évitera de lancer des invitations à l'extérieur de l'Obédience.

Article 4 – Des Offices et des Officiers de Loge, et de leur élection.

La Loge " Les Sergents de la Rochelle " possède douze Offices : Vénérable, 1ᵉʳ et 2ᵐᵉ Surveillant, Orateur, Secrétaire, Expert, Maître de Cérémonie, Trésorier, Hospitalier, Couvreur, Maître des Banquets, Architecte. Ce dernier est chargé de la mise en ordre, du rangement, de la surveillance et du contrôle d'entretien, de tous les accessoires rituels et mobiliers de la Loge ; pour cela, il fait désigner deux Apprentis par le Vénérable Maître.

Tous les membres actifs de la Loge, lui appartenant depuis au moins trois mois, sont électeurs aux Offices, Maîtres, Compagnons, et Apprentis.

Tous les Maîtres de la Loge, lui appartenant depuis au moins six mois, sont éligibles aux Offices.

Les Officiers sont élus au scrutin secret, à la majorité absolue des présents au premier tour, à la majorité relative au second tour. S'il y a ballottage et égalité des voix, c'est le plus ancien Maçon qui est élu ; s'il y a égalité d'ancienneté dans l'Ordre Maçonnique, ce sera le plus élevé en grade; s'il y a encore égalité, ce sera le plus ancien en âge profane qui sera désigné.

Article 5 – Augmentation de salaire – Délai de réception

Entre la proposition de réception d'un profane et sa réception rituelle, on observera un délai minimum de trois mois. Ce délai pourra, si justifié, être abrégé par le Grand-Maître.

Entre l'initiation de l'Apprenti et son passage au grade de Compagnon, un délai minimum de cinq mois sera exigé.

Entre le Compagnonnage et la Maîtrise, on observera un délai minimum de quatre mois.

En cas de demande signée des cinq premières "lumières" de la Loge, le Grand-Maître pourra abréger ces délais.

Pour le passage des Apprentis au grade de Compagnon, les Compagnons voteront avec les Maîtres. Pour le passage d'un Compagnon à la maîtrise, seuls voteront les Maîtres.

Les anciens Vénérables ayant exercé leur charge durant trois ans consécutifs, constitueront, selon l'antique usage, un grade complémentaire de la Maîtrise et en son sein, celui de Passé-Maître, au sein d'un " Conseil " de ce nom. Ils s'y manifesteront comme tels, ainsi qu'en " Chambre du Milieu ".

En cas d'absence du Vénérable, la chaire de Salomon sera tenue par le Ier Surveillant, à défaut par le 2ème Surveillant, ou par l'Expert, à défaut par un Passé-Maître membre du " Conseil " de la Loge.

Article 6 – Prééminence, privilège de parole :

L'Orateur reçoit la parole sur sa demande, immédiatement s'il la demande au nom des Constitutions & Règlements généraux, et en prééminence sur toute autre demande dans le cours d'une discussion ordinaire. Après lui, la reçoivent en prééminence, les 1ᵉʳ et 2ᵉᵐᵉ Surveillant. Ils ont priorité sur tous autres Maçons.

L'Orateur conclut et résume le débat en fonction des traditions de l'Ordre Maçonnique en général, de l'Obédience en particulier, et de l'esprit de la Loge " Les Sergents de la Rochelle " pour finir. Après lui, nul ne peut reprendre la parole sur le sujet ainsi résumé et conclu.

Dans un débat, le Vénérable n'accordera la parole à un Frère que trois fois pour un même sujet de contestation, ce afin d'éviter des discussions qui s'éternisent sans profit et contraire à la bonne entente générale.

Article 7 – Décors maçonniques, insignes des Offices

Tous les membres de la Loge " Les Sergents de la Rochelle " portent le Tablier de leur grade, et les gants blancs. Un costume sombre, une cravate sombre sont conseillés.

Tous les Maîtres de la Loge portent le Cordon bleu de Maître, le tablier du Rite français, les gants blancs.

Les Officiers y joignent un Collier bleu comportant le bijou de la fonction.

Les Passés-Maîtres, dans les tenues en " Chambre du Milieu " ou en " Conseil du Rite, portent un Sautoir soutaché d'or, avec le bijou de Passé-Maître (une Equerre comportant la proposition de Pythagore) en cuivre doré, comme tous les Bijoux de la Loge.

Lors de la réception d'un Apprenti, on évitera de lui conférer un Tablier de trop petite taille, nuisible à la grandeur de cette première et essentielle initiation maçonnique.

Articles 8 – Décors généraux propres à la Loges. Rituels :

Le tableau de la Loge comporte un Bonnet phrygien rouge, coiffant un niveau d'or triangulaire, accompagnés de trois Cœurs flamboyant.

Le Bonnet phrygien exprime la Liberté, le Niveau l'Egalité, et les trois Cœurs flamboyant la Fraternité.

L'entente " A∴ L∴ G∴ D∴ G∴ A∴ D∴ L∴ U∴ ", sans aucun commentaire figure sur le papier à lettres, ainsi que la devise " Liberté-Egalité-Fraternité".

Le lieu d'envoi des Balustres est dit " Vallée de … "

Sur l'Autel, devant l'Orient du Temple, et sur une nappe bleue, sont disposés, un Compas, une Equerre, un Glaive ou un Poignard flamboyant, reposant sur la " Déclaration des Droits de l'Homme & du Citoyen " tenue du 26 août 1789, seul Livre Sacré de l'Atelier.

Conformément à l'ancien usage primitif de Rite de MISRAÏM, les rituels d'ouverture et de fermeture des travaux sont ceux du Rite Templier (devenu par la suite Rite Ecossais Rectifié au Convent de Lyon, dépouillé de toute allusion confessionnelle et de toute forme de Dieu exotérique, ce afin de ne choquer aucune conscience.

Vallée de Paris, ce 22 Juin 1972 E:. V:.,

Doctrine Générale
de la maçonnerie noire

Fabrication d'un mythe fondateur

D'abord, il y a la nature bienheureuse de l'homme d'en haut ; puis la nature mortelle ici-bas ; en troisième lieu, la race des Sans-Rois qui est montée là-haut où se trouve Mariam, la Recherchée.

HIPPOLYTE, *Philophumena*, V, 8

La vulgate maçonnique se complaît dans l'idée selon laquelle la franc-maçonnerie n'enseigne rien, est adogmatique et refuse de limiter la liberté de conscience à la rencontre avec une vérité qui s'impose, — ce qui est soi est déjà une limitation et un dogme, puisque le dogme est refusé ou la possibilité de l'accès la vérité... —. Plus sérieusement, chacun sait que la franc-maçonnerie a sa dogmatique, ses banalités et des tabous, et c'est pourquoi il est infiniment facile d'entrer en loge. Il suffit pour cela de bien connaître son bréviaire de futur franc-maçon, et de vociférer en républicain (plutôt qu'en démocrate), de jouer la tolérance en matière religieuse (mais de confesser un agnosticisme humble et dubitatif), d'avoir de l'indignation pour quelques thèmes de société débattus dans des hebdomadaires quadrichromiques (mais de pondérer cette légitime colère sociale pour ne pas passer pour un partisan des listes plus à gauche que celles menées fraternellement par des frères), d'être profondément anti-fasciste (mais sans stigmatiser les pauvres égarés qui votent à l'extrême droite), de défendre la condition féminine avec ardeur (mais de faire quelques remarques égrillardes bien senties qui montrent que l'on sait vivre), de passer pour un connaisseur des grands crus de Bordeaux (mais de modérer cet hédonisme amoral par un amour pour le débat d'idées), — mais de modérer sa passion pour le débat d'idées en invoquant le solide bon sens des gens de biens (« *un peu de philosophie rend fin, trop de philosophie rend sot* »), etc. etc., — — au fond, de jouer à Bouvard et Pécuchet au pays des symboles … —.

Mais en descendant plus avant dans les subtilités maçonniques, on découvre que chaque rite véhicule sa propre représentation du monde, qui est instillée chez ses pratiquants à dose homéopathique, infinitésimale, mais qui, sur le long terme, fabrique une sensibilité particulière.[37] Les tenants du *rite français* sont plutôt jacobins, anticléricaux, engagés et peu spéculatifs[38] ; ceux du *rite écossais anciens et accepté* sont plutôt des notables de province, déistes centristes dont la modération scepti-

---

37. Sans doute l'erreur des historiens de la franc-maçonnerie est-elle de mettre trop l'accent sur la dimension administrative et pas assez sur cette dimension vécue du phénomène maçonnique. Nul ne conteste l'exactitude des travaux d' André Combes (*Histoire de la franc-maçonnerie française au XIXᵉ siècle*, 2000), mais on peut regretter sa méthode qui privilégie en priorité l'histoire administrative et délaisse ainsi les nouvelles problématiques de l'histoire sociale (cf. Bernard Petit, *Les formes de l'expérience. Une nouvelle histoire sociale*, 1995). Il convient en historiographe maçonnique, de dépasser d'une certaine manière le positivisme durkheimien qui privilégie les sources administratives dont le contenu est orienté par les procès verbaux, les actes de déclarations officiels et les rapports « hiérarchiques » entre la loge et l'obédience à laquelle elle se rattache. La porte serait ouverte alors pour une appréhension de la socialité maçonnique plus maussienne qui prennent en compte la dimension interpersonnelle voire même intersubjective, en ce qu'elles détermine   des trajectoires et des dispositifs individuels tels que la microhistoire ginsburgienne a su le faire en son temps sur les sorciers benandanti du Frioul. Une telle piste a déjà été explorée par Juan-Luis CASTELLANO et Jean-Pierre DEDIEU dir., *Réseaux, familles et pouvoirs dans le monde ibérique à la fin de l'Ancien Régime*, Paris, CNRS éditions, Amériques-Pays ibériques, 1998.
38. Ce en quoi ils font preuve d'une mésinterprétation à l'égard de leur rite, qui à l'origine est ouvertement biblique et marqué par la dévotion pour les deux Saint-Jean, dans le double exercice de la foi et de la caritas.

que ne les empêche pas de faire les yeux doux à une Eglise dont ils se persuadent qu'elle détient un ésotérisme complexe et élitiste ; ceux du *rite écossais rectifié* se recrutent dans des rangs traditionalistes, confessent un réel attachement à l'Occident chrétien, et aiment à se sentir entre eux comme les gardiens d'une tradition tandis qu'autour d'eux la décadence et la permissivité des mœurs corrompt tout ; ceux du *rite égyptien*, travaillés par un siècle de manipulation occultisante, ont oublié leurs racines de carbonari, et s'imaginent entrer en loge comme on entre dans une liturgie magique, pour y faire flotter les ectoplasmes et tourner les guéridons. Chacun de ces rites majeurs de la franc-maçonnerie se cristallise autour de mythes communs — apprentissage de l'art de bâtir comme métaphore de la stylisation de l'existence propre, compagnonnage par la pérégrination sensible et culturelle dans le patrimoine occidental, maîtrise par la confrontation à l'assassinat du Grand Ancêtre —, mais ils divergent les uns des autres par une couleur spécifique. Ainsi le *rite français* approfondit-il une spiritualité laïque et existentielle très moderne, et son mythe de référence se constitue dans l'agrégation disparate des imaginaires radicaux-socialistes et anarchisants de la troisième république ; le *rite écossais ancien et accepté* renvoie au mythe des bâtisseurs de cathédrales du XIVe siècle, prétendus détenteurs d'une tradition occulte de l'art de bâtir qui serait l'ésotérisme du christianisme roman ; le *rite écossais rectifié* repose sur celui de la résurgence templière qui devra utiliser l'Ordre maçonnique pour refonder cette chevalerie très chrétienne, etc.

La *maçonnerie noire* n'échappe pas à ce programme anthropofabricateur. Elle véhicule une certaine ambiance, un inconscient de groupe pourrait-on dire, — un « *égrégore* » diraient entre eux les maçons eux-mêmes —, que l'on peut repérer à travers quelques indices. Ce sont les principes et les actes constitutifs et règlements de cette maçonnerie dans lequel transparaissent des filiations réelles ou fictives dont la fonction est d'asseoir ce nouveau rite dans un bassin culturel spécifique, dans un paradigme qui dorénavant baignera le psychisme de ceux qui y participent. Ainsi, pour comprendre la franc-maçonnerie dite spéculative qui prend naissance en 1717, rien n'est mieux que de lire les pages rédigées par le pasteur Anderson, lorsqu'il *invente* une origine historique à son ordre et lorsqu'il fabrique des *Constitutions* sur mesure. Ainsi se dessine une communauté d'hommes qui revendiquent une filiation noachite —

donc anté-chrétienne — et envisagent la désobéissance civile comme une possibilité dans leur rang. Il en est de même, lorsque dans son célèbre discours de décembre 1736, Ramsay invente et brode sur le thème des influences templières au sein de la maçonnerie :[39]

Du temps des guerres saintes dans la Palestine, plusieurs princes, seigneurs et artistes entrèrent en société, firent vœu de rétablir les temples des chrétiens dans la terre sainte, s'engagèrent par serment à employer leur science et leurs biens pour ramener l'architecture à la primitive institution, rappelèrent tous les signes anciens et les paroles mystérieuses de SALOMON, pour se distinguer des infidèles et se reconnaître mutuellement… [et décidèrent de] s'unir intimement avec… [les Chevaliers de Saint Jean de Jérusalem]. Dès lors et depuis, nos Loges portèrent le nom de Loges de Saint Jean dans tous les pays. Cette union se fit en imitation des israélites lorsqu'ils rebâtirent le second Temple. Pendant que les uns maniaient la truelle et le compas, les autres les défendaient avec l'épée et le bouclier.

Que la chose soit une imposture historique n'est pas le plus important. *Le plus important est que cette fiction littéraire,* que ce soit celle d'Anderson ou de Ramsay, *permet que se fabrique un mythe fondateur, qu'il prenne corps dans une constitution, puis dans une institution, et qu'il entraîne la fabrication d'une sensibilité et une anthropologie particulière.* C'est un point jamais soulevé et pourtant fondamental, qui distingue à jamais l'initiation moderne de l'initiation traditionnelle : *l'initiation moderne s'invente ses mythes fondateurs par des procédés littéraires, et elle démontre de manière éclatante que la fiction précède la réalité, que le rêve engendre le monde, et que nous sommes tous fils des mots de l'homme avant d'être les fils du Verbe de Dieu.*[40]

---

39. On voudra bien se souvenir au passage de l'interdiction de son discours par le cardinal de Fleury, — ce qui montre bien la résistance de l'institution à cette militarisation imaginale de l'Ordre maçonnique.

40. DEBORD, dans son *Panégyrique,* ne dit pas autre chose : « *Après tout, c'était la poésie moderne, depuis cent ans, qui nous avait menés là. Nous étions quelques uns à penser qu'il fallait exécuter son programme dans la réalité ; et en tout cas ne rien faire d'autre.* » Il songe assurément à Lautréamont, pour lequel « *la poésie doit avoir pour but la poésie pratique* ».

De même, la *maçonnerie noire* n'échappe pas à ce procédé littéraire de fabrication mythique. Ses actes constitutifs en sont la preuve, et il convient de les étudier avec la plus grande attention pour comprendre la doctrine réelle qui se cache derrière cette nouvelle rituélie, derrière cette maçonnerie clandestine au sein même de la maçonnerie « ordinaire ». L'objet de ce chapitre est donc d'identifier les paradigmes souterrains mis en scène par les principes et les règlements constitutifs de la maçonnerie noire.[41] On va voir que leur herméneutique dessine peut à peu son mythe fondateur, celui de la confrérie occulte d'agents subversifs, passant sans cesse de la révolte métaphysique à la révolution sociale.

Si les documents que nous avons en notre possession sont datés de la Saint Jean d'Eté 1972, et s'ils reprennent la nomenclature de degrés de Justice élaborés à partir des années 1740-60 sur le territoire français, et éparpillés depuis dans les autres échelles de grades, il faut reconnaître que le mythe fondateur des vengeurs d'Hiram est mythe rémanent dans l'histoire des sociétés secrètes. *Lizard King* n'a donc pas fait autre chose que réactiver un symbole puissant et un mythe réellement fondateur. On sait qu'Hiram assassiné est une reprise du thème compagnonnique de la guerre entre Soubise et Maître Jacques. Ce dernier, trahi à la Sainte-Beaume par un compagnon lui ayant fait le baiser de paix périra sous cinq coups de poignard. C'est au nom de ce sang versé qu'au XIXe siècle les compagnies de Compagnons s'affrontaient en bandes armées jusqu'au meurtre, — Enfants de Salomon ou Bons Drilles du Père Soubise soupçonnés du crime contre Bons Enfants de Maître Jacques —. C'est enfin la raison pour laquelle les Compagnons menuisiers qui portaient les gants blancs pour s'innocenter de tout crime, se nommaient entre eux les « *chiens* », faisant ainsi référence à ce chien grâce auquel la piste du premier meurtrier retranché dans sa

---

41. On objectera que les maçonneries au moment de leur naissance ne se contentent pas d'actes constitutionnels, mais les complètent de longs passages d'histoire mythique. D'après un témoignage qui nous a été rapporté, *Lizard King* a détenu un temps un petit opuscule noir *in octavo* intitulé « *Exposition des XV Secrets* », sans mention de date ni d'auteur, ni même de lieu d'édition, dans lequel, disait-il, il avait été puiser les quinze clefs de la légende adonhiramique. A notre connaissance, ce document rare, imprimé à peu d'exemplaires, n'a jamais été réédité.

caverne a été retrouvée.[42] Et l'on sait aussi que ce thème du meurtre de Maître Jacques n'est qu'une reprise de l'assassinat de Maître Jacques *de Molay*, Grand Maître des Templiers, que les compagnons s'étaient promis de venger puisqu'il est envisageable que des liens d'entraide et de solidarité aient été passés entre les Chevaliers du Temple, grands constructeurs et bâtisseurs d'églises, et les confréries de mestier.

Il est pour le moins remarquable de constater que pendant plusieurs siècles en Occident des bandes armées d'initiés qui signaient de l'Equerre et du Compas se sont battues dès qu'elles se rencontraient, dans la rue, à la taverne, dans les ateliers…, pour maintenir vivante la tradition de vengeance. On serait fort mal avisé d'y voir une pratique obscurantiste d'individus mal dégrossis. Au contraire même, l'anthropologie moderne enseigne que la violence ritualisée, établie dans le cadre strict de règles qui sont infranchissables canalise la violence inhérente à toute organisation sociale, la détourne de son jaillissement sous forme d'explosions désordonnées et non contrôlées, et participe ainsi à l'équilibre même et à la paix du système.[43] Pour le dire encore autrement, et plus clairement : les Compagnons qui se

---

42. La légende est tenace qui fait croire que le « Chien » des compagnons menuisiers a trouvé le cadavre de Maître Jacques. Cette légende est infirmée par les rituels de relèvement de cadavre où la présence du chien est abolie. C'est du côté du grade d'*Elu de P.*, dont nous avons parlé plus haut, que se trouve la présence du Chien comme allié précieux du premier Maître Vengeur. Ainsi se trouve une fois encore un grade de vengeance éparpillé et enfoui si loin dans la mémoire des initiés qu'il a dû quitter la maçonnerie pour se réfugier dans le compagnonnage. Enfin, chacun aura compris que l'initié qui se fait appeler Chien est pour ainsi dire dans l'obligation d'assumer l'héritage de Diogène, de jouer de cynisme et de fabriquer de la fausse monnaie soit de contrefaire la coutume (*parrakharatein to nomisma*), ce qui l'éloigne à jamais des « bonnes mœurs ».

43. On ne nous fera pas l'affront de nous rendre complices du crypto-catholicisme de Girard, lequel croit s'opposer à Freud mais se contente de le bégayer. En vérité le rite au sens girardien est la répétition obsessionnelle d'une conduite violente, déréglée, dans un cadre strict régulateur. Ici, pour nous, la violence n'a pas à être *circonscrite* dans et par l'espace et le temps sacré ; elle doit y trouver l'occasion d'un *apprentissage* et d'une *spiritualisation*. *Tout rite est civilisation de la violence.*

battaient jusqu'au sang et pratiquaient rituellement les affrontements d'une extrême violence au nom de la vengeance de leur Maître fondateur, qui brûlaient leurs papiers pour ne pas être inquiétés des forces de police, avaient compris qu'il n'y a d'initiation valable qu'à la violence qu'il s'agit de maîtriser et de canaliser. *D'où cette conséquence fondamentale : toute organisation initiatique est secrète et clandestine parce qu'elle est familière avec l'usage de la violence, qu'elle organise la désorganisation et qu'elle est l'institutionnalisation de la destitution.* Il n'y a d'initiation que dans la familiarité avec le sang, la violence et la vengeance. Et c'est paradoxalement cette familiarité et cette ritualisation de la violence, cette reconnaissance et cette admission de la part dionysiaque, furieuse, rebelle en nous, ce refus de la juguler, de l'étouffer, de la réprimer, en un mot c'est *cette domestication et ce tutoiement du crime et de la barbarie qui font de l'initiation le sommet des œuvres culturelles de l'homme.* Privé de rituels initiatiques par lesquels les combats fraternels donnent lieu à des mises en scène cosmiques, l'homme sombre dans une violence hybrique, sans limite, et absolument dévastatrice, et qui est pire encore s'il efforce de la contenir et de la nier. Pendant trois cents années, les Compagnons s'y sont appliqués pieusement, maintenant vivant cet art sacré de la lutte cosmique, brisant des nez, ouvrant des arcades, cassant de dents, et conservant dans certaines de leurs coutumes la mémoire secrète des degrés de vengeance que la maçonnerie non adhoniramique avait oubliée. De leur côté, les Nobles Voy.·. se sont appliqués à conserver une telle tradition, obligeant l'initié à poignarder des formes étendues dans l'obscurité, lui apprenant à décapiter, à entrer rituellement dans le temple avec des têtes sanglantes détachées de leur tronc, à écouter le détail des tortures infligées à des hommes, à sortir des charognes pourries de leur trou, à éplucher la peau gluante du cadavre pour contempler les os blancs, et puis surtout, à écouter le bruit que fait la panse gonflée d'un cadavre quand on la perce pour en faire le mot le plus sacré de leur Ordre mystérieux.

L'entrée dans un monde techno-bureaucratique, séculier et sécurisé qu'est le nôtre aura été de *paire* (pair) avec la disparition de *la valeur véridique de l'initiation, c'est-à-dire la spiritualisation de la violence.* Ainsi les Compagnons devront endurer les aménagements pacifistes d'un Agricol Perdiguier qui sera à l'origine d'une Union des « Devoirs » auparavant en lutte. Est-ce un hasard si l'apparition de la très puissante *Union Compagnonnique de Devoirs Réunis* naît, — sous la ferme condamnation des Anciens des deux Ordres opposés —, au moment même où le monde industriel prend son essor ? Apparaît alors un centre de formation professionnelle qui a perdu tout pouvoir de spiritualisation de la violence qui était sa marque propre comme confrérie spirituelle : accroissant toujours plus le rapport de classe, totalement déconnecté du monde ouvrier qui faisait ses premières armes par le syndicalisme, de plus en plus serviteur et force d'appoint d'un capitalisme hyperindustriel, le Compagnonnage moderne est dans l'incapacité de faire l'apprentissage d'une violence salutaire. Celle-ci, apprise dans les luttes rituelles entre Devoirs autour de la vengeance de Maître Jacques, aurait pu ensuite être investie dans la lutte sociale, en hâtant le processus de violence révolutionnaire dans lequel le Compagnonnage aurait dû avoir la place d'avant-garde spirituelle et combattante.

De même, qu'en est-il de cette maçonnerie officielle et respectable, que l'on reçoit à la table des princes et qui systématiquement évacue tout ce qui, dans ses rituels, renvoie à la violence dont il faut faire l'apprentissage dans le secret du temple si l'on veut vraiment être initié ? Car il n'y a rien de plus périlleux que de contempler le dragon qui gîte en nous, et surtout de s'interdire de le tuer, pour apprendre à le chevaucher.[44] A force de refouler *la maîtrise du mal* — qui n'est pas son *contrôle* —, la maçonnerie contemporaine est-elle encore initiatique ? Les Compagnons ont refoulé dans un passé qu'Agricol Perdiguier qualifiait de barbare les guerres rituelles et cosmiques auxquelles ils se livraient au nom de la vengeance du Grand Ancêtre assassiné. Ils en paient le prix fort actuellement en étant l'une des courroies de trans-

---

44. On sait que la Chevalerie des ordres de Saint Georges ou de Saint Michel aime à dépeindre son ange tutélaire terrassant le dragon, mais la figuration la plus exacte consiste à présenter l'ange enfouissant sa lance dans la gorge de la Bête, non pour la tuer, mais pour en capter le feu noir et le convertir en une énergie verticale qui suivra la hampe de l'arme. Elle n'est ici qu'une redite du mythe de Mithra qui, tout de blanc vêtu s'empare du taureau noir par ses cornes, non pour le tuer immédiatement, mais pour le conduire jusqu'à une caverne en laquelle son sacrifice et son sang versé permettront le jaillissement de la végétation.

mission de l'hypercapitalisme industriel où l'essentiel de l'apprentissage se résume à l'exploitation des Lapins et où l'obtention du statut de Compagnon récompense les plus dociles d'entre eux sous la violence patronale. Et les Maçons ? Ils ont refoulé la maçonnerie adhoniramique et les grades de vengeance, ne conservant certains grades maçonniques qu'à la condition qu'ils densifient et cristallisent les frilosités de l'âme bourgeoise. Est-ce un hasard si la maçonnerie contemporaine, ravagée par des scandales financiers et affairistes qui éclaboussent sans cesse son honneur, n'ose plus jouer ses grades de vengeance et que les magistratures suprêmes des multiples obédiences sont entre les mains de barbouzes, flics et autres militaires ayant la sainte religion du sécuritarisme et de la répression ? Est-ce un hasard si le refoulement des initiations à la violence par les obédiences va de pair avec l'apparition dans les hauts lieux du pouvoir obédientiel d'apôtres de la « *tolérance zéro* », qui s'appliquent à collaborer à l'œuvre de surveillance policière du corps social, qui criminalisent la contestation sociale, et essaient de masquer la violence de classe en disant qu'elle est une violence de race ? Descendent-ils vraiment à l'intérieur de leur Terre, visiter leur Hadès obscur, ceux-là qui fréquentent les tours de verre et de béton du pouvoir ? La maçonnerie redeviendra initiatique lorsqu'elle saura de quel côté de la barricade est sa place. Sur ce point, en réactivant le mythe des vengeurs d'Hiram / Maître Jacques / De Molay, *Lizard King* savait pertinemment qu'il ne faisait pas œuvre de nouveauté : il put donc être fidèle à la tradition, c'est-à-dire sachant réactualiser ici et maintenant les archétypes immémoriaux qui la sous-tendent.

De la révolte métaphysique à la révolution sociale

La violence est là. La révolution consiste à la prendre en charge pour la transformer en son contraire.

Rosa LUXEMBOURG

Au principe même de sa *maçonnerie noire*, dès l'article 1 de ses principes, l'auteur place le « *mécontentement* », « *l'insuffisance* » et « *l'insatisfaction* ». Voilà une genèse de l'ordre qui ne s'embarrasse pas de bons sentiments ou qui voudrait invoquer l'amour fraternel des hommes les uns pour les autres, ou de Dieu pour l'humanité. Il est d'abord question ici de rage et de frustration pour un désir entravé, ou dont l'objet lui échappe. Si l'on se souvient que toute constitution maçonnique recouvre une cosmologie, voire une théologie, on conviendra qu'il faut traduire ces premiers traits qui pourraient passer pour des défaillances psychologiques en des termes spirituels. On songe ici aux gnoses marcionites — on sait que les disciples de Marcion s'interpellaient les uns les autres comme « *compagnons de misère et de haine* », et en des termes politiques à l'esprit de révolte si bien décrit par Camus. Comment faire l'impasse sur la dimension prométhéenne voire luciférienne de ce premier article ? L'anthropologie de la *franc-maçonnerie noire* est sous le signe de la révolte et du refus qui place l'homme hors d'un cosmos équilibré et pacifié. Le point mérite d'autant plus d'être souligné que l'immense majorité des initiations maçonniques et traditionnelles sont à caractère *réintégratif*, et ont donc la nostalgie d'un état de paix, de complétude où tous les désirs sont comblés. Ce faisant, ils reprennent l'une des thématiques fondamentales de la culture occidentale qui est celle du désir comme manque et comme frustration, dont il faut combler l'attente par un objet idoine. A certains égards, le platonisme qui engendra le christianisme, le freudisme et le marxisme sont tributaires de cette vision du désir comme manque et malédiction à combler. On peut dire que toute l'histoire d'Occident, — du Banquet de Platon[45] au divan de Freud[46] en passant par les confessions d'Augustin[47] —, c'est l'histoire d'un désir honteux d'autre chose, désir auquel on s'empresse de répondre, soit en déplorant une frustration qui ne connaîtra pas de repos, soit en lui offrant une satisfaction, pourvu qu'il déserte le monde réel. Ainsi, le désir d'Occident est-il bien *de-siderare*, c'est-à-dire chute hors du ciel étoilé. En revanche, ici, on pose sans doute que le désir est manque ou frustration, mais cependant on ne le déplore pas, on ne le regrette pas. Mieux, même, au fur et à mesure que les articles vont s'ajouter les uns aux autres, on comprend que ce désir est une force motrice infiniment précise. Loin d'être damnation, il va devenir bénédiction, parce qu'il est ce par quoi l'homme persévère dans son être, et accomplit dans le monde des choses à la mesure de ses attentes. Il y a là quelque chose que ne renieraient ni Spinoza, ni Deleuze. Qui fait le monde ? demandait ce dernier, des êtres aux besoins frustres et élémentaires, qui ne s'embarrassent pas d'y répondre en accumulant des biens et des richesses. Mais les véritables créateurs du monde, les artistes qui nous font évoluer dans un monde façonné par leur rêve, et les révolutionnaires, qui nous font évoluer dans la cité à laquelle ils ont songé, sont des êtres d'un désir ardent, qui n'a pas été castré ou renvoyé à la frustration, à l'abnégation ou à l'au-delà. De ce fait, la psychanalyse, comme la confession chrétienne ou la réduction capitaliste des objets du désir à des besoins de consommation, tout cela concourt à appauvrir l'homme, et comme dirait Spinoza à développer en lui des passions tristes. Il y a mieux à faire, il faut embellir la vie et célébrer la Joie, mais pour cela oser l'ardeur d'un désir qui n'a pas honte de son insatisfaction.

Avec Deleuze, nous avons dit du désir qu'il était révolutionnaire. A la même époque où il écrit l'*Anti-Œdipe* avec son vieux complice de

---

45. Rappelons que le *Banquet* précise que l'Eros est l'enfant de *Poros* (Expédient) — symbole de la quête et du mouvement vers tout ce qui nous manque —et de *Pénia* (Pauvreté) — qui symbolise les manques et les déficiences de notre nature —. Doublement, donc, du manque au cœur du désir, par rapport à ce que l'on fuit et vers quoi l'on va.

46. Du sexe féminin comme trou, c'est-à-dire privation de pénis à l'insaisissabilité fantasmatique de l'objet du désir, le freudisme reste malgré tout ce qu'il en pourra dire lui-même, inféodé à une culture du désir néantisé.

47. Augustin, qui a fort lu Platon pour inventer le christianisme, se met en scène dans ses *Confessions* allant au bordel à Carthage, faisant une application concrète du platonisme. Chacun connaît sa formule brillante — *Nondum amabam et amare amabam* — par quoi le désir ne connaîtra de paix que lorsqu'il se détournera de ce monde — et de ses filles — pour se perdre dans Celui qui manque absolument sans la grâce.

Guattari,[48] *Lizard King* en dit autant : le mécontent et l'insatisfait sont les partisans de la révolution (§3), c'est-à-dire les partisans du progrès et de l'évolution permanente et ininterrompue (§4). Mais cette révolution, qui s'enracine dans une anthropologie du désir va ensuite se décliner plus précisément en anthropologie politique. Il s'agit aussi d'une révolution qui prend acte de l'héritage de 1789, mais ne s'en contente pas (§7). Car la « caste » aristocratique est renversée, mais elle est remplacée par la « classe » bourgeoise ; et de même la Terreur aura beau remplacer le despotisme royal, elle n'est pas légitimée pour autant. L'auteur semble donc, par ces lignes, vouloir achever 1789, et dépasser (ou accomplir) l'idéal révolutionnaire. Dépassant le bourgeoisisme de 1789, il s'éloigne également des sources marxistes-léninistes, avec la constitution de minorités agissantes ou d'avant-gardes pour leur préférer l'accord démocratique. On sait que la tradition française et latine du révolutionnarisme a toujours cherché à rendre compatible révolution et démocratie, préférant la conversion consentante des masses à la dictature, même éclairée, du prolétariat. Telles sont en effet les méditations d'un Proudhon, d'un Fourier d'un Jaurès ou d'un Gramsci. Camus, dans la conclusion de son *Homme révolté* est plus précis encore, et oppose au bureaucra-

---

48. *D'une certain manière, la logique du désir rate son objet dès le premier pas : le premier pas de la division platonicienne qui nous fait choisir entre production et acquisition. Dès que nous mettons le désir du côté de l'acquisition, nous nous faisons du désir une conception idéaliste (dialectique, nihiliste) qui le détermine en premier lieu comme manque, manque d'objet, manque de l'objet réel. [...] Si le désir est manque de l'objet réel, sa réalité même est dans une « essence du manque » qui produit l'objet fantasmé. Le désir ainsi conçu comme production, mais production de fantasmes, a été parfaitement exposé par la psychanalyse. [...] Si le désir produit, il produit du réel. Si le désir est producteur, il ne peut l'être qu'en réalité, et de réalité. Le désir est cet ensemble de synthèses passives qui machinent les objets partiels, les flux et les corps, et qui fonctionnent comme des unités de production. Le réel en découle, il est le résultat des synthèses passives du désir comme autoproduction de l'inconscient. Le désir ne manque de rien, il ne manque pas son objet. [...] Les révolutionnaires, les artistes, les voyants se contentent d'être objectifs, rien qu'objectifs : ils savent que le désir étreint la vie avec une puissance productrice, et la reproduit d'une façon d'autant plus intense qu'il a peu de besoin.* » G. Deleuze & F. Guattari, *L'Anti-Œdipe*, 1972.

tisme révolutionnaire du terrorisme d'Etat, le syndicalisme révolutionnaire et la Commune. C'est sans doute dans cette direction qu'il faut
chercher l'inspiration de l'auteur.

Ainsi, au point où nous en sommes, et ce jusqu'au § 10, nous pou-
vons donc dire de la « *ré-évolution* » (§4) qu'elle postule d'une part la
fécondité psychique (§1 et sq.) et politique (§7) du mécontentement,
d'autre part qu'elle veut assurer la continuité du progrès social et technique (§4), enfin qu'elle s'interdit dans son processus politique d'engager une révolution à la fois politique et antidémocratique (§7).
Comment s'y prendre alors, si les masses agitées par la bourgeoisie pas
plus que les avant-gardes éclairées du prolétariat, ne suffisent plus ou
ne sont pas légitimes pour engager les processus révolutionnaires ?

Des groupes occultes contre la propagande idéologique

> Lazare usera du glaive et sera maître demain ; et il aura ses pros-
> tituées et ses pauvres.
>
> O. de MILOSZ

Il faudra donc attendre le § 11 pour que la lumière se fasse : la rupture révolutionnaire est le fait de « *militants avoués* », et « *d'agents
occultes et inconnus* ». L'auteur fait donc sienne la thèse de l'influence
des complots et des groupes clandestins. Il parie sur les loges de
maçonnerie de Vengeance pour former de tels groupes qui, à des
moments charnières de l'Histoire, parviennent à faire balancer le destin en faveur des peuples.

Mais comment ces confréries secrètes agissent-elles dans l'histoire ?
L'auteur explique (§ 13) que ces groupes clandestins pèsent dans l'histoire en raison d'un activisme qui n'est ni social, ni politique mais
occulte et rituel. On retrouve ici l'idée selon laquelle il y a une efficacité véritable des rituels, qui ne sont pas que des cérémonies symbo-
liques, mais aussi de véritables talismans, des puissances occultes et
magiques ayant un impact sur le monde réel. L'auteur se rattache ici
très nettement à tout un courant théurgique, issu des rangs néoplatoniciens. On sait pourtant que dans sa formulation spéculative et
moderne, il n'en est rien, puisque les maçons, dans leur immense
majorité, s'adonnaient à des rituels au premier temps de la maçonne-

rie, comme des mises en scène spectaculaires et fastueuses de leur propre personne. On fréquentait les loges qui donnaient des concerts, des bals et des représentations théâtrales, et comme disait Casanova, il fallait en être, si l'on voulait bien paraître dans la bonne société. Dans le même temps, des contempteurs de cette maçonnerie se sont levés (parmi lesquels Tschoudy, Hund, et d'autres) pour signaler que la vraie maçonnerie n'était pas limitée à ces socialités plaisantes et inconséquentes, mais que la science maçonnique avait d'autres fonctions. Au sein de ces groupes « traditionnels » qui s'opposaient à la maçonnerie socialisatrice, certains (Willermoz, Saint-Martin) vouaient à la maçonnerie une fonction mystique qui était l'essence du vrai christianisme, tandis que d'autres y voyaient une fonction théurgique et alchimique d'action occulte sur les choses (Cagliostro, Papus…). C'est dans cette troisième lignée que s'inscrit ce rite.

Voilà de quoi inquiéter. Ce texte révèlerait-il une sorte de superstition grotesque en l'action de la prière sur les rapports de forces sociaux ? L'auteur actualise cependant (§14) la tradition occultisante de la maçonnerie : *le rite* n'a pas une fonction immédiate sur les choses, à la manière d'un alchimiste transfigurant la matière, mais il *engendre une altération psychique, laquelle à son tour, débouche sur une transformation de l'idéologie à laquelle adhère l'initié.* Il est question dans ce passage de la « *lutte des idéologies* ». Voilà quelque chose de plus solide et de plus moderne. Par ces lignes, l'auteur parvient donc à sauver l'occultisme traditionnel tout en le débarrassant de ses vieilles lunes. La puissance active du rituel vient donc du fait qu'il met en œuvre met en œuvre un imaginaire et des schémas mentaux qui vont avoir un impact bien réel sur l'ensemble des valeurs qui structurent d'abord le psychisme de l'initié, puis, *in fine*, sur sa représentation du monde, et sur l'ensemble des valeurs dont il n'a pas l'intelligence mais qui déterminent sa vie consciente. Ainsi son rapport à la politique, à la religion, à la question sociale peut-il être insensiblement réformé, pourvu que le processus métanoïaque qui a modifié son champ psychique ait bien été conduit par le rite. Il s'en suit que les réseaux clandestins que l'auteur cherche à organiser sont moins des cellules combattantes, que des sorte de confréries « pneumatiques » travaillant sur les représentations et les imaginaires contemporains et cherchant à les faire évoluer afin qu'ils induisent des modifications dans l'ordre de l'idéologie dominante, enfin dans l'ordre social réel.

Tel est donc l'occultisme traditionnel remis au goût du jour en 1972, moins une magie médiévale, qu'une technique de transfiguration du rapport au politique et au religieux grâce à l'activation des rites et des symboles archétypaux.

Mais alors, comment faut-il entendre ici le sens du secret de l'initiation maçonnique ? Il est toujours possible de le concevoir en des termes stratégiques comme une manière d'assurer le succès d'une entreprise qui connaît de nombreux ennemis dans la réaction. Néanmoins, le passage laisse entendre qu'en des termes de technique opératoire, le secret reste important, pour éviter tout « *brouillage* ». Comment comprendre cette métaphore « électronique » ? Vouloir la réduire à une interprétation parascientifique qui ferait, une fois encore de l'occultisme traditionnel ici développé, une sorte de science paranormale travaillant sur des ondes invisibles ou astrales serait, à notre sens, faire fausse route. Si la métaphore du « brouillage de l'émission » est maladroite et trahit peut-être un peu de scientisme ésotérique, il faut se souvenir qu'une telle pensée est déjà à l'œuvre chez un auteur comme Abellio dans sa *Fin de l'ésotérisme*. Mais pour en revenir à la question du secret, cela signifie que l'initiation parvient d'autant plus à réformer les psychismes et à triompher des idéologies afférentes qu'elle est secrète. Pourquoi ? Parce qu'elle agit au-delà de la conviction rationnelle du débat argumenté, puisqu'elle utilise mythes, rites et symboles, et que ceux-ci ne passent pas par une forme débattue et soumise à l'expertise rationnelle, mais parce qu'ils procèdent d'un au-delà du langage et de la démonstration — qui est l'expérience de l'imaginaire. Il y a aussi une autre manière de comprendre le sens du secret. Nous avons dit dès les premiers articles que la figure de l'homme révolté qui inaugurait la maçonnerie noire la plaçait sous l'égide de l'imaginaire de Prométhée, du Dieu qui dérobe le feu technicien à Zeus. C'est exact, et cette fascination démiurgique au cœur du rituel le place aux antipodes de Dionysos et de ses passions naturalistes. On veut asservir et domestiquer la nature, pas se fondre en elle. Mais, entre Dionysos et Prométhée, il y a place pour un tiers-divin, qui est Hermès, sous le patronage duquel se font bien sûr toutes les sciences hermétiques et qui prennent acte du secret. Ainsi, par ce dernier, en hermétisant la loge prométhéenne, évite-t-on la magnification sans limite de l'homme qui se fait Dieu, et dont tout le vingtième siècle connaît les abus.

Infiltration des loges et subversion des ordres initiatiques

Moi, le Fer, moi le fort, broyant, broyé, tout bien vient de moi —
et la lumière, le secret des secrets est engendré par moi.

BRACCESCO, *Exposition du philosophe Geber*, 1551

Par la suite, (§ 15), des éléments tactiques sont détaillés.
Premièrement, la *Maçonnerie Noire* n'est pas tant une maçonnerie qui
travaille sur le même plan que les autres maçonneries, qu'une « méta-
maçonnerie » qui recrute en interne dans les autres loges d'autres
rites. Secondement, le vivier dans lequel elle cherche ses recrues est
la franc-maçonnerie latine, — il dira plus loin adogmatique —, parce
qu'elle échappe à l'influence religieuse, et notamment christique. On
sait en effet que la carte des obédiences mondiales se divise en deux
constellations : l'une « latine », éprise de l'émancipation des peuples
et *grosso modo* plutôt de gauche et laïque, l'autre « anglo-saxonne »,
plutôt caritative, déiste et conservatrice — à défaut d'avoir l'intelligence d'être réactionnaire —. La cartographie psychique qui se dessine au § 17 des postulants au titre d'élus de cette maçonnerie de justice rejette ceux qui sont christiques, qui croient en la Providence,
renoncent aux activités viriles, et cultivent le pardon. Il faut voir dans
cette accumulation de caractères un profil qui se dessine et qui fait
des potentiels « maçons noirs » des hommes disposés au « *mécontentement* » inaugural, à « *l'insatisfaction* » et prêts, s'il le faut à la « *vengeance* », toutes vertus qui sont le fondement psychique même des
maçons de vengeance et en même temps que le ressort historique du
progrès social et technique.[49] Mais en arrière-fond, sans doute peut-on
aussi pressentir la critique de l'influence jésuitique[50] dans la franc-
maçonnerie, influence que *Lizard King* repérait dans le 18ème degré
lorsqu'il se laissait aller à des confessions privées.

Selon nous, cette fascination voire ce culte de l'infiltration et de
l'entrisme chez *Lizard King* vient de la connaissance de la solide
expérience acquise par la maçonnerie de Misraïm et la charbonnerie
d'où dérive pour une part la franc-maçonnerie noire. La charbonnerie
italienne avait pour cœur actif Naples,[51] car c'est là où officiaient les
deux bras droits de Philipppe Buonarroti, Teste et Briot, qui vont
déplacer le centre de direction vers Gênes et fonder la seconde

49. Le recrutement en interne dans les loges maçonniques par les sociétés secrètes est une vieille affaire. Le martinisme y est rompu depuis plus de deux cents ans. Comment se positionner face à cela ? A l'époque où il écrit ces lignes, l'auteur sait pertinemment qu'il existe deux courants au sein du martinisme, l'un dérivé de Papus et Chaboseau, très populaire dans les milieux occultistes qui émargent en même temps au crypto-catholicisme de l'Eglise gnostique, et que Papus voulait mettre au-dessus même de l'initiation maçonnique — notamment l'initiation à Memphis-Misraïm dont il avait le grade ultime à l'époque de 96ème degré —, l'autre élargissant son recrutement dans les rangs du Rite *Ecossais Rectifié* et voulant retrouver, par des passes mystiques la manifestation de la *Chose* (sic). Ces deux courants majeurs du martinisme sont fréquentés par des maçons ayant une connaissance de l'occultisme très poussée, et c'est pourquoi ils pourraient être des viviers de recrutement pour la *maçonnerie noire*. Cependant, dès les années 1967, *Lizard King* découvre la pénétration d'éléments liés aux milieux fascistes dans à peu près tous les martinismes. Il décide d'une réforme de fond, fonde une loge secrète dont les chartes viennent en droite ligne de la Russie — la loge martiniste « *Neva* » — à partir de laquelle il compte réinvestir et espère ainsi établir des passerelles occultes entre maçonnerie adhoniramite et martinisme réformé. Y parvient-il ? Ces quelques lignes laissent entendre le contraire. Pourtant, à notre connaissance, en 2000, *Neva* existait encore et le voleur des manuscrits de la *maçonnerie noire* y émargeait, et y avait reçu, en droite ligne de *Lizard King* et par un seul intermédiaire, la plus haute initiation conférée dans le cadre du martinisme — la 4ème — qui donne le droit d'établir partout, avec qui il l'entend, sans rendre compte à qui que ce soit, des centres martinistes « sauvages ».

50. Sur les connexions entre Compagnie de Jésus et franc-maçonnerie, il est impératif de retourner à l'ouvrage fondateur du mythe, rédigé de la main de Nicolas de BONNEVILLE, *Les Jésuites chassés de la franc-maçonnerie*, dont la seconde partie s'intitule significativement *Mêmeté des quatre vœux de la Compagnie St Ignace et des quatre grades de la maçonnerie de St Jean.* L'ouvrage a été réédité en fac-similé en 1993 aux éditions du Prieuré. Sur Bonneville, on retournera avec profit à Ph. LE HARIVEL pour sa thèse déjà ancienne mais pas encore datée, « Nicolas de Bonneville, pré-romantique et révolutionnaire, 1760-1828 », P*ublications de la Faculté de lettres de l'Université de Strasbourg*, fasc. 16, Strasbourg, Istra, 1923, ch. II, pp. 17-25 et à Suzanne KLEINERT, *Nicolas de Bonneville. Studien zur Ideegeschichtlichen und litteraturtheorichen Position eines Schriftstellers des französchischen Revolution*, Heidelberg, K. Winter, 1981. Mais Bonneville n'en reste pas là et veut fonder une république des Lettres, l'*Union*, par quoi un front d'écrivains pourra s'opposer au mouvement de la réaction. « République libre, l'Union correspond à travers toute l'Europe », avec le but avoué, dans son appel initial de recueillir l'héritage des *Illuminaten*, de tirer des forces de la majorité conformiste des loges et de faire contre-poids aux Rose-Croix (cf. Günter MÜHLFORDT,

Charbonnerie, précommuniste et misraïmite. Tous trois militent ardemment à Misraïm. A la même époque, à Paris, la charbonnerie réformée est animée, en liaison avec les libéraux français, comme Buchez, par des proscrits politiques comme l'*Illuminé de Bavière* adhérent à la maçonnerie de Misraïm qu'était le Frère Philippe Buonarroti. Ce dernier, sous le couvert de la franc-maçonnerie, fonde successivement entre autres les loges des *Sublimes Maîtres Parfaits* et de la *charbonnerie française*, organise sans relâche des réseaux de sociétés secrètes à travers la France et l'Italie, et même à travers toute l'Europe, sans jamais perdre de vue l'idéal babouviste du communisme égalitaire. Trait d'union entre l'Italie et la France, trait d'union entre la révolution démocratique de Robespierre et la révolution sociale de Babeuf, trait d'union entre l'ancienne maçonnerie des Lumières et le carbonarisme dont il est l'un des créateurs et des chefs secrets, trait d'union entre la révolution du 18ème siècle et celle du 19ème, Buonarroti est le type même de ces semi-obscurs qui rendent possible un grand avenir. Or, au cœur du système d'implantation de la charbonnerie française, comme couverture, on trouve l'essentiel des loges misraïmites qui travaillent en loges bleues au rite templier, *très exactement comme stipulé dans les principes organisationnels de la franc-maçonnerie noire*. Car en ces temps d'incertitude politique, tous ceux qui voulaient comploter dans l'ombre contre le régime, s'affilièrent en masse à Misraïm d'abord, puis à Memphis. En effet, dès juillet 1830, le vent de liberté qui souffla sur le pays eut aussi un écho en loge, à la grande frayeur des deux obédiences majeures qui craignirent les foudres du pouvoir en place. Aussi fut-il procédé à nombres de radiations, de telle sorte que, sous le règne de Louis XVIII, tous les comploteurs et les tempéraments un peu exaltés ou trop libéraux, trop politiques en somme, se retrouvent simultané-

---

« Europarepublik im Duodezformat. Die internationale Geheimgesellschaft Union — ein radikalaufklärerischer Bund der Intelligenz (1786-1796) », in *Freimaurer und Geheimbünde im 18. Jahrhundert in Mitteleuropa*, Helmut Reinalter éd., Frankfurt-am-Main, Suhrkamp Verlag, 1983. Il y a donc bien circularité des thèmes entre entrisme jésuitique dans les loges et complot d'*illuminaten* — l'un faisant le contrepoids de l'autre.

51. Ainsi, En juillet 1820, les *carbonari*, dirigés par le général Pepe, se soulèvent à Naples et obtiennent l'application de la Constitution espagnole.

ment à émarger à trois associations clandestines, tantôt parallèles, tantôt superposées — jusqu'à entretenir la confusion même rituélique —, et qui sont *Les Chevaliers de la Liberté*, le *Rite de Misraïm* et la *Charbonnerie*. On voit que l'on se trouve ici même dans le creuset de la franc-maçonnerie retravaillée par *Lizard King*. Dans cette maçonnerie irrégulière aux yeux du pouvoir, les Planches résonnent des accents précommunistes du babouvisme, — que l'on pourrait également appelé buonarrotisme. Les complots misraïmites connurent alors leur acmé en 1834, à Lyon, lorsqu'une centaine de membres de la *Société des Droits de l'Homme* guidée en sous main par Buonarroti furent arrêtés. Les mutuellistes passèrent en correctionnelle à Lyon qui se couvrit alors de barricades. Pour la première fois le drapeau noir fut brandi, et la bataille fit rage pendant cinq jours. Puis l'insurrection gagna Paris, mais fut violemment matée par Guizot. Ce furent les derniers feux que le premier carbonarisme français jeta dans le siècle. Bientôt, c'en fut fini de cette seconde charbonnerie, certes plus politique que l'italienne car précommuniste, mais pas encore arrivée à maturité politique.

La place fut laissée dès 1833 à une Charbonnerie d'un nouveau style, troisième du genre, la *Charbonnerie Démocratique Universelle*, instrumentalisée notamment par Charles Teste et Voyer d'Argenson. Plus organisée que la précédente, elle se distingue, dans la rigueur de son organisation, par un jeu de poupées gigognes où chaque vente de charbonnerie était couverte par une loge de Misraïm. Sur le plan politique, elle s'internationalise, en établissant des relais, en plus de la France et de l'Italie, en Belgique et notamment à Bruxelles. Sur le plan politique, elle privilégie la sélection d'une minorité qui détiendra les clefs de la technique insurrectionnelle. Cette *Charbonnerie Démocratique Universelle* laissera son empreinte dans l'esprit de Blanqui, car elle conjoint le jacobinisme étatiste au communisme babouviste. Les liens occultes s'étendent jusqu'aux *Adelphes* ou *Philaldelphes*, et établissent des contacts avec Genève. La correspondance se signe de cinq points, qu'elle soit misraïmite ou carbonariste. Mais en 1851, le coup d'Etat du Deux Décembre se solde par une hécatombe dans les rangs des insurgés, carbonaristes donc misraïmites. Les cinq cents morts, les vingt six mille arrestations, les dix mille déportations décapitent les organisations. Le parti républicain est anéanti ; les sociétés secrètes sont démantelées. Les survivants se réfugient hors de France, en Angleterre, où ils sont accueillis par d'autres loges égyptiennes. Mais celles-ci ne sont pas misraïmites car elles n'y furent pas exportées, mais memphites. Qu'à cela ne tienne, nos révolutionnaires n'en prennent pas ombrage. Le symbolisme reste le même, et l'essentiel est qu'elles ne soient ni soumises au Grand Orient ni à l'écossisme. C'est le cas, car c'est encore dans une maçonnerie marginale, redoutée et honnie par les bourgeois de droite comme de gauche, — et les pétroleurs français s'y pourront donc retrouver pour panser leurs plaies et hâter la révolution en se nourrissant du marxisme, lui aussi à cette époque londonien. Ainsi, en 1851, les proscrits fondèrent à Londres une Loge sous le vocable de *Les Philadelphes*, puis une autre, *Les Proscrits*.[52] Ils reprirent le *rite de Memphis*,[53] le laïcisèrent plus encore, et l'investirent sous cette nouvelle forme athée. Il y eut encore, au *rite réformé de Memphis, Les Gymnosophistes* loge à laquelle émargea, outre Charles Longuet, le Beau-frère de Marx, le fondateur du socialisme, Pierre Leroux.

Tout cela, *Lizard King* le sait ; il est le gardien de cette tradition de l'entrisme maçonnique. Il était normal qu'il cherchât à la maintenir dans le cadre de son réveil en 1972.

Fictions orientales et initiation au Grand Secret

Quand les pensées sont apaisées, le feu lui-même est frais et rafraîchissant.

Dernières paroles de l'abbé KWAISEN
juste avant de brûler vif dans son monastère zen
qu'il avait refusé de livrer aux assiégeants.

A l'endroit où nous en sommes, nous avons compris que la *maçonnerie noire* repose sur une métaphysique luciférienne de la révolte et sur une problématique politique révolutionnaire et démocratique, qu'elle entend riposter à l'idéologie de la marchandise et du specta-

---

52. Bossu J., *Une Loge de proscrits sous le Second Empire et après la Commune* : l'Idée libre, janvier, février, mars avril, juin-juillet, août, octobre 1958.
53. Rite Réformé de Memphis, Londres, 1860, 1 broch., 58 p.

cle par l'herméneutique des symboles, enfin qu'elle recrute en interne dans la maçonnerie. Il reste, comme le fit Anderson avant *Lizard King*, à se donner des lettres de noblesse en invoquant de prestigieuses filiations, et s'il le faut, en les fabriquant de toutes pièces. C'est à cet instant que l'auteur tourne son regard vers l'Asie[54] et déclare dans les paragraphes qui vont suivre que l'initiation à la *maçonnerie noire* dérive d'antiques initiations orientales. La thèse qui est sienne veut faire croire à une rupture entre deux courants au sein des philosophes de la nature et des Rose-croix au XVIIe siècle. Le courant qui domina en Occident, et qui y resta — jusqu'à fonder les Roses-Croix d'Or— est un courant essentiellement réactionnaire, royaliste, qui défend l'idée d'une franc-maçonnerie traditionaliste et réintégrative.[55] A l'inverse, le second courant connaît aussi les principes d'alchimie mais voit dans la transformation du plomb en or, un programme politique par lequel le peuple se transfigure jusqu'à recevoir la couronne de la royauté. D'où un courant autant hermétique que politique qui submerge toute l'Europe secouée par les guerres de religion, et qui veut prophétiser la fin des rois et l'assomption d'un peuple émancipé de toute tutelle religieuse et politique. Mais les persécutions sont telles que ce courant rose-croix doit fuir l'Europe et se réfugier sur ses marches, attendre que les temps soient mûrs, et préparer son retour, un siècle plus tard, par l'Allemagne. Il infiltrera et fécondera une maçon-

---

54. Un nouveau rameau rosicrucien prend naissance sur la branche de la fraternité de la Rose-Croix d'Or en 1782 : il s'agit des *Frères Initiés d'Asie* dont le promoteur a été exclu de la fraternité-mère. Leur qualité principale est de s'ouvrir aux Juifs dans un temps où les temples maçonniques allemands les refusent. En rupture par rapport à l'héritage réactionnaire des Rose-Croix d'Or, les *Frères Initiés d'Asie* se structurent à partir de trois grands axes. Le premier, représenté par le baron Thomas von Schönfeld, adhère avec enthousiasme aux idéaux révolutionnaires — à tel point que le Baron sera décapité en même temps que Danton —. Le deuxième, qu'incarne le kabbaliste Ephraïm Josef Hirschfeld, lie les *Frères d'Asie* au sabbataïsme, dont le syncrétisme et le tolérantisme en affaire religieuse les met à l'avant-garde de l'humanisme. Enfin, le troisième axe, représenté par le fondateur, Ecker von Eschoffen, rejette les orientations nationalistes et aristocratiques de la Rose-Croix d'Or au motif qu'elles trahissent la vision profonde des pères et des textes fondateurs. On perd les traces visibles de l'Ordre vers les années 1820.

55. La Rose-Croix d'Or fait parler d'elle à Breslau en 1710 avec un traité d'alchimie fameux : *Die Wahrhaffte und volkskommene Bereintung des philosophischen Steins der Brüderschaft aus dem Orden des Gülden d Rosen-Creutzes* (La vraie et parfaite préparation de la pierre philosophale par la fraternité de la Rose-Croix d'Or). Le point remarquable est l'inversion à laquelle procède ce manuel, en escamotant les questions de réforme politique et religieuse qui étaient centrales dans les premiers manuscrits rose-croix, pour ne mettre l'accent que sur les procédés iatrochymiques. On doit donc parler ici d'une *voie substituée* en ce que la Rose-Croix originelle est d'abord une fraternité politique qui se sert de la métaphore alchimique pour illustrer son propos réformateur alors que la Rose-Croix d'Or dissimule l'héritage et le trahit. Ce procédé de retournement est particulièrement soigné puisque la première loge connue des Rose-Croix d'Or s'appelle la *Rose Noire*, à l'orient de Prague, en 1761. Or si l'on songe que les degrés noirs en maçonnerie ont toujours été ceux associés aux *Chevaliers Kadosch*, aux Elus de vengeance et qu'à l'inverse, c'est le rouge sacrificiel qui prévaut pour les degrés christiques, notamment le 18ème, on est souffle (voc stupéfait) devant un tel renversement de perspective. Les grades délivrés distillent un enseignement piétiste et crypto-catholique dérivé du gnosticisme de J. Böhme, se répartissant sur une échelle de neuf degrés initiaux, conduisant la majorité des adeptes à récuser toutes les avancées de l'*Aufklärung*. La Rose-Croix d'Or connut une notoriété à partir des années 1770 dans toute l'Europe centrale, s'accorda habilement les grâces de l'empereur Frédéric-Guillaume II, jusqu'à dominer totalement la Cour et le gouvernement, et animer la campagne de persécutions des *Illuminaten*. La structure visible est dissoute en 1797, à la mort de l'empereur.

Sur la question du très réel combat politique et occulte entre l'ordre des Rose-Croix d'or et celui des Illuminaten, le lecteur pourra avec profit se référer à Gian Mario Cazzaniga, « Utopia sociale e radicalismo massonico in Nicolas de Bonneville », *Annali di storia dell'esegesi*, n° 7/I, EDB, Bologna, 1990, pp. 293-310. La prise de conscience du danger qui menace des Lumières survient pour une part après l'interdiction de la franc-maçonnerie en Würtemberg et après la chasse aux Illuminés (1784), et pour une autre part, deux ans plus tard avec l'accession au pouvoir en Prusse des anti-lumières autour de Frédéric-Guillaume II, notamment de ses deux principaux conseillers Wöllnet et Bischoffwerder, et qui émargeaient à l'ORCO.

56. Serait-ce ici une référence au travail du baron Adolf von Knigge (1752-1796) qui s'était tourné vers les Illuminés de Bavière après avoir été éconduit de la Rose-Croix d'Or ? Il fut l'auteur d'un pamphlet en 1781 intitulé *Des Jésuites, des francs-maçons et des Rose-Croix allemands*, sous le pseudonyme de Joseph Aloys Maier, « ancien membre de la Compagnie de Jésus », où il critique la Rose-Croix d'Or pour des motifs d'infiltration d'éléments anti-*Aufklärung*, mais il innocente la véritable Rose-Croix dont il se veut l'interprète et le défenseur.

nerie progressiste, prosémite en un temps où les loges ne le sont guère, et partisan de la révolution sociale — notamment en travaillant main dans la main avec les *Illuminaten* de Bavière —.[56] Au fur et à mesure de son retour dans le sein européen, il laissera ici et là des traces de sa sensibilité hermético-politique, en déposant des degrés qui contiennent tous cet appel à la subversion de l'Ancien régime et à l'aristocratisation du peuple/plomb, jusqu'à son couronnement par lui-même. Mais retournant en Europe après son expérience orientale, la maçonnerie de combat revient en son giron originaire enrichie des apports de l'Asie et notamment de techniques alchimiques occultes.

Que penser de la véridicité de l'influence orientale dans la maçonnerie telle qu'elle apparaît aux paragraphes 18, 19 et tout particulièrement 25 des principes ? (« *L'étude attentive de la rituélie de ces divers grades apporte la preuve de l'existence d'une Magie Maçonnique, dans laquelle des éléments venus directement du tantrisme (moudras), du Taoïsme (polygramme du Y-King) marquent de façon indélébile son origine asiatique. En cela l'Asie évoquée au § 19 s'impose de façon indiscutable* ») La proposition peut et doit surprendre. Il est néanmoins possible de la légitimer sur le plan des archétypes et des permanents de l'anthropologie traditionnelle.[57] En des termes de filiation historique, la thèse est assez mince,[58] même si l'auteur y reviendra par la suite. Est-ce à dire que l'auteur est fabulateur ? Oui. Pas plus qu'Anderson lorsqu'il dit en 1723 qu'Adam est le premier des maçons. Comme toujours dans la littérature maçonnique, il faut entendre les références historiques comme des métaphores et des allusions pour renvoyer à un sens plus haut. Or, qu'apprenons-nous ? L'Orient fictionnel de la maçonnerie noire est celui du taoïsme : il est cette voie qui requiert un esprit « souple » et vierge de tout pouvoir discriminatif, qui refuse d'établir une dichotomie entre être et non-être. La contemplation de l'Etre — le *you*, le désir —, n'est pas possible directement : seules subsistent les traces. Il faut donc s'exercer à la contemplation du non-Etre — le *wu*, le sans-désir —, ce qui requiert une disposition pour la pensée de l'Absence, celle du Néant, dont le noir de la *maçonnerie noire* peut être une figuration allusive.[59] Dans cette perspective, l'invocation des racines orientales fictionnelle de la *maçonnerie noire* est un procédé littéraire classique en maçonnerie qui vise à expliquer par le biais la « doctrine » générale des rituels

57. C'est d'ailleurs le propos de l'anthropologue et franc-maçon Bruno ETIENNE, in *L'Initiation*, Dervy, 2002, p. 120, n. 79, où il établit lui aussi la même analogie entre maçonnerie et moudras orientaux : « *En fait, les mudras, les sceaux, postures qui permettent d'éveiller l'énergie, comme les Katas et les techniques d'ouverture des shakras, ont leur équivalent en rituel maçonnique que peu d'entre nous pratiquent et dans certaines techniques musulmanes comme la nomination des noms de Dieu avec le pouce et l'index. Ainsi le geste du signe au 1er qui par l'équerre tranche la gorge et ouvre le shakra Vishudha et le point vital Hichu.* »

58 Même si René Guilly et Roger Dachez (*in Renaissance Traditionnelle,* n° 96) font constater que « *le grade de* Maître Irlandais *est directement inspiré des coutumes funéraires de l'ancienne Chine, et les mots du grade sont une transcription légèrement corrompue des mots rituellement prononcés en Chine, lors de l'hommage rituel à un mort.* » Les auteurs font en effet référence, en langue chinoise à *Xing*, qui signifie « l'âme » et à *Cheu* qui veut dire « stationner ». Dès lors, le mot Xingheu, qui est le mot de passe dans l'instruction du grade de *Parfait Illustre Irlandais Juge des Ouvriers*, signifierait, toujours selon les auteurs, « le siège de l'âme ». De surcroît, ils signalent que le récipiendaire au grade d'Irlandais doit fléchir le genou lorsqu'il lui est dit « Givi » — chinois *Ci* « genou » et *Vi* « fléchir » — et se relever au mot de *Ki* — en chinois, « se lever ».

59. Les efforts entrepris par *Lizard King* pour établir des passerelles entre la voie du Tao, par delà Etre et Non-Etre, et une maçonnerie pour l'hypermodernité, — dont le crépuscule se confond avec les lueurs d'une prochaine aurore — doivent nous faire réfléchir sur l'essence même de la pensée occidentale, pensée métaphysique qui depuis Platon se constitue à partir d'une méditation sur l'Etre. Notre « chute », ou notre dévalement au sens heideggerien viendrait de ce que nous l'oublions ou que nous cherchions à l'arraisonner par les leurres de la technique. Une restitution — qui ne permet pas qu'on s'en empare — est peut-être alors toute l'essence de cette maçonnerie-là.

60. Il ne faut pas négliger, aux côtés de Nicolai, Knigge et de Weishaupt, l'importance d'un Frère Illuminé comme Johann Joachim Christoph BODE, (H. SCHÜTTLER, « Die Mitglieder des Illuminatenordens 1776-1787/93 », *Deutsche Hochschuleedition*, Band 18, München, Ars Una, 1991, p. 106). Bode, qui est connut pour son *Essai sur l'origine de la franche maçonnerie sur les sciences sublimes et occultes cachées sous les titres, allegories, symboles, et hiéroglyphes de ses grades et de divers ordres qui en relèvent*, à l'occasion du Convent des Philalèthes de 1787 rédige dans la même année un très intéressant journal de voyage (*Journal von einer Reise von Weimar nach Frankreich, im Jahr 1787*) dans lequel il précise le 3 mai avoir rencontré à Paris les principaux francs-maçons de la capitale. Il y rencontre aussi Moltke dont tout le clan familial fréquente les loges et fraye avec les *illuminaten*. Citons pour mémoire Friedrich Ludwig [1745-1824], chambellan du roi de Danemark en

maçonniques, comme Ramsay sut aussi le faire en 1736 à la Loge Saint Thomas pour inventer les racines templières de la maçonnerie. Ici, l'invocation du taoïsme permet d'établir des liens entre la maçonnerie et l'expérience paradoxale du divin comme absence, telle qu'elle fut développée par tout le courant de la théologie apophatique, des groupes néoplatoniciens jusqu'aux courants de la mystique rhénane : ainsi cette initiation évite-t-elle le double écueil de l'athéisme et du déisme, et elle se garde ainsi des récupérations de sa gauche comme de sa droite. Quant à la référence du tantrisme, sans doute surenchérit-elle sur la dimension « virile » requise pour l'initiation, et elle double ainsi l'inversion voire la subversion du dispositif, en faisant l'éloge de l'impur et en divinisant l'acte de chair.

Mais l'auteur veut justifier ses références historiques en invoquant dès le paragraphe 20 des degrés de maçons intitulés *Frères d'Asie ou Initiés d'Asie*. De tels degrés ont effectivement existé, mais ont-ils été importés d'Asie ? Assurément pas. Néanmoins, leur valeur est à chercher ailleurs, car ils furent surtout l'asile au sein d'une maçonnerie allemande alors majoritairement antisémite, pour toute une communauté juive, éprise de kabbale et d'ésotérisme, qui put, grâce à ce rite, émarger en des loges sans craindre les interdits de la bonne société allemande guère libérale. Leur connaissance de l'ésotérisme kabbalistique put ensuite être versé dans le fonds occulte de toutes les maçonneries européennes. De même, nul ne saura l'influence des *Illuminés de Bavière* dans la fabrication des rituels de vengeance, mais l'on sait qu'ils investirent les loges allemandes pour y promouvoir l'idéal des Lumières et l'idée de révolution,[60] et pour y contrer l'influence néfaste du crypto-catholicisme des frères jésuites. Barruel y vit là le signe évident d'une instrumentation de la maçonnerie à des fins révolutionnaires. C'est faire grand cas des Illuminés et de leur chef Weishaupt, qui n'eurent pas grand succès en des termes quantitatifs. Néanmoins, l'aura d'agents subversifs dont ils surent s'entourer permit assez de faire phantasmer pour qu'en 1974, J.-P. Bayard dans ses *Sociétés Secrètes*, retrouve leur trace et confirme leur existence à l'heure actuelle en Autriche.[61]

De la même manière, lorsque l'auteur invoque l'autorité du tantrisme, il nous semble que c'est moins en raison d'une filiation historique fantaisiste, mais pour des affinités spirituelles évidentes. Le tan-

1764, envoyé de Danemark à Eutin, chevalier de Danebrog en 1775, puis conseiller secret de légation en 1780. Initié en 1784 à Copenhague, il devient membre de la loge de Lübeck *Zum Füllhorn* où il accède à la maîtrise en 1792 et au vénéralat en 1794. De là, il coordonne les initiatives des *Illuminaten* sous le nom d'*Osnaj*. Il serait donc bien maladroit d'imaginer que les *Illuminaten* ne soit qu'un phénomène provincial et qu'une lubie de quelques étudiants en droit en mal de reconnaissance sociale et universitaire. Le mouvement est européen et fréquente les meilleures cours d'Europe.

61. Les *Illuminaten* sont fondés le 1ᵉʳ mai 1776 par Adam Weishaupt à Ingolstadt. Ses desseins sont matérialistes et anticléricaux, sa formule de recrutement fait songer à celle des jésuites dont il fut l'élève. Quelques années de vie végétatives convainquent ensuite le fondateur de s'allier les puissants et de profiter de la richesse du tissu sociétal maçonnique. Le baron von Knigge les rejoint, refond le système des grades en unissant les innovations de Weishaupt à la maçonnerie de loge bleue, voie pédagogique et progressive vers une maçonnerie rationaliste et égalitaire, reposant sur la pensée rousseauiste et l'idéal ascétique. En 1782, un manifeste est rédigé et un appel est lancé vers les autres loges allemandes, tandis que la société essaime déjà en Rhénanie, en Suisse et en Autriche. Sa dissolution comme société subversive est prononcée en 1784 par l'électeur de Bavière, Weishaupt perd son poste d'enseignant à l'université, des preuves accablantes sont constituées qui établissent la responsabilité de l'ordre dans le renversement de la monarchie, les *Illuminaten* sont assimilés à de criminels de droit commun et traqués comme ceux-ci dans tout le Sud de l'Allemagne.

Les liens entre révolution française et *Illuminaten* sont peu probables, même s'ils ont fait l'objet des phantasmes de Jean Pierre Louis de La Roche du Maine, marquis de Luchet (*Essai sur la secte des Illuminés*, Paris, 1789) et bien sûr de Barruel. Le phantasme a pu prendre corps grâce à la présence au convent des *Phtlalèthes* de 1787 de deux d'entre eux, et notamment de Bode, dont le prosélytisme habile a pu faire gagner à la cause des personnalités de premier rang parmi lesquelles l'alchimiste révolutionnaire Savalette de Langes et fonder la première section française des *illuminaten*, les *Philadelphes*, sous la forme d'une loge secrète dont le *nomen* sera repris ensuite pour un Atelier du Rite de Memphis qui accueillait tous les communards réfugiés à Londres (et aussi Buonarotti le Grand Maître de la Charbonnerie et des ordres de Misraïm).

62. Qu'on se souvienne que *Kadosch* signifie « sacré », « séparé » mais comme très souvent, dans certaines langues archaïques, le même mot peut signifier son contraire, suivant ainsi la logique du tiers-exclus, de telle sorte que le *Kadosch* peut signifier aussi « impur ». Cette réversion, mieux encore, cette *transvaluation*, est au cœur du tantrisme, il est au coeur du degré maçonnique de Chevalier Kadosch, qui est le huitième et avant-dernier degré de la franc-maçonnerie noire, comme le verra le lecteur opiniâtre qui voudra bien nous suivre jusqu'à là, et se souviendra à ce moment là de cette note.

trisme est ordinairement désigné comme *voie de la main gauche*, c'est-à-dire volonté de faire l'expérience du divin en passant outre tous les conditionnements — notamment ceux du langage —, ce qui débouche sur une pratique invertie où la transgression devient la loi, où le sacré est le profane, ou le profane est le sacré.[62] Dans cette perspective, tantrisme et maçonnerie noire ont beaucoup d'analogie, puisque, ainsi que nous l'avons expliqué plus haut, l'expérience des *Grades de Vengeance* est une initiation à la métaphysique de gauche, et une familiarisation croissante avec les figures imaginales de la rébellion et de la subversion.[63]

Ainsi donc, les « *principes et applications* » sont précieux en ce qu'ils dessinent une cartographie très précise des frontières imaginales de la *maçonnerie noire* : confrérie très secrète au sein même de la franc-maçonnerie latine, la *maçonnerie de justice, alias maçonnerie de vengeance, alias maçonnerie noire*, se voue à la lutte politique pour la libération spirituelle des consciences et en faveur de leur *insurrection*.

Modèle novateur, adapté à son siècle, elle reprend néanmoins une tradition qui date au moins de 1740, dont le premier effort de synthèse date vraisemblablement de 1787, avec le *Recueil précieux de la*

---

63. De même, un peu plus loin, le lecteur attentif des notes précédentes aura compris que les Esseniens ne sont pas à entendre comme une réalité historique mais comme une fiction dont l'interprétation est destinée à expliquer mieux la maçonnerie noire. On sait aujourd'hui (2005) de manière à peu près certaine que le fameux « monastère » des Esseniens, le Qmram, n'a jamais existé autrement que comme un village de braves potiers totalement étrangers à des spéculations gnostiques. De même, les fameux manuscrits de la mer morte ne sont pas autre chose que des textes proto-chrétiens qui n'ont pas grand secret à révéler, sinon celui qu'en ses origines, le christianisme n'était qu'une hérésie mineure du judaïsme. Quant au personnage de Jésus, nulle trace, bien sûr, si ce n'est la référence au maître de Justice, qui n'est pas lui, mais un grand rabbin évincé de sa magistrature, et qui fit ensuite sécession avec sa clientèle et ses suivants. Mais à l'époque où ces lignes sont écrites (1972), *Lizard King* ignore les dernières avancées de l'archéologie, et croit comme tant d'autres que les Esseniens sont une secte gnostique ayant à sa tête un renégat appelant à la prise d'armes contre les romains et ayant rejoint le maquis. Il réinvestit donc cet imaginaire dans le cadre de sa maçonnerie de justice.

Maçonnerie adhoniramite.[64] *Prenant modèle sur les confréries politiques clandestines qui surent hâter les processus révolutionnaires, elle ne croit pas en l'action terroriste d'une avant-garde éclairée, mais elle soutient que la révolution ne peut pas être engagée si, à côté du combat sur terrain économique de l'exploitation, à côté du combat sur le terrain politique de l'aliénation, on néglige la lutte psychique contre l'assujettissement des consciences. Elle utilise alors, pour riposter au propagandisme idéologique dominant, la culture des mythes, des symboles et des images archétypales, afin d'ouvrir toujours plus l'âme des hommes à ce qui n'a pas de prix et est sans valeur marchande, cet appel de l'infini, ce désir d'absolu qui en fait des révoltés éternels, donc les artisans de toutes les utopies à venir.*

Qui niera son ardente actualité ?

---

64. *Recueil précieux de la Maçonnerie adhoniramite* « par un chevalier de tous les ordres », Philadelphie [Paris], 1781, 12ᵉ, 4 vol. L'auteur pourrait bien être le Frère Guillemain de Saint-Victor (et non le baron de Tschoudy comme le <u>cru</u> (crut) un temps le 90ᵉᵐᵉ degré de Misraïm qu'était J.-M. Ragon), dans lequel l'*Elu des Neuf,* l'*Elu de Pérignan,* l'*Elu des XV* décrivent la geste de vengeance, et dont l'échelle de treize grades culmine dans le *Noachite* ou *Chev.·.* *Prussien.*

APPRENTI, COMPAGNON ET MAÎTRE

Un rite templier déchristianisé

Il faut bien que la vérité monte des bouges, puisque d'en haut ne viennent que des mensonges.

Louise MICHEL, *Prise de possession*, 1890.

La lecture des documents originaux excite autant qu'elle déçoit. Elle excite parce qu'elle donne des orientations et des perspectives nouvelles sur la maçonnerie d'Elus. Mais en même temps elle déçoit parce qu'elle reste évasive quant aux détails des cérémonies requises. Il nous a donc fallu faire tout un travail de recomposition des rituels.

Qu'on prenne ainsi le premier d'entre eux, celui d'Apprenti, on constate que l'auteur se contente d'une unique remarque sibylline avec laquelle nous sommes amenés à travailler. Il s'agit de quelques mots de l'article 8 du Règlement intérieur de la R∴ L∴ *Les Sergents de La Rochelle* :[65]

---

65. Il existe au Grand Orient de France, une R∴ L∴, n° 999, qui porte le titre distinctif de *Les Quatre Sergents de La Rochelle*. Dans le manuscrit que nous consultons, il est fait mention de la R∴ L∴ *Les Sergents de La Rochelle*, sans mention de leur nombre. Ce sont donc deux loges distinctes, que trente années séparent, et bien sûr, il ne viendrait à l'idée de personne d'aller confondre l'une avec l'autre.

Conformément à l'ancien usage primitif de Rite de MISRAÏM, les rituels d'ouverture et de fermeture des travaux sont ceux du Rite Templier (devenu par la suite Rite Ecossais Rectifié au Convent de Lyon, dépouillé de toute allusion confessionnelle et de toute forme de Dieu exotérique, ce afin de ne choquer aucune conscience.

Ce point d'histoire est confirmé[66] par l'introduction que Robert Ambelain fit à la première divulgation dans le monde profane d'un rite de Misraïm, en date selon lui de 1820. Cependant, il juge opportun de préciser que

> Toutefois, le Rite de Misraïm ou Rite des Egyptiens, constitué en 1788 à Venise par Cagliostro au sein d'une société de protestants sociniens, utilisa d'abord ceux du Rite Egyptien de Cagliostro, puis ceux du Rite Ecossais Rectifié...

Mais si l'on songe que la première loge française de Misraïm (R.·. L.·. *L'Arc-en-ciel*, O.·. de Paris) alluma ses feux en 1815 sur le territoire national, et si l'on veut bien se rappeler que le Rite fut dénoncé aux autorités par le *Grand Orient de France* en 1822, alors légitimiste et catholique, juste après l'affaire des *Quatre Sergents de La Rochelle*, cela veut dire que Misraïm n'a maçonné dans ses loges bleues en Templier que quelques courtes années. Pourquoi donc l'auteur insiste-t-il donc sur cet héritage, si bref pourtant sur un plan historique ? A notre avis, c'est moins tant la durée historique qui prévaut ici que le contexte de *résistance* et de *clandestinité* qui était celui du rite à cette époque. L'historien de la maçonnerie Gaston-Martin le stipule explicitement dès 1934 :[67]

> Il semble que nous soyons cette fois en présence d'une Maçonnerie nouvelle, à fins secrètes et sans doute politiques, sous

---

66. Robert AMBELAIN, *Franc-Maçonnerie d'autrefois — cérémonies et rituels des rites de Misraïm et de Memphis*, R. Laffont, Coll. Les Portes de l'étrange, Paris, 1988, p. 203

67. Gaston-Martin, *Manuel d'histoire de la Franc-Maçonnerie française*, 1934, pp. 167-68, cit. *in* Gérard GALTIER, *Maçonnerie égyptienne, Rose-Croix et Néo-Chevalerie. Les fils de Cagliostro*, Ed. du Rocher, 1989, p. 98.

le voile fantaisiste de ses innombrables degrés. Le maréchal de Beurnonville l'insinuait déjà dès 1817 et le Grand Orateur Richard eut le tort de le dire publiquement en 1822.

Pendant ces sept années, on venait donc émarger aux loges de Misraïm et l'on y travaillait en Templier, mais surtout pour s'y retrouver et promouvoir la Charbonnerie, ainsi que le rappelle Ambelain dans ses *cérémonies et rituels de la maçonnerie symbolique.*[68] Ainsi, la pratique du Rite Templier au grade d'Apprenti était-elle doublement légitimée : elle offrait une couverture maçonnique empreinte de respectabilité aux *carbonari* qui voulaient se retrouver à l'abri dans ces loges maçonniques dont les rituels étaient au-dessus de tout soupçon, et leur permettait ainsi d'ourdir leurs éventuels complots. De surcroît, elle permettait de travailler à un Rite ouvertement chevaleresque, hanté par la réhabilitation d'un ordre militaire et religieux persécuté par le pouvoir politique de son temps. La projection était donc facile à tous ces carbonari pour se penser comme de modernes templiers, en lutte contre les idées conservatrices de la Sainte Alliance, comme les Compagnons d'Hugues de Payns étaient entrés en résistance à cause des persécutions de Philippe le Bel et de Clément V.

On a vu que dans la documentation fournie, le détail des rites n'est pas précisé. Il n'est fait qu'une succincte mention à un *rite templier.* Nous aurions pu alors nous contenter de le reprendre dans la formulation telle qu'adoptée au convent de Wilhemsbad en 1782. Là, les formes étaient pour ainsi dire achevées, les symboles fixés, et l'échelle des grades définitive. Cependant, l'auteur précise qu'il faut ici travailler au « *Rite Templier (devenu par la suite Rite Ecossais Rectifié au Convent de Lyon)* ». C'est donc qu'il veut se placer dans la « préhistoire » du rite templier, avant Wilhemsbad, mais aussi avant Lyon, pour éviter la « martinisation » et la légalisation willermoziennes du rite ainsi que nous le verrons un peu plus loin.

C'est pourquoi, lorsqu'il nous a fallu rédiger les rituels d'ouverture et de fermeture, nous avons donc suivi la volonté de l'auteur et som-

---

68. Paris, 1978, pp. 13 & 17 : « *Misraïm fut l'obédience maçonnique qui transmit leur nécessaire maîtrise aux carbonari* ».

mes d'abord retournés au *rite templier*, tel qu'adopté au Convent de Lyon, dit « des Gaules », en date de 1778, et compilé dans le *Code des Loges Réunies et rectifiées*[69]. De ce rite, nous disposons de la première mouture lyonnaise, provenant du fonds de la *Stricte Observance* de Lyon, en date de 1775, résultat d'une compilation croisée entre les textes avec lesquels on maçonnait en templier en langue de Goethe en Allemagne apportés par Weiler à Willermoz[70] (traduction allemande du rituel d'apprenti de Copenhague, en date de 1772) et les templiers maçons français de la R.·. L.·. *La Candeur*, O.·. de Strasbourg. Mais ainsi que nous le disions plus haut, les maçons lyonnais rassemblés par Willermoz dénaturent le rite originel et primitif, et opérèrent une refonte du rituel : ils le simplifièrent et le « détemplarisèrent », et l'emplissent de théosophie et bientôt de passes magiques. Car Willermoz, chouette effrayée par le moindre éclat de lumière, cumulait la double peine d'être à la fois un mystique à la tête farcie de bondieuseries martinistes et un pleutre effrayé à l'idée de déplaire aux autorités. Il s'était déjà inquiété au 1er août 1773 de contrevenir aux lois de son pays en adoptant une maçonnerie revendiquant un ordre dissous par le Roi. Le bon gros soyeux se vit faire une réponse cinglante par Weiler où il lui fut rappelé que, de toute

---

69. Nous sommes là-dessus tributaires de l'excellente somme produite par Pierre GIRARD-AUGRY, *La Franc-Maçonnerie templière et ses grades allégoriques (du 18ème siècle à nos jours), Préface de Piere Dubourd-Noves*, Paris, éd. Opéra, 1999. Qu'il trouve dans ces lignes l'hommage à ces travaux précieux sur le rite templier.

70. Willermoz ne s'en cache pas lui-même, dans une intervention au Convent de Wilhelmsbad le 29 juillet 1782 : « *... dès l'année 1752, c'est-à-dire il y a 30 ans, ayant été choisi pour présider la ! qui m'avait reçu, & n'ayant aucune connexion ni avec le défunt Rev. Fr. ab Ense [von Hund], ni avec aucun des partisans de son Système, j'apprenais mystérieusement à ceux auxquels je conférais ce 4e grade de la !, qu'ils devenaient successeurs des Chev. T. & de leurs connaissances ; je le répétais & je l'ai répété pendant 10 ans, comme je l'avais appris de mon précédecesseur, qui l'avait appris lui-même par une ancienne tradition, dont il ne connaissait pas l'origine* », cf. J.-F. Var, « Les Actes du Convent de Wilhelmsbad », *Les Cahiers* Verts, n° VII, pp. 50-1, cit. A. Bernheim in « Les Grades templiers de la Stricte Observance », *Alpina*, 6-7/ 1998, p. 169.

façon, en tant que maçon, il souffrait déjà de l'excommunication papale et qu'il fallait déjà qu'il se compte, *nolens tolens*, parmi les proscrits et les illégalistes. Il n'empêche que Willermoz s'essaya à certaines réécritures pour atténuer la place centrale de l'Ordre du Temple de Hugues de Payns, au risque parfois de l'incohérence.

C'est pourquoi lorsque ces corrections willermoziennes ont engendré des paradoxes ou des erreurs ou lorsqu'elles sont, selon la belle expression « *dé-virilisantes* »[71] pour le rite, nous les avons signalées et sommes retournés au manuscrit de 1772 pour rectifier... les rectifications.[72] Ce document, donné aux lyonnais par Weiler, paraît plus templier et moins martiniste, et c'est pourquoi, conforme en cela aux vœux de l'auteur, c'est vers lui que nous nous sommes tournés préférentiellement pour retrouver la vigueur et la discipline de la volonté qui sut séduire les maîtres-carbonari lorsqu'ils l'investirent et s'en servirent pour leurs intérêts.

Il nous a fallu aussi dépouiller le rite de « *toute allusion confessionnelle et de toute forme de Dieu exotérique, ce afin de ne choquer aucune conscience* ».[73] Or le problème vient du fait que le passage le plus long où il est fait mention des confessions est le moment où l'on demande par plusieurs fois au profane s'il persiste dans sa résolution de se faire recevoir franc-maçon. On lui assure que dans cette investiture « *il n'y a rien contre la religion en général, ni contre les dogmes en particulier de la communion à laquelle il appartient* ». On continue en égrenant les qualités de ce rite qui font du maçon un bon sujet soumis à l'autorité du roi, de la Providence, des lois, et des mœurs. Il se dégage de tout cela une désagréable impression de soumission bêlante, propre au templarisme chrétien et au théosophisme mystique de Willermoz, toutes qualités qui font de beaux troupeaux, parfois d'excellents bergers, mais guère de bons loups. La chose était gênante en 1772, — puisque la référence à la confession rend obligée l'appartenance à la religion chrétienne —, et elle l'est plus encore en 1972,

---

71 In *Documents originaux*, « Application », § 30.
72 C'est donc à produire un RE(R)2 que nous nous sommes attachés...
73 *Documents originaux*, « Règlement intérieur de la R.·. L.·. *Les Sergents de La Rochelle* », § 8.

deux cents ans après, quand l'auteur des *grades de vengeance* réveille l'esprit des moines-combattants cent ans après que Nietzsche eût annoncé que Dieu était mort. Nous avons donc renversé, plus exactement *transvalué* la mise en garde, pour la rendre plus conforme à la dimension de subversion politique et métaphysique qui est le cœur aveugle et le point central du rite de *maçonnerie noire*. Enfin, nous l'avons teinté d'une ironie en mémoire de ce que le Mat en Occident et le *Madjûb* en Orient, sont les gardiens de la *Gaya Scienzia — farce de mauvais goût* aux yeux du vulgaire parce que la sagesse des uns est la folie des autres. A ce titre, la capacité ironique est aussi une qualité déterminante dans l'accès à l'initiation — et peut-être même la seule.

L'autre mention de la confession du profane apparaît au moment de son entrée dans le Temple où, dans la version des frères lyonnais, le Vénérable s'enquiert auprès du 1ᵉʳ Surveillant de quelques éléments de l'état civil de l'impétrant parmi lesquels son origine et sa domiciliation, sa confession religieuse et son emploi. Il nous a paru qu'en vouloir savoir plus sur la Patrie, le Travail et le Dieu du récipiendaire était un peu désolant car très willermozien. Aussi l'avons-nous rectifié, et dans notre version le Vénérable s'assure de ce que le profane est *un bon mécréant, un bon brigand et un bon apatride*. L'effet de surprise, le sentiment de décalage, le *jeu* — dans la double acception du terme, comme distance et comme ruine de l'esprit de sérieux — qu'il induit dans la cérémonie, le renversement des valeurs auquel doit se préparer le futur initié, tout cela a d'autant plus de sens aujourd'hui que chacun sait que la morale maçonnique est facilement circonscrite : honnêteté, bienfaisance, républicanisme, tolérantisme, etc. En opérant une telle rupture mentale, la cérémonie d'initiation redevient ce qu'elle devrait toujours être et ce qu'elle n'a plus été depuis ses incessantes divulgations : une *révolution intérieure*, le renversement des schèmes classiques de l'efficacité et de l'intégration sociale, la désintégration des cadres de la socialisation qui est l'étape nécessaire pour l'individuation ultérieure et l'agrégation à la méta-société initiatique. Ici, que ces questions soient pensées comme des canulars grotesques ou comme de viles abjections, dans un cas comme dans un autre, elles atteignent leur cible qui est le basculement hors des référentiels ordinaires et l'accès, pour conduire, *via* cette *désintégration*, à une recomposition de soi par soi et par la socialité maçonnique.

Préparation de la loge

> Et le Temple de l'homme est son corps de gloire
> Depuis que le Dieu loge dans ses génitoires
> Et si l'officiant n'a pas de bel oratoire
> Au moins lui reste-t-il à manier l'encensoir
>
> Adage de NOBLE VOY.·.

Il faut préalablement rappeler cette évidence dérangeante aujourd'hui pour tous les Frères propriétaires des Sociétés Immobilières et qui s'engraissent de louer fraternellement des bâtiments avec cuisine, restaurant, bar, bureau et salle de conférence : la loge, en ses origines, a lieu dans l'arrière-salle d'une taverne. On s'y retrouve debout ; les rituels sont sobres, rapides ; la gestuelle n'est guère ampoulée ; le mobilier est inexistant. On se souviendra de tous ces points au fur et à mesure que l'on décrira les grades les uns après les autres : Premièrement : la totalité de la loge doit pouvoir être dessinée, *tracée* de mémoire à même le sol, sur un carton ou une *planche noire* dans un endroit quelconque. Deuxièmement : les acteurs principaux de la cérémonie viennent sans livrets ni documents qu'ils compulsent maladroitement, car ils *jouent librement* et *improvisent oralement* sur un canevas et une intrigue dont ils connaissent le fil grâce à l'*Art de mémoire*. Troisièmement, les signes, gestes et pas des cérémonies sont *dansés et rythmés* plus qu'ils ne sont répétés selon un plan préétabli. Ainsi, la première maçonnerie pouvait improviser n'importe où, avec n'importe quel Maçon qui connaissait bien l'Art, l'initiation de qui elle voulait à n'importe quel moment. On comprend que l'alourdissement des rituels n'a pas servi qu'aux ébénistes et aux marchands de tapis : un tel épaississement des cérémonies servait aussi le pouvoir obédientiel qui rendait ainsi impossible des initiations qu'elle ne pouvait superviser, anticiper et interdire. Il suffit pour se convaincre de cela de lire par exemple le rite du *Maître Anglais* dans la *divulgation* de PRICHARD (1730) : cinq questions, aucun voyage, aucun geste.[74] Comparer

---

74. Voici le rituel d'élévation au grade de Maître de PRICHARD, l'un des premiers, dans son intégralité :
« — *Comment avez-vous été fait Maître ? — De l'Equerre au Compas. — Comment Hiram fut-il relevé ? Comme le sont tous les autres Maçons lorsqu'ils reçoivent le mot de Maître. — Comment cela ? — Par les cinq points du compagnonnage. — D'où venez-vous ? — De l'Est. — Où allez-vous ? A l'Ouest.* »

ensuite avec le fatras des rituels contemporains qui, pour introniser un Maître-Maçon, sont plus pompeuses et ridicules que les consécrations épiscopales d'édifice religieux. Surenchère et mauvais goût sont les deux colonnes du temple élevé à l'honneur du génie petit-bourgeois... Et pourtant, à l'origine, entre le moment du rassemblement des frères et l'entrée en salle humide pour s'enivrer et courtiser les putains, un bon rituel devait procurer l'initiation adéquate en moins d'un quart d'heure... Que faisait-on donc en loge à part cela ? On surenchérissait d'interprétations toujours plus efflorescentes et contradictoires devant le plan tracé, on se levait, on discutait les uns les autres.[75] L'atmosphère n'était pas au recueillement, mais à la licence herméneutique et à la détente des corps et des conversations. La fonction essentielle de la cérémonie — les tableaux de Hogarth en font foi ! — est de mettre en appétit. On vient en loge pour y boire et y manger, et le *rituel apéritif* n'a d'autre fonction que de faciliter l'expérience partagée et jouissive de la liberté.[76]

---

75. Les premières lithographie des temples montrent les frères debout, parfois établissant des apartés les uns avec les autres, comme c'est le cas pour la célèbre peinture de la loge de Mozart.

76. « *La plus haute forme de la société humaine dans l'ordre social existant se trouve dans les salons. Dans les réunions élégantes et raffinées des classes aristocratiques il n'y a pas d'interférence impertinente de la législation. L'Individualité de chacun est pleinement admise. Les relations, alors, sont parfaitement libres. La conversation est continue, brillante et variée. Les groupes se forment par attraction. Ils se défont continuellement et se reforment par l'opération de la même influence subtile et omniprésente. La déférence commune s'insinue dans toutes les classes, et la plus parfaite harmonie, jamais atteinte dans les relations humaines complexes, se réalise précisément dans des circonstances que les Législateurs et les Politiciens redoutent comme les conditions d'une anarchie et confusion inévitables. S'il y a des lois d'étiquette, ce ne sont que des suggestions de principe, acceptées et appréciées par chaque individu selon son propre esprit. Dans tout progrès futur de l'humanité, avec tous les innombrables éléments de développement que l'on voit actuellement, est-il concevable que la société en général, dans toutes ses relations, ne puisse atteindre un niveau de perfection aussi élevé, déjà atteint par certaines parties de la société, dans certaines situations particulières ? Imaginons que les relations de salon soient régulées par des législations spécifiques. Fixons par décret le temps de parole entre chaque homme et chaque femme ; régulons précisément la position dans laquelle chacun devra s'asseoir ou se*

C'est pourquoi nous avons résolu la question de l'organisation de la loge de la manière suivante : il n'y a pas de loge au sens physique du terme, c'est-à-dire qu'il n'y a pas de local à organiser. Il n'est pas même besoin d'un tapis de loge qu'on déroulerait. Car dans les premiers temps de la maçonnerie, le tapis n'était guère d'usage. Mieux encore, il était proscrit[77] :

Ce qu'on appelle proprement la loge, c'est-à-dire les figure crayonnées sur le plancher les jours de réception, doit être crayonné à la lettre ; et non pas peint sur une toile, que l'on garde exprès pour ces jours-là, dans quelques loges : cela est contre la règle.

Et c'est pourquoi en 1759, la *Grande Loge d'Ecosse* rappelait à la loge *Saint Andrew's* l'interdiction formelle de tableaux peints. En ces temps glorieux, comme nous venons de le dire, les Frères s'assemblaient dans l'arrière salle d'une taverne, et faisaient aux Apprentis l'honneur de dresser le temple, c'est-à-dire de dessiner à la craie blanche ou au charbon le tableau de la loge entre les deux lignes de Frères plus âgés. Les décennies passant, on se mit à la broderie de lourds tapis damasquinés, puis les ébénistes et les fabricants de décors voulurent à leur tour profiter de la manne financière des loges et persuadèrent de l'intérêt de produire — dans leur fabrique avec leurs ouvriers — des loges grandeur nature. La porte était grande ouverte pour la surenchère immobilière et la spéculation sur des consortium immobiliers avec l'installation de temples grands comme des salles de cinéma et décorés comme des arrières-plans de Cecil B. De Mille Nous voulons ici promouvoir un retour à la pratique origi-

---

tenir debout ; les sujets autorisés, le ton de parole et les gestes d'accompagnement avec lesquels chaque sujet serait traité, seraient définis soigneusement, tout cela sous le prétexte d'empêcher le désordre et de protéger les droits et privilèges de chacun ; pourrait-on concevoir quelque chose de mieux calculé et de plus certain pour transformer les relations sociales en un esclavage intolérable et une confusion sans espoir ? » Ce pire qu'imagine S. Pearl Andrews (La Science de la Société), n'est-ce pas justement la pétrification de rituels maçonniques, passés d'étiquette tacites à règlements procéduraux ? (cit. in Hakim Bey, TAZ, *Zone autonome temporaire*)
77. *L'Ordre des francs-maçons trahi, et le secret des mopses révélés,* 1745.

nelle pour des raisons évidentes de pédagogie à l'égard des jeunes Apprentis.

D'autre part, en attendant que se lève un Luther franc-maçon qui mette le feu aux ors et aux propriétés foncières des papes en tablier, il nous a semblé préférable d'y préparer à l'avance les Frères, pour qu'ils sachent comment continuer à travailler en loge lorsqu'ils devront enfin convertir leur gigantesques complexes immobiliers avec cuisines, restaurants et bureaux informatisés en foyers sociaux pour tous les pauvres que compte ce pays. Enfin, il n'échappera à personne que d'inscrire le temple dans le flux et l'impermanence, le faire dessiner avec soin par les jeunes apprentis et le leur faire effacer à grande eau et à larges coups de serpillière au terme de la réception, cela est d'une assez belle portée métaphysique[78] : l'usage est d'une grande souplesse rend les traces du passage encore plus légères et facilite le « *sens du secret* »[79] qui n'est qu'un des nombreux visages de la clandestinité politique dont ce rite a la garde depuis deux cents ans. Il va sans dire que conformément à ce que nous savons de ce qui se faisait dans les loges de Misraïm du temps où elles maçonnaient en templier, le recours à la pointe de *charbon* fera plus *long feu* que l'usage de la craie blanche.

Quoi dessiner ? Le tableau de loge communément admis, celui du de De L'Aulnaye[80] par exemple, repris en fac-similé par Ambelain pour ses rituels de Memphis-Misraïm est unanimement reconnu. C'est cependant une forme tardive et arrêtée des nombreux tapis de loge qui se succédèrent les uns aux autres dans les premières décennies de la jeune maçonnerie spéculative, — et de plus c'en est une version « écossisée ». Conformément à notre volonté de retourner aux sources de la maçonnerie templière, nous avons donc repris le tableau de

---

78. Robert Ambelain, dont l'auteur paraît ici s'être inspiré, estimait même dans sa *Franc-Maçonnerie d'autrefois…*, *op cit.*, p. 60 que le tracé du carré long avait une fonction évocatoire de Tubalcaïn, comparable à l'usage du cercle dans la magie tardive.
79. *Documents originaux*, « Application », § 30.
80. De l'aulnaye, *Thuileur des trente-trois degrés de l'Ecossisme du Rit Ancien, dit Accepté*, Paris, 1813, dont la version fut reprise notamment par Vuillaume dans son propre tuileur.

Loge de la version dite de Dresde (Copenhague. Kholo, 1772). Nous l'avons modifié en prenant acte des remarques[81] du règlement intérieur : « *Le tableau de la Loge comporte un Bonnet phrygien rouge, coiffant un niveau d'or triangulaire, accompagnés de trois Cœurs flamboyants.* » Il nous a semblé nécessaire de l'amender en revenant aux premières représentations de tapis de loge, vers 1745.[82]

En annexe, le lecteur trouvera une figuration simplifiée du tableau de loge au degré d'apprenti que nous lui proposons. La porte d'orient est figurée, close. A l'orient, à la verticale de la porte d'orient, est figuré le bonnet phrygien, coiffant un niveau d'or triangulaire, accompagné de trois cœurs flamboyants disposés en triangle isocèle autour de ces derniers. La houppe dentelée orne l'orient, faite de deux lacs d'amour, et d'une boucle ; elle passe entre la porte d'orient et le bonnet, et ses deux passants s'arrêtent à mi-hauteur de la moitié orientale du tableau. Au septentrion, légèrement en dessous du bonnet, figure la lune, et au midi, le soleil. Entre eux deux, une nuée stellaire, composée de neuf étoiles, conformément au manuscrit de Dresde.[83] Bonnet, lune et soleil forment ainsi un autre triangle isocèle. Juste à la verticale du bonnet, équerre et compas se croisent, cœur d'équerre à l'orient chevauchant le cœur de compas à l'occident. De part et d'autre, on verra figurées les colonnes J∴ au septentrion et B∴ au midi, respectivement ornées de la perpendiculaire et du niveau. Ces

---

81. *Documents originaux*, « Règlement intérieur de la R∴ L∴ *Les Sergents de La Rochelle* », § 8.

82. Nous avons consulté pour ce faire, outre la version « templière » de Dresde de 1772, reproduite in GIRARD-AUGRY, *op. cit.* p. 28 ; la version anonyme, *Les coutumes des francs-maçons dans leurs assemblées…*, Paris, début 1745, composé de deux gravures ; de Pérau, *L'Ordre des Francs-Maçons trahi…*, Amsterdam, 1745, qui contient une représentation d'un tableau de loge *crayonné* — à notre connaissance l'un des seuls — où n'apparaissent hélas que la Lune et la Houppe, et deux gravures représentant deux tableaux de loge l'un considéré comme « *faux* », sans doute en raison de l'absence des deux Luminaires, l'autre comme « *vrai* » pour la raison inverse.

83. Renvoi aux neuf fondateurs de l'Ordre, mais aussi aux neuf Outils de l'instrumenta, et aux neufs maîtres endeuillés à la recherche d'Hiram, — manière d'établir une passerelle entre templarisme, maçonnisme et grade d'élus.

deux colonnes sont flanquées des deux portes septentrionale et méridionale, l'un et l'autre ouvertes. L'autre moitié du tableau de loge, la moitié inférieure ou occidentale est ainsi faite qu'elle est séparée de l'autre partie par la balustrade qui court sur toute la largeur du tableau à partir de la base des deux colonnes. La porte d'occident qui permet l'accès entre les deux colonnes sur la balustrade est close. Le pavé mosaïque occupe le devant de la porte d'occident en demi-cercle. Pour accéder à ce pavé, il convient de monter six degrés, le pavé en étant le septième. Cette volée d'escaliers en degrés est disposée en demi-cercle autour de la porte d'occident. A l'extrême occident du tableau, le septentrion est orné d'une pierre brute, le midi est orné d'une pierre cubique. Le cœur d'occident est orné d'une pierre cubique à pointe sur laquelle s'ensouche la hache à lame en demi-cercle dont la cognée est horizontale. Tout en bas sont figurés les deux empreintes des pieds à l'ordre.

L'autre question qui s'est posée à nous fut celle de savoir s'il fallait pour les grades d'apprenti ou de compagnon faire deux tracés différents. On sait qu'il n'en était rien dans le rituel du Baron de Hund qui ne fait aucun distinguo quant au tracé pour ces deux grades. Pourtant la pratique de deux tracés distincts était déjà répandue depuis au moins une génération de maçons en France, ainsi qu'en témoigne une gravure d'un *Nouveau catéchisme des Francs-Maçons*, en date de 1749. C'est à partir de lui que nous avons modifié le tracé d'apprenti pour lui faire les correctifs qu'on va détailler ici. Les marches qui mènent à la porte du temple sont au nombre de cinq. A la verticale du bonnet et du niveau d'or, à moitié de la partie orientale du tableau, flamboie le pentagramme[84] orné du G.[85] Si le compas n'apparaît pas dans la gravure en question (il n'y a que l'équerre de véné-

---

84. Dans la version dite de Dresde, l'Etoile Flamboyante est un hexagramme, que nous avons converti en pentagramme conformément à la tradition séculaire maçonnique, et aussi pour rappeler que le *pentagramme foudroyé* au degré d'Apprenti peut être *rétabli dans son bon droit* par un Bon Compagnon, avant que de *chevaucher la foudre* comme un Maître d'élection.

85. Inexistant dans la version templière et willermozienne, réintroduit ici conformément à l'usage maçonnique et pour rétablir la dimension Gnostique de la voie noire.

rable), nous avons jugé opportun de réintroduire l'entrelacement compagnonnique consacré par la tradition maçonnique depuis. Ainsi, juste en dessous du pentagramme, équerre et compas s'entrelacent.

A propos des décors, tous les maîtres de la loge portent le cordon bleu de maître, le tablier du *rite français*, les gants blancs.[86] Cependant, point notable, « *lors de la réception d'un Apprenti, on évitera de lui conférer un Tablier de trop petite taille, nuisible à la grandeur de cette première et essentielle initiation maçonnique.* ». Le symbole du grade est pendu derrière la chaire de Salomon au moment de la cérémonie d'initiation. Dans sa très intéressante étude, Pierre Girard-Augry[87] détaille les motifs retenus par chacun des symboles du grade. Le symbole des Apprentis est « *une colonne rompue par en haut mais ferme sur sa base* », symbole encore présent dans nos cimetières de vie fauchée prématurément qui renvoie à la ruine du premier temple de Jérusalem sur un plan maçonnique, et sur un troisième plan, plus spécifiquement templier, à la destruction de l'Ordre du Temple par Clément V et Philippe-le-Bel. La devise complète l'interprétation — « *adhuc stat* » signifiant « *elle se soutient encore* » —. Nous l'avons conservé en l'état dans ce rite.

Officiers de loge

Pour moi, la discipline n'est pas autre chose que le respect de la responsabilité personnelle et de celle d'autrui. Je suis pour cette discipline et jamais je ne serai pour celle de la caserne. La première fait des hommes libres et responsables. La seconde n'engendre que l'automatisme, c'est-à-dire l'abrutissement.

Buenaventura *Durruti*, « CNT », Madrid, 6 octobre 1936.

---

86. *Documents originaux*, « Règlement intérieur de la R∴ L∴ *Les Sergents de La Rochelle* », § 7.

87. Pierre GIRARD-AUGRY, *op. cit.*, pp. 83 *sq.*

Nous reprenons ici le schéma tel que donné par la version de Dresde,[88] en prenant acte des exigences de l'auteur des grades de Vengeance quant à la disposition de l'autel qui voit disparaître enfin la Bible :[90]

Sur l'Autel, devant l'Orient du Temple, et sur une nappe bleue, sont disposés, un Compas, une Equerre, un Glaive ou un Poignard flamboyant, reposant sur la " Déclaration des Droits de l'Homme & du Citoyen " tenue du 26 août 1789, seul Livre Sacré de l'Atelier.

La place des officiers et les fonctions qu'ils occupent mérite aussi qu'on s'y arrête. Dans sa forme originelle, le rite ne connaît pas de grand expert. Quant au maître de cérémonie, il est en place de l'actuel couvreur. C'est le 2nd surveillant qui exerce les fonctions de couvreur dès qu'il s'agit d'aller tuiler le temple. Ces deux officiers sont absents, mais deux assesseurs, l'un sur la colonne du septentrion, l'autre sur la colonne du midi permettent de maintenir le nombre d'officiers à dix. C'est pourquoi nous avons jugé bon de convertir ces deux intendants, l'un en couvreur, l'autre en grand expert, — appelé ici frère terrible —, conformément à l'usage aujourd'hui en vigueur, ce qui rééquilibre l'harmonie des plateaux dans la topographie du temple. De ce fait, le rite est à certains endroits aménagé pour correspondre à cette transformation.

Se pose alors la question du vénérable maître. Le vénérable maître oriente les travaux et dirige le *triumvirat* qui est à la tête de la loge, — nul ne reviendra sur ces deux dogmes imprescriptibles de la maçonnerie adogmatique et libérale. Les rituels prennent acte de cette double fonction du vénéralat, d'orientation et de direction. La question qu'il a fallu se poser au moment de la réécriture des rituels fut la suivante. Le vénéralat est-il compatible avec la maçonnerie noire ? Si le vénérable maître n'exerce aucun pouvoir, s'il se contente de distribuer la parole en refusant toute confiscation de celle-ci, s'il exerce une autorité qui n'est ni juridique ni morale sur ses frères, alors, il est

---

88. *In* Pierre GIRARD-AUGRY, *op. cit.*, pp. 58 sq.
89. *Documents originaux*, « Règlement intérieur de la R∴ L∴ *Les Sergents de La Rochelle* », §8.

compatible avec la maçonnerie noire. Et chacun, en loge, est fier de signaler qu'effectivement, le vénérable maître n'exerce pas un magistère sur ses frères. C'est ce qui le distingue du chef, du pape ou du gourou. Mais alors, si le vénérable maître n'exerce aucun pouvoir effectif, il n'a plus lieu d'être. Et c'est pourquoi nous avons jugé bon de supprimer son poste. On pourra rétorquer que si sa fonction politique ou morale est inutile — puisque la loge est un espace de démocratie réalisée entre des frères, qui n'a donc pas besoin de chef politique ou de guide spirituel — sa fonction symbolique est nécessaire. C'est à ce titre qu'il oriente sans conduire. C'est pourquoi nous avons conservé sa chaire, et loin de la laisser vacante, nous l'avons drapé d'un suaire couleur sable piqueté d'étoile, et que nous avons appelé le voile de Balkis, la reine de Saba. L'interprétation en est aisée, si l'on a compris que les temps du patriarcat et du monothéisme refluent, mais que l'absence de Dieu est aussi redoutable que Sa présence, puisqu'elle conduit au nihilisme et au relativisme sans limite. En revanche, le voile de la reine de Saba permet de dépasser la dialectique stérile entre absence et présence, et d'exhorter à explorer la piste de la *latence*.

Se pose enfin la question de la distribution de parole, qui était auparavant la tâche du vénérable, relayé en cela par ses deux surveillants. Il est utile ici de conserver alors le maillet de Salomon, et de faire en sorte qu'il circule de frères en frères, au fur et à mesure qu'ils en font la demande. Nul ne peut parler sans avoir en main le maillet de Salomon. Nul ne peut prendre sur un sujet donné le maillet de Salomon plus de trois fois. Nul ne peut prendre et conserver le maillet de Salomon plus longuement que ne l'a fait le premier orateur sur le sujet donné.

Quelques refontes rituéliques

L'homme libre n'est pas celui qui se préoccupe de savoir dans quelles limites légales il faut agir, mais celui qui se met hors des lois si libérales qu'elles puissent être, en attendant qu'il arrive à les détruire.

F. PELLOUTIER, *Intervention à la Bourse du Travail de Paris*,
9 mars 1900.

Nous avons dû choisir entre deux versions pour la formule d'ouverture. La version allemande ouvrait « *au nom des Supérieurs des Loges Réunies, par le nombre sacré, avec toutes les marques d'honneur de la Maçonnerie* », la version lyonnaise « *au nom du G∴A∴D∴L∴U∴, de nos légitimes supérieurs et par l'autorité qui m'en a été conférée* ». Nous avons ainsi produire une formule intermédiaire : « *Au nom du G∴A∴D∴L∴U∴, par le nombre sacré, avec toutes les marques d'honneur de la Maçonnerie* ». De même, la question de la prestation de serment a posé problème. Le serment templier fait appel à la morale des honnêtes gens, bons délateurs et croyants sincères. De cela, nous ne voulons guère, et c'est pourquoi nous nous sommes permis une fois encore, comme dans la formule inaugurale, d'escamoter tout ce qui confinait dans l'excès de ce que Nietzsche appelait la « *moraline* ». De plus l'auteur voulait aussi ajouter à la gravité de la prestation de serment :[90]

> Le texte de serment d'entrée et d'adhésion devra comporter des formules, suffisamment occultes pour que tout abandon ou toute trahison ultérieurs, de la part de l'affilié, soit sanctionné par avance de ce fait même. Les procédés d'action occultes permettent de composer un tel serment, dans lequel c'est l'affilié lui-même qui se condamne par avance, en cas de trahison. L'efficience de tels serments n'est pas niable, la formule usitée par les Esseniens en est la preuve absolue.

Sur ce point, plutôt que de nous laissera aller à une improvisation, nous avons préféré reprendre le passage de la prestation de serment du rite de Memphis, tel que divulgué par Ambelain lui-même en 1966, passage où l'impétrant s'engage à travers des formules occultes puissamment évocatrices à encourir un juste châtiment à la mesure de sa trahison éventuelle.[91]

---

90. In *Documents originaux*, « Application », § 27.
91. Robert Ambelain, *Franc-Maçonnerie d'autrefois — cérémonies et rituels des rites de Misraïm et de Memphis*, R. Laffont, Coll. Les Portes de l'étrange, Paris, 1988, p. 89 : « … *sous peine d'avoir la gorge tranchée, d'être déshonoré, et de voir mon nom inscrit à la Colonne d'Infamie, alors que mon corps serait enseveli dans le sable de la mer, afin que le flux et le reflux m'emportent dans un éternel oubli.* » Sans trop en dire, le rituel d'exclusion dont nous parlons requiert un flambeau noir marqué du sceau du traître et qui sera étouffé violemment par le maillet du vénérable maître.

Nous y avons adjoint des références implicites à un rituel maçonnique égyptien, pratiqué par l'auteur, que peu connaissent encore aujourd'hui, et qui accompagne l'exclusion d'un membre de la confrérie qui aurait rompu son serment — rituel peu usité mais qui fait en effet appel à ces « *procédés d'action occulte* » dont il est fait mention plus haut.

Enfin, dans les rituels templiers originaux, la prestation de serment était faite une unique fois, au grade d'apprenti, qui ramassait en une seule formule le triple châtiment du parjure (gorge tranchée, cœur arraché et ventre ouvert). Ensuite, les deux autres grades de Compagnon et de Maître étaient obtenus sans prestation de serment, même si la version de Dresde suggère au vénérable maître de rappeler au récipiendaire son ancien serment. Nous avons préféré remettre en scène le serment à chacun de ces trois initiations, en stipulant pour chacune d'entre elles le châtiment correspondant.

Sur la préparation du profane, le rituel d'origine se contente de déshabiller à l'ordinaire et de débarrasser des métaux. Nous avons joint ce que la tradition maçonnique a consacré ultérieurement : sein droit dénudé, et déchaussage d'un pied. Enfin, le rituel était d'un temps où les profanes qui frappaient à la porte du temps venaient armés d'une épée d'apparat. En marque de soumission, le vénérable maître exigeait donc que le profane lui présente son épée avant de se faire initier. Le passage d'une initiation réservée aux porteurs d'épée — les roturiers portaient aussi l'épée d'apparat — à une initiation dans un monde sans héros, ce monde de la bourgeoisie en costume noir et étriqué rendait caduque le symbole chevaleresque du don de l'épée du vassal à son suzerain. Or, attendu que les grades de Vengeance veulent, dans l'esprit de l'auteur restaurer le sens de l'héroïsme et celui de l'offensive il était nécessaire de repenser ce moment important de l'initiation. Nous avons donc procédé comme suit : juste avant l'initiation, le frère terrible confie au futur initié une épée à lui livrée par le vénérable maître. Il ceint les hanches du profane de cette lame juste avant son entrée dans le temple, afin de lui montrer qu'il entre ainsi dans une confrérie d'armes. Mais sitôt qu'il est entré, l'arme lui est retirée du fourreau et tout au long de la cérémonie initiatique, c'est avec la pointe de cette arme piquée sur son cœur qu'il sera guidé par le frère terrible — en cela nous respectons à la lettre l'initiation templière de 1775 —. Le renversement — ou transvaluation, comme nous l'avons déjà employé — respecte alors à la fois l'obligation d'une initiation sans métaux, et cependant elle sauve la dimension combattante et héroïque requise pour cette initiation à la Vengeance et à la justice.

A propos des circumambulations, le retour aux sources du rite templier pose un problème majeur à propos de la cérémonie d'initiation. Le rite d'origine, dans sa version de Dresde décrit une certaine circambulation tandis que sur le schéma de loge qui lui est adjoint, le tracé des pérégrinations de l'initié est en contradiction avec les informations du rite. De surcroît, la réécriture willermozienne propose de plus nombreux pas et plus de circumambulations, voulant ainsi sans doute satisfaire au besoin de symbole et de merveilleux plus important dans les rangs lyonnais férus de martinisme. Dans le doute, nous avons préféré revenir à la formulation allemande, c'est-à-dire dresdienne, que certains verront plus austère là où nous la voyons surtout plus *d'action plus directe*. Quant aux apparentes contradictions entre la description scripturale et la description graphique, nous supposons qu'ainsi toute latitude était laissée aux provinces pour recomposer le rite, à partir de ces éléments divergents, selon les nuances et les habitudes locales. Il n'empêche, pour ce qui nous concerne, nous sommes revenus à la version graphique, une fois encore la plus *directe*, qui est pour nous comme *l'ossature mise à nue* ou le nerf à vif du rite templier.

Aussi, au niveau d'apprenti, le profane fait-il trois fois deux tours de loge dextrogyres, puis un tour sénestrogyre. Le compagnon, quant à lui, fait cinq circambulations, quatre tours de loge dextrogyres, puis un tour sénestrogyre.

Toujours à propos du degré d'apprenti, le lecteur attentif verra que nous avons réintroduit la présence du maître châtié. Nous nous sommes donc ici permis cependant un aménagement, pour lequel le lecteur sera seul juge. Nous avons inséré un élément de rite qui n'existait pas dans sa forme originelle. Il s'agit du moment où l'on retire au nouvel initié son bandeau pour la première fois. Dans la version originale, l'initié découvre à la lumière d'une torchère d'esprit de vin ses frères qui l'entourent, la pointe de leur épée dirigée sur son cœur. Le châtiment menace tous les traîtres. On sait néanmoins que cette partie du rituel s'est parfois enrichie de la contemplation du cadavre du maître châtié, au milieu de ce demi-cercle, éclairé de *trois* torchères d'*esprit de vin*, la *chemise ensanglantée barrée d'un poignard*, dans une position par rapport à l'orient qui en fait un très exact *pentagramme inversé*. En cet état, l'additif est une marque spécifique du rite égyptien, qui a fait beaucoup couler d'encre, à défaut d'avoir fait couler beaucoup de sang. En raison de l'orientation générale de la maçonnerie noire et de ses grades de Vengeance, il nous a paru opportun de maintenir cette tradition, qui n'est pas qu'une mise en scène mélodramatique mais qui renvoie, dès qu'il s'agit d'en faire une herméneutique à caractère plus gnostique, au processus de la chute et du moyen d'assurer son salut.[92] Mais c'est déjà sans doute trop en dire.

De surcroît, il est fait mention explicitement à ce passage de l'initiation d'apprenti dans l'instruction du grade de *Maître Elu des Neuf* tel qu'il était pratiqué au rite de Memphis-Misraïm du temps du vivant de l'auteur.[93] La présence du maître châtié était donc impérative pour que le grade immédiatement suivant, le *Maître Elu des Neuf*, soit cohérent.

Après que le bandeau soit définitivement tombé, en quelques mots, le vénérable exhorte le nouveau maçon à la vertu et à la pratique des bonnes actions. Nous avons aussi éprouvé le besoin de dépoussiérer le concept de *vertu*, qui sent trop aujourd'hui sa chaisière d'Eglise à la peau des cuisses rêche comme une vieille hostie, et avons souhaité retourner à son étymologie qui a à voir avec la *vir*, cette force d'âme, cette puissance de caractère que les romains honoraient, dont Machiavel fit *virtù*, et qui reste un peu chez nous dans la virtuosité ou dans la virilité. Nous retrouvons ainsi la volonté de l'auteur des grades de Vengeance.[94] Mais virtuosité dans l'esprit de nos contemporains

---

92. Ambelain, dans son rituel parle de la figuration de l'*Adam Kadmon*.

93. Ordre Maç.·. Anc.·. et Prim.·. de Memphis-Misraïm, *Maître Elu des Neuf*, p. 36 : « D. — *Que signifie la disposition particulière des neufs rosettes rouges* ? R. — *La Foudre frappant l'Etoile flamboyante.* D — *Que voulez-vous dire par là* ? R. — *Ce que je vis lors de ma réception d'Apprenti dans le temple assombri, le mauvais Frère renversé bras en croix, jambes écartées, tête en arrière, sur les degrés de l'Orient, et les épées des membres de la loge pointées sur lui* ». A notre connaissance, depuis quelques années ce degré a été transmis à l'Obédience Mixte du Droit Humain par un Noble Voyageur l'ayant reçu par filiation directe d'un des Fils de *Lizard King*. Mais sans doute à la publication de cette note le Droit Humain le niera-t-il. C'est tant mieux pour tous ceux qui continueront de le recevoir clandestinement dans cette Obédience et pourront en toute quiétude remonter à l'Echelle de Jacob...

94. Cf. n. 5 *supra*, et « Applications », § 17.

rappelle la préciosité, et la virilité renvoie trop au machisme. Ainsi, il fallait autre chose encore. Nous avons eu recours au concept d'*audace*, lui aussi romain (*audax*), qui a conservé la fougue contenu dans le *vir*, mais qui n'est pas pour autant la témérité, car l'audace attend son heure. Elle est énergie contenue dont l'usage reste toujours opportun. Ce faisant, il nous a semblé que nous restions dans les limites de la volonté de l'auteur des grades de Vengeance, à plus forte raison lorsque ce dernier invoque le tantrisme pour éclairer sa prose.[95] La « magie tantrique » enseigne toute une gestuelle, comparable sans doute selon l'auteur au signe d'ordre de chacun des degrés dont la fonction est d'éveiller la puissance de la *kundalini*, ce serpent noir lové à la base sacrée de la colonne vertébrale. Sans doute alors l'insistance avec laquelle l'auteur renvoie à son concept de virilité dévoile-t-elle l'attention qu'il porte à cette « virilité » d'un genre nouveau que les *mudras* tantriques cherchent à éveiller. En ce cas, il ne s'agit pas tant de pratiquer de « bonnes actions » que de provoquer par des actions audacieuses, l'éveil du Serpent, dont il faut maîtriser le venin pour en faire la panacée. Au demeurant, si nous avons fait référence à la Foudre dans ce premier discours du vénérable, c'est autant en référence à la « *Foudre frappant l'Etoile Flamboyante* » dont il est fait mention à la note *supra* qu'aux relations analogiques entre *l'eau de Foudre* et le *Vir* dans l'hermétisme traditionnel.[96]

De même, il convient de faire quelques aménagements à propos du don de l'épée et des gants de femme. Initialement le vénérable en souhaite l'usage au nouvel initié pour défendre ses frères, son honneur, et sa patrie. Si le passage du particulier à l'universel est respecté, on doit aller au-delà du patriotisme, et engager logiquement et conformément à la maçonnerie du XVIIIe siècle, (en cela héritière du cynisme et du stoïcisme) vers le cosmopolitisme. Pour ce qui concerne les gants, il nous a semblé que la part devait être faite à l'homosexualité, non pour satisfaire à un opportunisme ou à une mode, mais parce que celle-ci doit aussi être réhabilitée à la fois socialement,

---

95. *Documents originaux*, « Applications », § 18, 19, 25.
96. J. Evola, *La tradition hermétique*, I, 7, pp. 42 et *sq.*, éd. traditionnelles, Paris, 1988.

mais aussi spirituellement, comme voie d'Eveil. Chacun se souviendra des accusations de sodomie dont furent honorés les Templiers, et de la preuve qu'on voulut voir dans la représentation commune qui en était faite : deux hommes blancs et noirs montés sur le même cheval, dans une promiscuité guère équivoque. On aura beau sur ce sujet, gloser à l'infini sur le vœu de pauvreté qui les aurait fait n'avoir qu'une monture pour deux, il faut se souvenir d'une part que les *Männerbunde* initiatique sont toutes homosexuées[97], et d'autre part — sans trop s'étendre — que la chevalerie requiert qu'un *Ange* accompagne le combattant et *guide ses traits* dans la bataille.

---

97. Distinction devra être faite pour ceux qui veulent pénétrer plus avant la matière, entre sexualité et copulation. Qu'on se souvienne, avec Foucault que, du temps où naît la franc-maçonnerie spéculative la société est extrêmement homosexuée, c'est-à-dire que les phratries, les compèrages, les confréries, les systèmes de clientèles et les corporations de toutes sortes laissent les hommes entre eux, et les obligent à une promiscuité physique, affective et sensuelle dont nous n'avons pas idée aujourd'hui. C'est pourquoi la première franc-maçonnerie refuse les femmes, parce que « *les hommes* », pour reprendre l'expression de Foucault à propos de cette époque « *font l'amour sans le savoir* ». Pour envisager ce que signifiaient la « *fraternité* » et les serments solennels sur les promesses d'amour entre hommes en 1717, il faut comprendre, nous qui avons perdu le sens *érotique* de l'amitié entre garçons, que la *salle humide* était le lieu où l'on venait se peloter, se caresser, s'embrasser, rire, s'enivrer et pleurer ensemble, sans le regard des femmes, comme on le fait encore un peu aujourd'hui dans les vestiaires en fin de match de rugby ou lors de la troisième mi-temps.

Mot de Maître

Je suis à nouveau tombé sur le passage décrivant le début de l'agitation à Jérusalem sous Cumanus. Tandis que les Juifs se rassemblaient pour la fête des pains sans levain, les Romains placèrent au-dessus du portique du Temple une cohorte pour observer la foule. L'un des soldats souleva son manteau et, tournant avec une révérence ironique son postérieur vers les Juifs, « émit un son indécent correspondant à sa position ». Ce fut l'occasion d'un conflit qui coûta la vie à dix mille hommes, si bien qu'on peut parler du pet le plus funeste de l'histoire universelle.

Ernst JÜNGER, *Second journal parisien*
cit. in FLAVIUS JOSÈPHE, *La Guerre des Juifs.*

Un point a mérité débat. Le mot de maître devait-il être le premier mot prononcé par le premier découvreur du cadavre de maître Hiram ? C'est ce qui a été jusqu'à ce jour consacré par la pratique maçonnique. Et cependant, il est remarquable de revenir un peu aux sources, pour découvrir avec stupeur que le *mot de maître n'est pas le cri d'un vivant, mais la flatulence d'une charogne.* Qu'on lise ces premiers rituels français, peu connu, — et pour cause...

Sur le relèvement du cadavre d'Hiram, la version manuscrite du rituel *Ecossais Anglois*[98], — probablement rédigée entre 1745 et 1750 — précise que le mot de Maître n'est pas prononcé dans l'effroi par Stolkin à la découverte de la chair qui quitte les os :

L'Effort qu'il fit luy enforca le doigt du milieu entre les côtes, aussitost l'air qui êtoit renfermé dans ce cadavre en sortit avec un tel bruit que celuy qui le tenoit s'ecria que si le respectable eut êté vivant on eut crû qu'il avoit proferé <u>Mobaon</u>.

A comparer avec la version du manuscrit *Passus Tertius* de 1766[99] :

---

98. *Ecossais Anglois ou le parfait Maître Anglois* (Kloss Ms. 25.25, Groot Oosten der Nederlanden, La Hague 192.A. 88 pp. 11-24, publié in J.A.M. Snoek, « retracing the lost secret of a Master Mason », *Acte Macionica* 4 (1994), pp. 42-7.
99. Th. G. de la G. [vraisemblablement GARDET DE LA GARDE], *Passus tertius vel Magister perfectus secundum ritus observantiae legalis* [etc.], Ms. De 1798, Groot Oosten der Nederlanden, La Hague 122.E. 76, pp. 5-11.

...l'effort, que le M^e fit, en relevant le corps de notre vénérable chef, occasionna qu'il lui en fonça le doigt du milieu entre les côtes, et aussitôt l'air renfermé dans cette partie du cadavre sortit par le haut du corps, mais avec un tel bruit, que celui qui le tenoit s'ecria : Ah ! Si le V^ble Me Hyram eût été encore en vie je croirois et affirmerois qu'il eut proféré Moabon.

Ce détail peut bien sûr être interprété à la lumière de ce que la psychanalyse pourrait dire de la pénétration du « *doigt du milieu entre les côtes* ». Une lecture superficielle pourrait faire songer à la plaie du Christ et à l'incrédulité de Thomas, mais, ici le maître Hiram qui s'adresse aux hommes n'est pas un vivant passé par la résurrection, mais un *cadavre pourri qui fait du bruit*. C'est donc moins le maître qui triomphe de la mort et s'adresse à ceux qui la redoutent, que le mort qui « parle » aux vivants la langue des morts, une langue « morte », un bruit, une flaccidité sans sens ni secret. Et si le secret de cet Hiram originel était justement celui-là : que le message transmis par les morts est que la mort est le grotesque, l'incohérence, l'inintelligence et l'absurde ? De ce fait, défait de son vernis christique, le premier Hiram reviendra à nous comme viande putréfiée, cause de notre horreur, parce qu'*il n'y a rien au-delà, parce que c'est ici et maintenant que tout doit se jouer, ou jamais*.

Nous sommes restés cependant fidèles aux versions primo-templières, même si nous souhaitions porter à la connaissance de nos lecteurs le véritable secret du *mot de maître*, et son enseignement occulte sur les flatulences cadavériques, afin que chaque loge puisse éventuellement amender les rituels auxquels elle va jouer en les rendant plus conforme à ce qu'ils étaient initialement : une farce macabre et un happening d'humour noir. Et le vrai visage de la sagesse.

Instructions

La doctrine tue la vie.

> M. Bakounine, *L'Empire knouto-germanique*, 1871.

L'usage a voulu qu'en maçonnerie on donnât au jeune initié un enseignement qui paraisse comme un monologue, une grande leçon de choses lors de laquelle le vénérable maître ânonnait et récitait un véritable catéchisme, que devait ensuite réciter les nouveaux frères. La méthode, plagiat servile du catéchisme de nos campagnes arriérées, a peu d'intérêt, sinon celui de fermer les symboles au libre jeu interprétatif. Pour autant, vouloir les laisser à la libre appréciation du nouvel initié, c'est ne pas lui donner les clefs d'une herméneutique dont il ne peut à lui seul retrouver toute la profondeur. Les anciens rituels donnent les instructions à l'apprenti sont la forme d'un jeu de questions-réponses hérité sans doute des jeux dialogués d'inspiration nettement socratiques tels qu'ils se pratiquaient dans les confréries néo-platoniciennes dont la maçonnerie est l'héritière. Cependant, au cœur même du jeu, la place est libre pour l'improvisation, et ce qui pourrait n'être qu'une récitation routinière peut devenir une surenchère interprétative. Ainsi, dans *The three distinct knocks ; or the door of the most ancient Free-Masonry* trouve-t-on une grande liberté dans l'usage du « catéchisme » d'apprenti :

Certains Maîtres de loge pourront raisonner sur les vases sacrés du temple, sur les fenêtres et sur les portes, la longueur, la largeur et la hauteur de chaque ornement du Temple. Il diront : Pourquoi ceci fut-il ainsi ? Les uns donnent une raison, les autres une autre, et ainsi, ils continueront pendant deux ou trois heures sur ce Degré, ou sur celui de Maître. Mais cela ne se produit que rarement, sauf lorsqu'un Irlandais, qui aime s'entendre parler, demande : Pourquoi étaient-ils ronds ? Pourquoi étaient-ils carrés ? Pourquoi étaient-ils creux ? Pourquoi étaient-ils coûteux ? Pourquoi étaient-ils de pierres taillées et de pierres sciées, etc. ? Les uns donnent une raison, les autres une autre et ainsi l'on verra que les avis des hommes diffèrent. Donc si je vous livre mes raisons, elles pourront ne pas être celles d'un autre...

Ainsi, à ses origines, le catéchisme est exactement le contraire de l'usage qu'on lui réserve aujourd'hui. S'il permet maintenant d'apprendre par cœur une interprétation sur laquelle chacun *doit* s'accorder, dans les premiers temps de la maçonnerie, il servait à faire prendre conscience à chacun de la multiplicité des avis et des divergences sur l'herméneutique. « *Les uns donnent une raison, les autres une autre et ainsi l'on verra que les avis des hommes diffèrent. Donc si je vous livre mes raisons, elles pourront ne pas être celles d'un autre...* » Grande et belle école de la liberté, culture du *dissensus*, la maçonnerie originelle pratiquait le catéchisme comme un désaccord savant et un apprentissage de la différence. Où en sommes- nous aujourd'hui ?... Le catéchisme s'emploie en loge au moment où le frère terrible est sur les parvis à préparer le profane. De nos jours, la lourdeur du mobilier, et l'excès de décor — lequel appelle sa Réforme — font que le temple est mis en récréation. Mais, attendu que nous sommes revenus au tracé de loge, et qu'il n'y a rien d'autre que quelques bancs, chaises et autres tabourets coiffés de quelques flambeaux, l'usage du catéchisme dans ces moments d'attente peut revenir.

Dans cette perspective, Dresde donne des instructions au premier degré détaillées qu'expurge Willermoz. Mais le manuscrit de Dresde est assez tardif, si l'on veut bien le comparer à ceux parfois antérieurs de plus d'une génération, comme celui de la *Massonry Dissected* (1730) ou *L'Ordre des Francs-Maçons Trahis* (1745) ou le *Manuscrit de Mons* (1758). Aussi, dans la formule que nous avons retenu, nous nous sommes servis de ces trois « catéchismes » ou manuels d'instruction antérieurs pour rendre au texte de Dresde un peu plus de rigueur.

Il va sans dire que les instructions que nous donnons ne sont donc pas à apprendre par coeur, mais qu'elles donnent une coloration et une tonalité interprétative qui est celle de la *maçonnerie noire*. Libre à chacun de les lire, de les méditer, et de se faire sa propre exégèse de la cérémonie, à partir de ces instructions, et contre elles, s'il le souhaite. L'intérêt de l'instruction est de fournir une matière première qui doit permettre un débat vif, rapide, un jeu de questions et réponses qui doivent être jouées comme un défi et une glose entre l'improvisation et l'inspiration telle que seules les écoles rabbiniques, les cours de philosophie et les défis de rappeurs parviennent à le perpétuer.

Concernant les instructions au deuxième degré, Dresde parle ouvertement de la rénovation de l'ordre et de ses tribulations par voie maritime lorsqu'il fuyait. Il s'agit à l'évidence de l'itinéraire méditerranéen des croisés. Willermoz escamote un peu cette dimension. Conformément à la méthode que nous nous sommes prescrits, nous avons bu à la source des instructions antérieures pour donner plus de sens au texte de Dresde tout en lui conservant le passage étonnant où les voyages du compagnon sont en fait les voyages des frères du temple embarqués en pleine mer démontée.

MAÎTRE ÉLU DES NEUF, ILLUSTRE ÉLU DES QUINZE, SUBLIME CHEVALIER ÉLU

Maître Élu des Neuf

Il était prêt à suivre toute chose, il était prêt à recevoir toute chose. Pour lui, toute chose était en destruction, toute chose était en construction. C'est là ce qu'on appelle la tranquillité dans le désordre. La tranquillité dans le désordre signifie la perfection.

TCHOUANG-TSEU

Dans sa version primitive, sans doute vers 1740, le cycle de vengeance donne charge à l'impétrant d'assassiner Abiram d'un coup de poignard en plein cœur et d'apporter sa tête à Salomon, laquelle sera ensuite placée à l'Orient sur un pieu. Un tel traitement est réservé à Abiram parce qu'il a porté le coup mortel, en plein front du maître Hiram. L'exécution du meurtrier a lieu de nuit, dans une caverne, en pleine pénombre, et au couteau de chasse. C'est la version qui sera ensuite retenue par l'*Ancienne Maîtrise bordelaise* sous l'appellation de *Maître Elu*.

Irène Manguy[100] maintient qu'il apparaît pour la première fois à Lyon en 1743, alors que la maçonnerie lyonnaise s'est développée à partir de 1744 avec les créations de *L'Amitié* de Jacques-Irénée Grandon et de *Saint-Jean des Amis choisis*, de Jean Paganucci. La légende a couru que ce fut Willermoz qui fut inspirateur de ce degré.

Brisons les reins tout net à cette fâcheuse rumeur qui fait autant de mal à la mémoire du pauvre bougre qu'à l'honneur de la maçonnerie noire. Outre qu'il fut initié dix ans plus tard, sa terreur naturelle devant tout ce qui sortait hors des registres et des jupons des jésuites le rendait tout bonnement incapable de forger une telle maçonnerie de combat. Il n'est guère convenable de mélanger les torchons avec les lopettes. En fait, le *Maître Elu* n'a pu essaimer sur le territoire national qu'après 1745, date vraisemblable du premier manuscrit de rituel anglais consacré à la légende.

Dans ces premières versions, on ne s'embarrasse pas de subtilités, et la compagnie de vengeurs les massacre tous trois en un seul rituel et en trois paragraphes, comme c'est le cas dans *l'Ecossais Anglois* vers 1745,[101] qui est selon toute vraisemblance le rite originel anglais à partir duquel va se décliner sur le territoire français toute la geste de vengeance,[102] même si sa première publication française devra attendre 1766.[103] En tout cas, les tortures infligées aux traîtres ne sont pas des fantaisies de pur sadisme. Elles semblent obéir à une tradition sérieuse, puisque, si l'*Ecossais Anglois* est le premier à les détailler

---

100. Contre l'intuition de P. Naudon, pourtant valable, selon lequel « Il nous paraît quelque peu prématuré de fixer dès 1743 la création du grade d'Elu, même dans sa forme primitive d'E*lu Ecossais, incluse dans l'Ordre des Ecossais* » (in *Histoire, rituels et tuileur des hauts grades maçonniques*).

101. « *Ceux qui marcherent du côté de l'Or∴ rencontrerent G. Il avoüa son crime. Ils luy firent subir la mesme peine ; ils brulerent son corps et jettrent ses cendres au vent... G fut rencontré au Midy, après lavoeu de son crime, il eut le ventre ouvert, ses entrailels arachées et le tout fut brûlé avec son corps, les centre jettées au vent... G. fut rencontré à l'Orient et après estre convenu que la force des tourments n'avoit pu arracher d'Hiram la parole de Maitre, on luy arracha le cœur, les entrailles & la langue, les 4 membres furent coupé et exposés aux 4 parties du monde sur des figuiers, les restes furent brulés et jettés au vent...* »

102. Nous rejoignons ici l'analyse de J. Snoek, « The evolution of the Hiramic Legend from Pritchard's *Masonry Dissected* to the *Emulation Ritual*, in England and France » in *Symbole et mythes dans les mouvements initiatiques et ésotériques (XVIIe-XXe siècles) : filiations et emprunts Aries*, Archè∴. La Table d'émeraude, 1999, pp. 59-93. Quant à la date de réintroduction — 1740 ou 1760 —, nous conservons celle de 1745.

103. *Les Plus Secrets Mystères des Hauts Grades de la Maçonnerie Dévoilés* (1766)

vers 1745, une génération avant, — 1727 —, alors même que le grade de Maître n'est sans doute pas encore constitué, ce qu'il faut bien appeler des tortures et des châtiments rituels sont déjà précisés, qui resteront toujours les mêmes jusqu'aux versions les plus récentes : arrachage de la langue, extirpation du cœur par la paroi gauche de la cage thoracique, engloutissement du cadavre sous la mer.[104] Il y a là quelque chose qui ne peut pas être effacé d'un revers dédaigneux de la main par les maçons civilisés bouffis de la certitude d'être réguliers.

Quatre ans après que ses constitutions soient rédigées, en même temps qu'elle s'essaie à élaborer un grade de maître-maçon, elle travaille simultanément à détailler les tortures et les massacres infligés à l'Ancêtre tutélaire de l'honorable fraternité. Il y a donc là un archétype très puissant, qu'il n'est plus possible aujourd'hui de refouler comme la maladie infantile de la maçonnerie — car alors, on pourrait en faire de même avec le grade de maître. Plus remarquable encore : les violences que l'on inflige aux criminels sont des châtiments qu'ils souhaitent pour eux-mêmes, et ces châtiments recouvrent très exactement les condamnations que l'initié est prêt à recevoir s'il trahit ses serments d'apprenti, de compagnon, de maître. On est donc en mesure de dire que non seulement ces degrés de Vengeance qui mettent en scène des tortures ne sont pas qu'une fantaisie sadique d'esprits portés vers l'humour noir, mais qu'ils contiennent en eux-mêmes les signes et les serments qui scanderont ensuite les trois grades consacrés par la tradition régulière maçonnique. Qu'est-ce que cela signifie ? Que la geste de Vengeance, contemporaine à la création de la franc-maçonnerie spéculative lui est consubstantielle et qu'elle devrait en être inséparable. Mais pourquoi, chez nos maîtres passés une telle insistance sur crimes, tortures et châtiments, pourquoi une telle introspection dans les boues et les vases de l'âme humaine ? Parce que, avant de devenir ce théâtre d'intérieur sur la scène duquel allaient se pavaner aristocrates puis bourgeois, la loge naissante

---

104. *A Mason's Confession* (1727) cit. in. Snoek, *op. cit.* : « *under the pain of having my tongue taken out from beneath my chowks, and my heart out from beneath my left oxer and my body buried within the sea-mark, where it ebs and flows twice in the twenty-four hours.* »

devint cet espace secret pour la catharsis de la modernité ; *les pre-mières loges de franc-maçonnerie modernes qui étaient fascinées par les gestes de Vengeance furent l'occasion donnée aux Lumières de contempler leur face d'Ombre. Maintenant que le règne du soupçon s'est étendu jusqu'au soupçon même, maintenant que l'on a compris que le prométhéisme scientiste et positiviste a ouvert camps de la mort et goulags, il est temps de retourner aux plus sages méditations de nos maîtres passés, lorsque ceux-ci dans l'alcôve secrète de leur temple, contemplaient avec effroi l'Ombre portée de la Lumière. Moins avan-cés et plus jeunes que nous dans leurs Lumières, ils en savaient cepen-dant déjà plus que nous sur nos Ténèbres.*

Nous ne sommes qu'en 1727, et le bouillonnement des grades ven-geurs se maintient jusqu'en 1740. Ils sont transmis à cette époque au sein de *Chapitres de l'Ordre Sublime des Chevaliers Elus* à travers tou-tes les provinces françaises, on les trouve à Vienne, en Bretagne, mais pas à Paris, sans doute parce qu'à Paris, suivant fidèlement en cela Ramsay, on se veut fidèles aux chevaliers de Saint-Jean de Jérusalem, et non pas à l'Ordre des Templiers qui plaît tant dans ces grades d'*Elus*.

En 1745, c'est le *Maître Elu* qui paraît, vraisemblablement à Bordeaux, comme avant dernier grade d'une nomenclature nou-velle.[105] Ce grade voit le jour dans la Loge des *Elus Parfaits*,[106] qui se fabrique un système de hauts grades original dont elle a le monopole en se nourrissant de divers cahiers de rituels que ses frères récoltent ici et là. En l'espace de quatre ans, la *création collective* de ce rite fait florès. L'échelle ainsi inventée par ces frères audacieux est composée de dix degrés — c'est *l'Ancienne Maîtrise* bordelaise — et ses deux derniers grades, qui couronnent l'édifice s'intitulent *Maître Elu* et *Maître Elu Parfait*, sans doute après avoir été quérir l'inspiration du côté des *Chapitres de l'Ordre Sublime des Chevaliers Elus* que Morin avait dû fréquenter par ses incessants voyages.

---

105. Une note du Frère de Rampont se réfère à une circulaire du 11 novembre 1749 et fait état du Grand Maître du Chapitre de Bordeaux comme « *chef général de l'Ordre* Sublime des Chevaliers ».

106. Fondation par un certain Morin, ne recrutant que des Maîtres de sept ans d'ancienneté, dont on ignore la régularité. Le Frère Morin se déplace régulièrement entre Paris, Bordeaux et Londres à cette époque.

Par la suite, comme c'est souvent le cas dans les affaires maçonniques, un schisme survient vers 1750, qui produit un grade différent, qui portera le titre de *Petit Elu*, par opposition et différence d'avec le *Maître Elu* bordelais. Piqué par la concurrence, le *Maître Elu* gagne alors en précision, et portera désormais le nom de *Maître Elu des Neuf*. Quant à l'*Ordre Sublime des Chevaliers Elus*, il ne survit pas à la scission,[107] et paraît s'éteindre à la date où il laisse la place au *Maître Elu des Neuf* à cette date. Dix ans plus tard, c'est aux *Elus Parfaits* de la nomenclature de Bordeaux de disparaître. Ne survivra que le *Maître Elu des neuf*, ayant déjà sa vie propre, séparé de ses pairs, et ayant son style dorénavant personnel.

Mais le grade en l'état ne suffit pas. Chacun ajoute à la légende quelques éléments nouveaux : on rapporte l'existence de l'*Inconnu au chien* qui témoigne à Salomon de l'existence de la cachette d'Abiram. On éprouve le besoin de scinder en deux l'histoire à son tour pour ne pas alourdir et rallonger inutilement un unique rituel. On s'appesantit alors sur cet inconnu, le fameux Pérignan qui piste l'assassin grâce à son chien — sans doute faut-il voir derrière Pérignan, le *peregrinus* latin, c'est-à-dire l'étranger —. On donne aussi le nom des deux autres meurtriers. Cette digression prend tellement d'ampleur qu'il convient de lui consacrer un nouveau grade. Ce sera *L'Elu de Pérignan*, qu'on appela aussi parfois *Elu de L'inconnu*. Mais l'histoire est assez peu conséquente pour fournir un grade qui puisse résister à l'usure du temps. Bien vite, le degré de *l'Elu de Pérignan* périclite, apparaissant ou disparaissant au gré des nomenclatures. En revanche, la découverte des deux autres meurtriers oblige à écrire un nouveau rituel consacré à la chasse et au châtiment des deux derniers criminels.

Plus tard, on subdivisera en autant de quête de vengeance qu'il y a de meurtriers à châtier. Ce sera *l'Elu des Quinze*. Ainsi, tantôt, *l'Elu de Pérignan* est absorbé par le *Maître Elu des Neuf*, comme c'est le

---

107. Même s'il semble avoir pu essaimer à l'étranger, d'Amsterdam vers l'Allemagne, avant de disparaître en France (Cf. *Renaissance traditionnelle*, n° 131-32, faisant référence à un Chapitre de l'*Ordre Sublime des Chevaliers Elus* en 1749 à Amsterdam qui voulait se répandre aussi en Allemagne, à Hambourg, Lübeck et Schwerin.)

cas du *rite de perfection* — qu'on appellera plus tard le *rite français* — et son héritier le *rite écossais ancien et accepté* qui ne connaissent que le *Maître Elu des Neuf* et l'*Illustre Elu des Quinze* (ainsi, la collection Mirecourt contient un *Petit Elu* et un *Maître Illustre*, escamotant le rôle de l'*Elu de Pérignan* et annonçant l'arrivée de l'*Illustre Elu des Quinze*). Tantôt, au contraire, l'*Elu de Pérignan* conserve une existence propre.

C'est le cas par exemple dans *Les Plus Précieux Mystères des hauts grades de la maçonnerie dévoilés*, qui ajoutent entre le *Maître Elu des Neuf* et le *Maître Elu des Quinze*, ce grade intermédiaire, dit *Second Elu* ou encore *Elu de P.* ou encore *Elu de Pérignan*. C'est aussi le cas pour le *Recueil Précieux de la Maçonnerie Adonhiramite* où l'on passe de deux à trois degrés de Vengeance. Dans cette configuration, l'*Illustre Elu des Quinze* était le troisième et dernier degré de cette geste de Vengeance. Ce fut le cas par exemple pour le système pratiqué à Metz de 1760 à 1780.

Ainsi, en se nourrissant ou en écartant les apports de l'*Elu de Pérignan*, le *Maître Elu des Neuf* prenait-il son essor. La version que nous mettons à disposition de nos lecteurs se fonde intégralement sur le rituel rédigé de la main même de *Lizard King* et auxquels il initiait lui-même. Nous n'avons rien changé au développement dramaturgique, pas même aux textes de référence de l'instruction donnée au nouveau *Maître Elu des Neuf*.

La très remarquable originalité de ce rituel, le lecteur en conviendra vite, c'est la présence, sur le tableau de loge d'un enfant emmailloté — premier étonnement — qu'on découvre être celui des amours d'Hiram et de la reine de Saba. Voilà le second étonnement pour tous ceux qui, amateurs de curiosités vétéro-testamentaires, croyaient que Balkis s'était unie à Salomon. Il n'en est rien dans la réécriture du mythe par *Lizard King*. Pour quelle raison ? Parce qu'il fallait donner à l'embryon une fonction centrale dans le mythe de Vengeance. Fils de la Lumière, les maçons font le serment de défendre la veuve et l'orphelin, pas n'importe les quels, la veuve et l'orphelin de leur Grand Ancêtre. Voilà qui donne à l'embryon une valeur centrale dans le mythe de Vengeance. Mais pourquoi donc insister sur cet enfançon que, jusqu'à présent nous n'avons appelé — volontairement — qu'*embryon*. Il faut là-dessus revenir sur deux points : le premier est alchimique, l'autre politique.

L'alchimie intérieure, dont l'occultisme fait grand cas, et qui se retrouve autant en orient qu'en occident, fait la part belle à des spéculations embryologiques, où il est précisé les opérations auxquelles l'adepte doit se soumettre pour faire naître en lui un embryon spirituel qui sera condition de sa prochaine transfiguration en immortel. La présence du fils de la veuve dans une dramaturgie maçonnique qui revendique ouvertement des influences taoïstes nous oblige donc à un développement sur l'embryon d'immortalité. Vers la fin du huitième siècle, l'école du *Shangqing* fera l'intermédiaire entre la conception de l'immortalité taoïste traditionnelle, et le *neidan*, l'alchimie intérieure qui se développera du huitième au neuvième siècle. Héritière de la tradition occulte du Sud, l'école taoïste du *Shangqing* veut donner les moyens à l'adepte de se forger un corps subtil et raffiné capable de s'élever dans les nombreux paradis. Comme le corps naturel est une machine vouée à la mort, l'adepte *Shangqing* s'appliquera à la méditation, à l'absorption de drogues, et à la visualisation des astres, à la randonnée extatique — *notamment en suivant neuf étoiles*[108] — pour renaître avec un nouveau corps immortel. Reprenant les techniques de l'école antérieure, *jangsheng*, le *Shangqing* identifie toute une série de transformations qui sont autant d'étapes dans cette embryologie occulte qui rappelleront plus tard les grandes étapes de l'œuvre alchimique intérieure du *neidan*. L'embryon d'immortalité commence à paraître au fil de phases mystiques où l'adepte se lie étroitement au cycle des corps célestes en célébrant ses noces cosmiques d'union avec l'univers. On notera que la première phase de ces exercices, appelée encore « établissement des fondements », se donne pour but d'expérimenter dans ces abysses silencieux, au milieu des ténèbres, la présence d'une première étincelle de lumière. Sous la forme d'un « souffle qui commence à bouger dans l'abdomen », cette lumière *yang* représente le tout premier indice de l'embryon immortel se manifestant en lui et est l'emblème « d'un retour à la mère et à sa nourriture subtile ». Or le lieu où l'embryon d'immortalité voit le jour, le champ du Cinabre (*diantan*), est localisé autour du coccyx, précisément dans la région aquatique comprenant en général la

---

108. Il existait même des tapis dessinés et brodés sur lesquels des diagrammes présentaient les empreintes des pas à faire pour suivre les neuf étoiles...

partie du bassin sur laquelle les reins président. Sanctuaire de l'essence (plomb), les reins ne sont pas seulement, dans l'alchimie intérieure taoïste, les organes de la reproduction d'immortels, mais ils sont liés aussi à la fonction intuitive. A partir de cette phase, l'Adepte ne fait pas que nourrir en lui l'embryon d'immortalité qui éclot entre ses reins, il « écoute » et « pense » d'une nouvelle manière. On peut songer aussi, pour en revenir à l'Occident, aux spéculations alchimiques, notamment paracelsiennes sur l'*embryon métallique*,[109] fils du soleil et de la lune et pierre philosophale, que le docteur alémanique cherchait à réaliser à partir de sperme réchauffé pendant quarante semaines à une température n'excédant pas celle du ventre d'un cheval.[110] Mais l'on sait que la mandragore passait pour être la plante d'Osiris et que les pendus étaient les « *enfants de Saturne* », lequel à son tour personnifiait ce plomb en lequel étaient rassemblées les promesses de l'or. Il y a dans tout cela de nombreuses analogies avec la cérémonie du *Maître Elu des Neuf*, sur lesquelles nous laissons le soin au lecteur méditer.

---

109. Une vignette de l'*Opera Chemica* (1470-75) montre le Pseudo-Lulle tenant dans des langes l'homoncule qu'il croyait utile pour suppléer à l'absence du pape sur le Saint-Siège. Possibilité laissée à l'homme de faire occuper le Saint-Siège par une créature dont il est le créateur, la vignette renverse la perspective traditionnelle selon laquelle les papes sont choisis et désignés par l'esprit saint et non la volonté des hommes. Il y a donc, dans l'homoncule alchimique la même charge de virulence qu'il y en a dans le prométhéisme hellénique.

110. Sans doute là-dessus Paracelse était-il tributaire de la croyance ancestrale en la naissance de la mandragore à partir du sperme d'un pendu. Il écrivait à ce sujet dans son *De natura rerum : « voici comment il faut procéder pour y parvenir : renfermez pendant quarante jours, dans un alambic, de la liqueur spermatique d'homme, qu'elle s'y putréfie jusqu'à ce qu'elle commence à vivre et se mouvoir, ce qu'il est facile de reconnaître. Après ce temps, il apparaîtra une forme semblable à celle d'un homme mais transparente et presque sans substance. Si après cela, on nourrit tous les jours ce jeune produit, prudemment et soigneusement avec du sang humain et qu'on le conserve pendant quarante semaines à une chaleur constamment égale à celle du ventre d'un cheval, ce produit devient un vrai et vivant enfant, avec tous ses membres, comme celui qui est né de la femme mais seulement beaucoup plus petit. »*

Quant à la méditation politique, le rite est explicite : il stipule explicitement dans ses instructions, que l'alchimie se prolonge en une politique, et que les lois de l'une valent pour l'autre. De ce fait, de même que l'embryon d'immortalité est amené à se développer dans le corps de l'adepte, le peuple est aussi amené à « mûrir », jusqu'à devenir, de plomb plébéien, or aristocratique. Ce programme de *transfiguration du politique* n'est qu'ébauché en des termes métaphoriques, et il oblige l'initié à travailler pour en saisir toutes les conséquences sur le plan profane. Mais un point est remarquable, c'est que, dans cette affaire, la lutte et le combat ont toute leur place. Nous en voulons pour preuve une note de bas de page dans les manuscrits originaux du *Maître Elu des Neuf* rédigé par *Lizard King*, où l'auteur détaille les cinq larmes de sang qui sont cousues sur le bas du cordon du *Maître Elu des Neuf.* Voilà ce qu'il en dit :

Compte tenu de la rosette de pointe, les autres sont disposées de façon à constituer, de chaque côté du cordon, un pentagramme renversé, pentagramme dont la pointe est commune, constituée par cette même rosette de pointe. Il y a ainsi quatre rosettes, posées en carré, de chaque côté du cordon. Cela fait neuf en tout. Il est curieux de constater que ce pentagramme rouge renversé sur champ noir qui se dessine de chaque côté du cordon fut choisi lors de l'entrée en guerre de la France en 1939 pour orner le brassard kaki cousu sur la manche gauche des combattants des Corps Francs ! Six siècles auparavant, un des grands capitaines de la guerre de cent ans, compagnon de Jeanne d'Arc, Xaintrailles, dit La Hire (« *la colère* ») avait substitué à ses armes familiales un écu « *écartelé de gueules et de sable* », soit de quatre quartiers alternativement rouges et noirs

Ainsi donc, l'auteur établit une filiation entre un des emblèmes du grade et les premiers maquis de résistance à l'occupant nazi, puis à Jean Poton, alias Xaintrailles, connu pour avoir bouté les anglais hors de France. On trouve bien ici la même volonté d'indépendance à l'égard de l'occupant étranger, et la même militarisation du politique. C'est donc que le Maître Elu des neuf, comme il l'entend, inaugure les hauts grades de la maçonnerie noire et toute la geste de vengeance maçonnique en se plaçant sous les auspices de grands ancêtres qui surent prendre les armes et verser le sang. Ainsi donc l'aristocratisation du peuple n'est pas qu'une douce pédagogie ou une exhortation à le rendre meilleur par l'exercice de la vertu, c'est aussi un combat contre ceux qui, en supprimant Hiram, rendirent périlleuse la « maturation » de l'embryon-peuple. Ce sont donc tous les adversaires de la souveraineté populaire contre lesquels il faut prendre les armes, si l'on précise bien, une fois encore, que cette souveraineté populaire doit être entendue non pas seulement comme l'accès à la démocratie formelle, mais aussi comme accès à l'immortalité et comme solidification du corps, coagulation et corporisation du *corps social sous forme de peuple*. On commettra donc sans doute une erreur si l'on voit dans ces allers et retours entre l'embryologie alchimique orientale, occidentale et ces luttes pour l'émancipation nationale, un soutien finalement assez consensuel au régime démocratique auquel nous sommes accoutumés et que nous aurions à exporter, modernes coloniaux diffusant les droits de l'homme à grands coups de baïonnettes. En vérité, le rite est plus subtil, parce qu'il oblige l'initié à trouver les moyen de se battre pour hâter la corporisation du peuple, à l'incarner premièrement, comme *organisme* et secondement comme *défiant le temps*, résistant donc à la fois aux typologies modernistes du contrat et du vivre-ensemble, (puisqu'il s'agit de convoquer un lien plus fort que l'accord opportuniste entre contemporains), et d'invoquer un sentiment d'appartenance, avec ses obligations et son enracinement qui dépasse le seul présent et inscrit dans l'Histoire.

Illustre Élu des Quinze

L'égalité d'âme devant les choses et l'esprit ouvert au secret sont inséparables.

HEIDEGGER — *Gelassenheit.*

La geste de Vengeance ne pouvait connaître de fin qu'avec l'exécution des deux autres meurtriers d'Hiram. Les amateurs de rites de vengeance durent prolonger l'histoire du *Maître Elu des Neuf* et rédiger un nouveau rituel. La première synthèse qui parvint à faire tenir ensemble la double légende de la mise à mort du premier tueur (double parce qu'avec ou sans la présence du degré intermédiaire d'*Elu de Pérignan*) et la poursuite des deux derniers renégats, cette première synthèse vit le jour sous la plume du Grand Conseil de Chaillon de Jonville. Ce grade est joué pour la première fois en 1763, par la loge installée au régiment de Foix, sous le titre de *Maître Elu des Quinze*.[111] Le succès endémique des légendes vengeresses depuis la génération précédente fait que les versions abondent à partir de 1760, et qu'il faudra attendre 1804 et la pétrification ou l'évacuation dans l'échelle du *rite écossais ancien et accepté* de ces formes bigarrées et versicolores de la maçonnerie comme théâtre vivant. On s'est parfois posé la question de l'origine de si cruelles tortures. Comme nous l'avons déjà dit, il suffit de lire les *Three Distinct Knocks* de 1760 pour comprendre que le châtiment infligé aux meurtriers, est justement celui qu'ils réclamaient dans le secret de leur remords[112]... Au fond, les Compagnons de Vengeance ne firent rien d'autre qu'exécuter la volonté des criminels.

En raison des mutations et des croisements entre ces trois grades de Vengeance, les noms de l'assassin et de ses deux complices changent selon les sources — mais la *Maçonnerie Adonhiramite* fixe les dénominations qui survivront ensuite : Abiram[113] pour le premier meurtrier, Sterkin[114] pour le second, et Oterfut[115] pour le troisième.

---

111. Déjà, dans cette version, pour ainsi dire concomitante avec l'importation de la geste de vengeance sur le territoire de France à travers l'Ecossais Anglois, il existe une simplification de la légende concernant la troupe des vengeurs. Trois ans plus tôt, ce ne sont pas quinze vengeurs qui partent en expédition, mais... 60 ! Tous choisis par Salomon : « *Il en choisit à cet effet 60, dont 15 resterent à la garde du temple [et] 5 à chaque porte ; 45 se diviserent en 3 bandes dont 15 partirent du côté de l'Or.·., 15 du côté du Midy et 15 du côté de l'Occ.·.... »*

112. *Three Distinct Knocks*, reprint Jackson, English Masonic Exposures, 1760-1769, London, 1986, pp. 100-05 : " *They... took them and bound them, and brought them before King Solomon, and they owned what had pass'd, and what they had done, and did not desire to live ; therefore Solomon order'd their own Sentences to be laid upon them : Says he, they have sign'd their own Death, and let it be upon them as they have said. Jeba was taken out, and his Throat cut across &c. Jubelo's Heart was torn from under his naked Left-Breast &c. Jubelum's Body was severed in two, and one Part carry'd to the South and the other to the North, &c.*" Le même texte peut être trouvé dans John BROWN, *Browne's Master Key*, dans sa version retranscrite de F. SONNENKALB, 1922, Hambourg.

113. Que Guérillot (t. II, p. 298) traduit de l'hébreu en *avi'rimmah*, « *mon père est une pourriture* », soit « *son of a bitch* » (sic).

114. Saint-Gall croit y voir *ster-qim*, « *adversaire du secret* ».

115. Etymologie perdue selon Guérillot et Saint-Gall, sans doute importée du compagnonnage.

Dans le détail, l'*Illustre Elu des Quinze* témoigne d'un manque d'imagination dramatique. La trame de l'intrigue n'est que la transposition un peu ennuyeuse et tâcheronne de l'anecdote des esclaves de Shimme'i (I *Rois*, 2 : 39-40), où Salomon diligente une expédition punitive en territoire frontalier pour venger son souverain David. Shimme'i était un benjaminite qui avait maudit David lors de la bataille d'Absalon puis s'était empressé de le louer une fois vainqueur. David, rancunier n'en a cure et charge Salomon de le châtier, lequel le fait exécuter. Deux des esclaves de Shimme'i s'enfuient hors de Jérusalem pour se réfugier auprès du fils de Ma'akah, roi de Gath (en hébreu, le « pressoir »). Les documents dont nous avons la garde prennent appui, pour ce rite, sur mes principaux tuileurs (Delaulnay et Ragon) que nous avons complétés — à propos de l'âge et des heures d'ouverture et fermeture — des détails précisés par le tuileur de Lausanne.

La modification majeure à laquelle nous nous sommes livrés concerne la dramaturgie du rite. Dans l'état des rites connus, il s'agit tout uniquement, de Mirecourt jusqu'à Lausanne, d'une récitation de l'intrigue sans que le récipiendaire y participe d'une manière ou d'une autre.[116] Outre que cela nuit essentiellement à la fonction cathartique du rite initiatique, outre qu'il y a alors décalage entre le degré précédent qui oblige à la confrontation physique à son « soleil noir », il y a de plus une incohérence puisque les déroulements des rituels stipulaient tous que l'impétrant, alors titulaire du seul grade de *Maître Elu des Neuf* accédait au temple avec les têtes décapitées des deux complices d'Abiram, une dans chaque main, et on lui racontait qu'il s'en revenait de l'expédition des Quinze qui s'étaient emparés des assassins. Nous corrigeâmes l'incohérence en rectifiant le fil de l'intrigue et en faisant du récipiendaire le personnage central d'un drame auquel il prend part, scandé en trois étapes, qui lui donnent l'occasion d'une circumambulation en trois fois cinq pas triangulaires, ce qui permet de retrouver les quinze pas en triangle notifié dans les vieux rituels par quoi l'accès au temple était donné au postulant. Nous n'avons pas

---

116. De plus le détail des châtiments et des tortures infligés au criminel est escamoté dès le Rite Emulation (1816/23) alors qu'il est encore donné dans la version du *Rit Ecossais Ancien et Accepté* de 1817 de Grasse-Tilly.

fait du récipiendaire le bourreau, comme dans le grade précédent, parce que le rite ne le stipule pas, et parce que le passage de l'exécution immédiate à la comparution devant le tribunal salomonien est un point essentiel qu'on retrouvera un peu plus loin dans la nomenclature des *Grades de Vengeance*, dans le *Chev.˙. Prussien* maître des tribunaux de la Saint Vehme.

D'autres éléments qui n'apparaissent pas dans les formules ordinaires de l'*Illustre Elu des Quinze* sont repérables dans la « *lecture donnée des instructions du grade* » en fin de rituel. Ainsi, dans les rituels ordinaires de ce 10ème degré, l'expédition des *Illustres Elus des Quinze* s'équipe au quinzième jour du mois de juin, et les voilà arrivés, cinq jours après, au palais du roi Moacha, où ils reçoivent le soutien du roi et une troupe en armes pour les assister. Puis, deux éclaireurs, Zerbal et Banya, repèrent les meurtriers dans une carrière. On s'en saisit, on les couvre de chaînes et on les ramène au palais du roi Salomon pour qu'ils y reçoivent leur sentence et qu'ils y soient exécutés.

Dans la version nôtre, au bout de cinq jours d'expédition, les traqueurs rencontrent à la margelle d'un puits, une jeune vierge à la chevelure rousse, Salomé, les bras alourdis de chaînes, portant une amphore d'un vin puissant qu'elle doit couper d'eau fraîche pour la présenter à ses maîtres. La jolie Salomé explique avoir été réduite en esclavage par les deux assassins qui se sont réfugiés dans la minière et c'est elle qui conduira l'expédition punitive jusque vers les criminels. On notera ce fait, que les deux complices ne sont pas découverts dans une *carrière*, mais dans une *mine d'or*. Et c'est elle encore qui les enivrera de vin pur et les étourdira de danse. Affalés, ils sont inconscients lorsque les justiciers pénètrent dans la mine. Salomé veut qu'on la libère. Le récipiendaire a la charge de porter le coup de maillet sur les poignets enchaînés. Zerbal l'assiste en tenant le ciseau sur le poignet gauche. Banya le seconde, cette fois ci en portant le coup de maillet sur le ciseau que l'impétrant tiendra sur la chaîne qui entrave le poignet droit de la belle esclave. La chaîne récupérée servira à entraver l'un à l'autre les deux criminels esclavagistes.

Comment faut-il entendre ce double aménagement ? L'histoire se joue dans une mine d'or. On pourrait s'étonner du gauchissement de la légende maçonnique puisqu'on oublie la carrière de pierre. Il faut pourtant garder en tête que le maître maçon fondateur de l'ordre reste

Tubalcaïn, qui fut fondeur de métaux, et que c'est lui qui a initié la filiation maçonnique. D'autre part, *Lizard King* a certainement voulu tracer une continuité entre ce grade et le degré précédent, le *Maître Elu des Neuf,* dans lequel l'accent était mis sur le procédé alchimique d'embryologie spirituelle et l'engagement politique en vue de l'aurification du peuple. Les bandits sont donc occupés par l'aurification et s'intéressent au lent processus qui fait mûrir dans les minières des filons du précieux métal et le fait passer des métaux les plus ignobles (plomb) jusqu'aux plus nobles et solaires (or), ainsi que le relatent toutes les traditions alchimiques orientales et occidentales. Mais ce qui intéresse les deux acolytes n'est pas le secret pour hâter la maturation de l'embryon aurifère dans la matrice symbolique et politique, mais au contraire, leur souci est d'en interrompre le cycle. Ils veulent piller la minière et « *épuiser le filon* ». Ils apparaissent donc bien comme des adversaires de la cause de la « *révolution* » telle que définie dans les principes de la maçonnerie noire, révolution autant intérieure (*nei tan*) qu'extérieure (sociale).

Pour sa part, que représente Salomé ? Nul n'a oublié la Salomé qui dansa pour réclamer la tête de Saint Jean-Baptiste, et qui y parvint. Cela signifie que l'auteur de ce rite reprend la tradition biblique, mais la subvertit et la détourne de son lit, puisqu'il glorifie une figure habituellement honnie. Salomé, c'est la Femme dont le monothéisme judéo-chrétien ne veut pas, la femme qui domine et ne veut plus être dominée, qui refuse la loi des prophètes et les vérités descendues du ciel ou de l'absolutisme des hommes. Et de surcroît, sa puissance se manifeste par la sensualité et le corps. Elle est donc le retour du refoulé, et c'est par elle que s'accomplira le renversement de l'ordre ancien : les chaînes qui l'entraveront, elle s'en servira pour entraver ses anciens maîtres et les conduire à l'échafaud. Figure féminine, féministe de la colère et de la juste rébellion, elle fait penser à ces vierges ardentes qui montent aux barricades à l'assaut des anciens mondes. Elle pourrait donc être l'archétype de l'humanité délivrée du joug de l'oppression. Mais il y a plus encore : la jeune vierge au bord du puits est un symbole alchimique récurrent pour signifier l'œuvre au blanc, cette seconde étape alchimique où *l'esprit de vin* et la transe *bachique* ont un rôle-clé, étape qui suit immédiatement l'œuvre au noir, comme Salomé la Juive dans ce degré suit Balkis l'Ethiopienne dans le précédent.

Sublime Chevalier Elu

Enfonce-toi donc dans l'abîme !
Je pourrais aussi bien dire : Monte vers les hauteurs !
C'est tout un...
Rassemble alors ton courage, car le danger est grand.

GOETHE, Second Faust, par la bouche de MÉPHISTOPHÉLÈS.

Le *Sublime Chevalier Elu* vient dans les mêmes années achever la geste de Vengeance. Il dérive vraisemblablement d'un premier rituel en date de 1743, lequel prendra forme définitive très tardivement, vers 1780, sous le titre de *Chevalier des Douze Tribus*. Des récentes études paraissent avoir montré que dès 1750, dans les milieux jacobites français, on joue à un *Ordre Sublime des Chevaliers Elus* pour venger les Stuartistes[117] et faire cesser leur errance. Nous avons dit plus haut ce qu'il fallait penser de cette historicisation du rite, qui pour exacte qu'elle soit sur le plan des interférences sociales, passe à côté de l'essentiel sur le plan spirituel. Redisons notre position à travers une illustration explicite. Nous ne nions pas que les pérégrinations incessantes du peuple juif et ses diasporas depuis la destruction du Temple[118]

---

117. On sait que ce point de vue est assez répandu chez les maçonnologues, parmi lesquels André KERVALLA (cf. son André KERVALLA et Philippe LESTIENNE, « Un haut grade templier dans les milieux stuartistes en 1750 : l'Ordre Sublime des Chevaliers Elus », *Renaissance traditionnelle*, n° 112. L'Angleterre, qui n'aime ni les papes ni les rois de France se réjouirait alors de promouvoir des grades templiers qui veulent punir l'un et l'autre. On comprend que les historiens puissent bénéficier auprès d'une lectorat maçonnique d'une certaine reconnaissance de leur talent. Mais la question est de savoir si, pour comprendre une société initiatique, il faut n'être qu'historien... Il y aurait sur ce sujet le plus grand profit à lire H. CORBIN — je pense à son concept de hiéro-histoire — à la lumière des *Leçons sur la conscience intime du temps*, cet ouvrage majeur de HUSSERL, et dans celui des chapitres consacrés à l'historialité selon HEIDEGGER dans *Sein und Zeit*.

118. La foi et la pensée rabbiniques ont subi un test unique quand, en 70, le Temple a été détruit par Titus et, plus encore, quand, après la révolte de Bar Kokhba, Hadrien a transformé Jérusalem en ville païenne. Ces expériences *historiques* sont assurément *fondatrices* du judaïsme, mais elles permirent aux rabbins de bâtir une réflexion profonde par la structure littéraire

éclairent la prophétologie et l'attente du Messie. Nous disons simplement que réduire la prophétologie judaïque à une projection cosmique de la diaspora historique du peuple juif est un réductionnisme facile et grossier. Nous en disons de même lorsque certains prétendent expliquer les grades de vengeance par le seul ressentiment des stuartistes émigrés et réfugiés en France.

Il n'empêche que c'est à la source de cet *Ordre Sublime des Chevaliers Elus* que le Baron de Hund, — le « *Révérend Frère ab Ense* » comme l'appelait Willermoz lorsqu'il reçut de lui ses degrés de templier — c'est là qu'il alla puiser l'inspiration pour sa *Stricte ObservanceTemplière*. Pour certains, ce degré n'a d'ailleurs pas sa place dans la geste de vengeance, et il ne tient sa position qu'en raison de la confusion autour du vocable d'*Elu* présent dans son titre alors que tout le rattache à un autre cycle symbolique, plus biblique et salomonien que païen. L'erreur proviendrait alors des allégations de Thory[119] qui le premier rassembla la totalité des grades qui portaient le vocable d'*Elu* qu'il associa à celle du templarisme renaissant :

1743 : Les Maçons de Lyon composent le grade de *Kadosh* (celui qui comprend la vengeance de templiers) sous le titre de *Petit Elu* ; ce grade a été, par la suite, développé en plusieurs autres sous les titres d'*Elu des Neuf* ou de *Pérignan*, d'*Elu des Quinze*, de *Maître Illustre*, de *Chevalier de l'Aurore ou de l'Espérance*, de *Grand Inquisiteur*, de *Grand Elu*, de *Commandeur du temple* etc.

_____

allégorique et métaphorique du midrach qui transcenda l'histoire, et même refusa d'accorder de la légitimité au cours des événements qu'ils venaient de subir. Si les commentaires midrachiques de l'antiquité n'avaient été que des redites de l'expérience historique, les rabbins auraient décrit Titus et la paganisation de Jérusalem comme événement voulus par Dieu et se seraient soumis à l'Histoire. Or aucun ne le fit, et même, c'est seulement parce qu'ils ont désespéré de la réalisation du royaume de Dieu sur la terre que les *tanaïm* se sont joints à la protestation contre Rome sous la forme d'une insurrection nationale et par la prise d'armes. Dans le cas d'une réduction du fait spirituel à son socle historique, comment comprendre le fait que Rabbi Akiba ait donné son accord à la révolte de Bar Kokhba ?

119. Claude-Antoine THORY, *Acta Latomorum*, Slatkine reprints, Paris (1980), t. I, p. 52, cit. in Cl. GUÉRILLOT, op. cit, t. II, p. 291, n. 79.

On ne peut se contenter cependant de ne voir qu'une maladresse sémantique et une confusion de vocabulaire, car par la suite, le grade est maintenu et légitimé dans son appartenance à la geste de vengeance. Ainsi, le r*ite de perfection* de 1770 reste fidèle à cet étrange amalgame, puisque sa nomenclature en sept classes place en troisième position les grades suivants : *Elu des Neuf, Chevalier Elu des Quinze*, et un *Chef des Douze Tribus* qui reprend la légende biblique mais l'introduit dans la nomenclature de Vengeance. Et c'est Franken, qui, restant fidèle au *Rite de Perfection*, reprend le *Chef des douze tribus* et l'honore du titre désormais consacré de *Sublime Chevalier Elu*.

Pourquoi donc vouloir à tout prix rattacher ce rite qui décrit la sage et collégiale répartition de l'autorité dans un royaume pacifié avec un cycle de vengeance ? Justement parce que, une fois la vengeance accomplie, l'histoire ne s'arrête pas, parce qu'il faut encore rétablir l'ordre du monde, et restituer au cosmos l'organisation qui lui est naturellement dès lors que les causes du mal en ont été expulsées. Comme un travail de deuil suit la confrontation à la mort reçue, un travail de pacification extérieure et de réconciliation intérieure suit nécessairement la mort donnée. C'est à ce travail de guérison à la fois cosmique et psychologique que les tueurs qui vengèrent le crime sont désormais conviés. Ce rite, en raison même de sa volonté de retrouver le socle de l'équilibre cosmique, est donc profondément lié aux grades de vengeance : il en est l'accomplissement et l'achèvement, car le sang versé scelle la recomposition cosmique.

Le sang a lavé le sang. Salomon entend récompenser de leur zèle les quinze tueurs de sa troupe expéditionnaire. Des quinze qui permirent d'apaiser les mânes d'Hiram, douze seront donc choisis par le sort pour commander aux douze tribus d'Israël. Salomon récompense ces douze *Sublimes Chevaliers Elus* et les arme de l'épée de justice. Les voilà qualifiés du titre d'« *hommes vrais en toutes circonstances* ». Le cahier du Rite Ancien et Accepté de 1805 inaugure ce rite par cette exergue : « *La vengeance des trois assassins étant accomplie...* »

Pourtant un problème demeure : la très forte connotation chrétienne du rite. Car si nous avons compris la nécessité « psychologique » du travail de « deuil » qui suit celui de la mise à mort, il reste que le christianisme a toujours su prendre en charge cette réparation, en mettant au point le sentiment du péché et en y répondant par le sentiment de remords. La volonté d'expiation et celle d'humiliation pour-raient donc suivre le schéma de vengeance, faisant de l'*Elu* celui qui implore à genoux le pardon de son Seigneur. C'est en effet sous cette forme que le rite est le plus répandu, dans sa forme christique du par-don des fautes. Or, sur ce point, l'auteur de la nomenclature de la *Maçonnerie Noire* a son avis : il s'agit de la subversion chrétienne d'un rite antérieur, dont la forme archaïque était magico-religieuse.

en l'état actuel de nos connaissances, le *Sublime Chevalier Elu* date d'avant 1758, mais a été absorbé par le degré de *Grand Elu de Londres* pour devenir un degré christique où l'impétrant doit se vouer corps et âme à l'adoration d'Adonaï. Pour autant, il est pour le moins étonnant que l'on veuille faire de lui un chrétien sincère en lui donnant le gouvernement d'une des douze maisons céles-tes, ce qui correspond très exactement dans le cadre de l'Astrologie traditionnelle et dans le taoïsme à l'exercice du magis-tère sur l'une des douze régions du zodiaque, exercice tradition-nellement dévolu aux Immortels de la Voie du Cinabre, qui n'ont rien de guère chrétiens et qui auraient fait fuir plus d'un jésuite : les légendes chinoises les dépeignent comme des hommes sauva-ges, hirsutes, se nourrissant de viande crue, et dénués de toute cul-ture du péché notamment en ce qui concerne la morale sexuelle.

Et l'auteur de rajouter quelques lignes plus loin :

Ainsi est-on en droit d'affirmer que, sous le vernis de la dévotion, ce rite abrite une initiation magique d'un autre genre, venue de la lointaine Asie que l'Occident chrétien s'est empressé de taire et de dévoyer, comme il le fit déjà avec la magie sexuelle des hérésies gnostiques.

Plus loin encore, à la fin de sa correspondance :[120]

---

120. Correspondance en notre possession, en date du 23 octobre 1966.

Naturellement, dégagé de sa gangue mystique et rendu à sa vigueur naturelle, ce rite redeviendra ce qu'il a toujours été, la représentation sur un plan occulte de l'Asile des Sages, le jardin aux roses rouges dont le seuil s'ouvre sous les pas des seuls Adeptes, lieu de repos et havre de paix accordé à ceux qui surent vaincre l'Ennemi, et dont l'Occident a conservé la mémoire sous la forme de la Cité céleste, la *Civis Solis*, ou encore la République Universelle des Sages.

Ainsi, pour revenir aux origines peut-être préchrétiennes, du rite l'auteur stipule que le tablier sera blanc, bordé de noir, et marqué en son centre d'un cœur enflammé d'or. La description est conforme aux premiers rituels, avant qu'il ne soit remplacé par la fameuse croix d'or portant les lettres C∴ K∴ E∴ S∴ cousue ou brodée sur la bavette du tablier. Mais l'enjeu majeur de ce rite se trouve ailleurs. Dans sa version la plus ordinaire, des Quinze vengeurs d'Hiram, seuls douze auront les hanches ceintes de l'épée de justice et pourront exercer leur autorité sur l'une des douze régions du monde. La légende raconte que Salomon tire au sort les heureux élus, et que trois ne bénéficieront pas de cette reconnaissance. Que deviennent-ils ? Rien n'est dit sur cette criante injustice du hasard et sur l'affreux caprice de la fortune. Seul, à notre connaissance, ce rituel parvient à résoudre l'énigme, *en se plaçant du côté des exclus du sort*, ce qui est une position éminemment moderne. Ils sont alors initiés, non pas par Salomon, mais par la Fortune elle-même, la déesse au loup noir drapé d'écarlate, qui les reçoit alors *Chevaliers Elus*, mais du dehors pourrait-on dire, étrangers au *Kosmos* traditionnel ayant retrouvé sa cohérence. De ce fait, en se plaçant du côté des *exclus métaphysiques*, le rite permet de retrouver l'expérience tragique que la réintégration traditionnelle esquive systématiquement.

Il faut noter cette présence d'une figure initiatrice baroque, la *Fortuna* des Romains, la *Tyché* des Grecs, dont le récipiendaire reçoit en quelque sorte la visitation hors le temple. Ce triplement de l'exclusion, initiation au hors-monde, par le hasard, hors le champ sacré du temple achève la geste de vengeance. Ou plutôt elle ne l'achève pas, puisqu'elle ne fait pas du *Sublime Chevalier Elu* l'administrateur paisible d'une docile tribu d'Israël, mais elle le confronte, — moderne

Ashavérus —, à l'exercice infini de la Justice dans une pérégrination qui lui fait franchir les portes de la Jérusalem céleste, pour le convier à errer, selon la jolie formule rituelle « *par-delà les frontières, par dessous la terre, par dessus la coupole du ciel* ». Ainsi, que la geste de vengeance d'Hiram soit accomplie ne promet pas le repos. Au contraire, la justice doit aussi être portée en d'autres lieux imaginaux, et ce sera l'objet des trois prochains grades de cette maçonnerie que de porter le glaive là où il n'est pas attendu.

CHEVALIER PRUSSIEN,
CHEVALIER KADOSCH,
PRINCE DU ROYAL SECRET

Je suis le principe et la fin,
Je suis celle qu'on honore et celle qu'on méprise
Je suis la prostituée et la sainte...
Je suis le silence incompréhensible
Je suis l'énoncé de mon nom.

EVANGILES SECRETS

Si les trois premiers hauts grades donnaient les clefs de l'insurrection politique en vue de la maturation (9ème degré) et de la libération (10ème degré) du peuple, sans qu'elles ne soient jamais achevées puisque l'altérité et l'indétermination (11ème degré) sont constitutives de ce même peuple, ce nouveau cycle de justice inaugure un nouveau rapport au politique. Le *Chevalier Prussien* est confronté à l'injustice économique de l'usure, le *Chevalier Kadosch* est confronté à la dimension religieuse de la domination, le *Prince de Royal Secret* est confronté à la militarisation du politique. Pour le dire autrement, ce troisième et dernier cycle qui clôt la franc-maçonnerie de justice reprend la question politique de la libération du peuple, mais l'interroge cette fois-ci à travers trois aliénations spécifiques que sont l'exploitation économique, l'assujettissement des consciences, et le recours à la violence. On peut dire, d'une certaine manière que ces trois degrés confrontent l'initié de justice aux trois questions que l'*Aufklärung* n'était pas parvenue à résoudre : comment l'égalité sociale peut-elle régner si les conditions de fortune et des richesse sont inégales ? Comment un peuple peut-il choisir la liberté alors que l'autorité religieuse exerce sur lui un ascendant ? Comment enfin révolutionner l'ordre politique sans légitimer une certaine violence ? On le voit, la réintroduction des thèmes de l'argent, de la religion et de la violence dans la question politique fait de ce rite un bel outil pour méditer le monde moderne et agir en son sein.

Enfin, ce serait négligence que de ne pas voir derrière ce questionnement politique, une dimension hermétique qu'il ne faut pas négliger. Le *Chevalier Prussien* précise les conditions de retour de la *Schekinah*, c'est-à-dire de la Présence, et la lie intimement à la vérité ; le *Chevalier Kadosch* reprend le symbolisme de l'*échelle de Jacob* et désigne précisément l'ontologie traditionnelle des sept états de l'être ; le *Prince de Royal Secret* résume enfin la quintessence de *l'arithmosophie* maçonnique — mais aussi de sa *cosmogénèse* —, passant du 3 au 5 puis au 7 pour enfin culminer en 9, — le passage du triangle à l'ennéagone étant l'expression de la force rassemblée, déployée puis manifestée. Présence, variation, dispersion, — ou si l'on veut encore, pour parler dans le langage des laboureurs de la lune, — *materia prima*, queue de paon, poudre de projection. Mais c'en est assez dit pour ce qu'il faut taire.

Chevalier Prussien

> Il n'y a rien au-delà, ni ici-bas, rien que la grande unité dans laquelle les êtres qui nous surpassent sont chez eux.
>
> RILKE

Le maçon amateur éclairé de rites sera étonné de voir figurer un tel degré dans une échelle de Vengeance. Connu également sous l'appellation de *Chevalier Noachite*, ce degré, qui n'a jamais fait mystère de sa profonde religiosité, fait état de la légende de *Phaleg*, descendant de Noé et bâtisseur de la tour de Babel, dévoré par le remords d'avoir pu ainsi causer l'ire de Dieu. Et les chevaliers prussiens de s'assembler chaque pleine lune, pour commémorer le repentant, et s'efforcer les uns et les autres à toujours plus d'humilité, afin de courber toujours plus l'échine pour complaire à Dieu. Au passage, on peut se demander ce que la Prusse a à voir avec tout ceci... Mais sous cette première strate dévote, s'en cache une autre, que Jean Palou[121] avait assez bien repérée : au-delà de la tour de Babel, le récit s'attarde sur la fondation de Babylone par Nemrod,

> qui a été le premier qui ait établi des distinctions entre les hommes, qui a vengé[122] même leurs droits et le culte dû à la divinité, y fonda une ville, qui, pour cela, fut appelée Babylone. Ce fut la nuit de pleine lune de mars que le Seigneur opéra cette merveille. C'est en mémoire de cela que les chevaliers Noachites font leur grande assemblée tous les ans dans la pleine lune de Mars.

Palou souligne que *Nemrod* vient de *namar* en hébreu (*nimr* en arabe) qui signifie *chasseur* et assimilable à la panthère, *pan therion*, la bête absolue, la bête totale. Invoquant alors Guénon, Palou poursuit et montre que le tigre ou la panthère est un symbole de chevalerie et que l'adjectif nemrodien s'applique[123]

> au pouvoir temporel qui s'affirme indépendant de l'autorité spirituelle.

Il y aurait lieu de critiquer une fois encore les limites de l'argumentaire guénonien, concernant le lien entre la panthère et la chevalerie, alors que l'héraldique des ordres de chevalerie a toujours fait la part belle au lion solaire et royal et que la panthère est depuis toujours le symbole de Dionysos, dont elle tire l'équipage, car elle symbolise, par ses taches, la bigarrure d'un monde dont la vitalité échappe à toutes les entreprises d'enfermement. Cette dimension bachique et anarchisante de la puissance vitale et dionysiaque l'éloigne à jamais de la rigueur militaire requise pour entrer dans l'ordre de chevalerie. Si donc il y a bien, derrière le vernis de piété et l'apologie de *Phaleg*, l'architecte repentant de la tour de Babel, une antique initiation de

---

121. Jean PALOU, *La franc-maçonnerie*, Payot, 1964, p. 141
122. C'est nous qui soulignons [A.G.]
123. René GUÉNON, « Seth », in *Symboles fondamentaux de l'Art Royal*, p. 157.

chasseur et de traqueur, on ne peut pas ramener la traque du *namar* à la Queste d'un chevalier. Sans faire de jeu de mots, la panthère fait tache... On pourrait croire encore à une maladresse d'un copiste ou la fantaisie d'un maçon trop imaginatif qui met des tigres là où il aurait fallut mettre des lions. Mais la même « erreur » est reproduite dans le *Maître Elu des Neuf* où, pour pénétrer dans l'enceinte des vengeurs, le jeune Maître doit avoir les mains rougies du sacrifice du tigre qui gardait l'entrée de la caverne, bête qu'il aura tuée à coups de poignards et non avec l'épée de chevalerie. Ainsi donc, contre l'interprétation guénonienne, on doit dire qu'il y a là les traces rémanentes d'une initiation guerrière mais pas militaire, combattante mais pas précisément chevaleresque. Nouvelle confirmation est donnée par la fonction de cette caste, qui agit non selon la justice mais selon la *Vengeance*, et qui refuse l'autorité sacerdotale et divine pour vivre selon des principes séparés de la norme cléricale. On a donc bien ici le profil d'une caste d'anti-chevaliers, ne maniant pas l'épée avec le souci de la loi royale ou de la justice divine, mais usant du poignard au nom de la puissance vitale et pour la vengeance des impies. On se trouve donc plus du côté des Assassins que des croisés...

Ainsi donc, sous cette mièvrerie christique se cache un autre grade, beaucoup moins connu, mais plus conforme aux origines prussiennes et compatible avec les grades de justice, qui n'a rien à voir avec Noé, Phaleg, le remords ou avec la tour de Babel, et qui est la pure transposition des tribunaux de la Sainte Vehme dans l'Allemagne médiévale. Le rituel dont nous disposons est retranscrit à partir de la version de Dortmund, aux archives de la Sainte Vehme.[124] Qu'enseigne ce grade ? Nous l'avons vu, sur le plan politique, il réintroduit, dans la méditation sur l'unification historique du peuple, la question épineuse de l'économie politique. Car il est commode de parler de citoyens abstraits en évitant de se référer aux conditions réelles de leur existence, dans lesquelles le salariat et la sphère de la marchandise non seulement les aliènent mais aussi fabrique un droit qui défend l'inégalité et l'injustice, — le rapport de force entre le prolétaire et le propriétaire des moyens de production — qui ruine toute l'unicité du peuple à

---

124. Dont S. Hutin, en son temps, donna un abrégé fidèle.

laquelle rêvait Jean Jacques Rousseau. Mais il y a autre chose encore : le tribunal de la Sainte Vehme auquel participe l'impétrant et duquel il devient le plaignant, puis l'accusé enfin un juge à part entière met en scène la querelle du Glaive et de l'Anneau — se souvenir du rôle de l'évêque complice — qui renvoie au concept de Saint-Empire. Il y a là quelque chose qui est comme un prélude à la laïcité, ou plus exactement à une morale qui se passe de la tutelle religieuse pour fonder ses valeurs, sans que pour autant elle renonce à la dimension prophétique — la *Schékinah* — de ses engagements. On notera aussi, dans le rituel dont nous avons la garde, la disparition de *Phaleg*[125] l'architecte de la tour de Babel contrit dans l'humilité, à la fois comme personnage central et comme mot de passe, et son remplacement par Frédéric III, qui est moins, ainsi qu'il est explicitement stipulé, une figure historique qu'un archétype, celui de la royauté réalisée à la fin des temps. Cette royauté ne renvoie pas à l'ancien régime mais à l'exercice d'une loi — règle, *regula, rex* — que l'on se donne à soi-même. Enfin, le lecteur qui voudra trouver çà et là des traces d'une initiation luciférienne sera bien aise de découvrir dans le catafalque de Frédéric III l'émeraude dont l'Ange préféré de Dieu ornait son front et en laquelle Hermès déposa ses enseignements les plus précieux.

Mais peut-être est-il utile de revenir quelques lignes sur cette Schekinah que nous passons trop vite sous silence, alors qu'elle est la appelée par les kabbalistes « *la Grande Mer* », la « *Pierre Fondamentale* », enfin « *Communauté d'Israël* », et qu'elle est en exil, comme une belle épouse qui traîne dans le rue des tanneurs. Mais c'est peut-être déjà trop en dire sur ce qui est le cœur vivant de l'initiation des Nobles Voy.·. Aussi nous taisons-nous.

---

125. En 1785, à la demande de Willermoz, les Apprentis du Rite Ecossais Rectifié perdent la mémoire du patron de l'ordre des francs-maçons (Tubalcaïn) et on lui substitue celui de Phaleg. Faut-il rappeler que Tubalcaïn est un Maître-Fondeur, et que, de ce fait, il a part lié avec les communauté de forgerons et de charbonniers qui depuis toujours vivent à la lisière de la communauté des hommes, à la frontière de la légalité et de la normalité religieuse, parce qu'ils manipulent le feu, abattent l'arbre cosmique et fondent les métaux qui font les armes ? La chose mérite ici d'être répétée parce qu'elle rappelle que le franc-maçon, s'il connaît bien l'art choisit toujours le maquis plutôt que le marquis...

Chevalier Kadosch

Ceux qui ne recherchent ni la fortune, ni les honneurs, ni la dévotion intérieure, ni la sainteté, ni la récompense, ni le royaume des cieux, mais ont renoncé à tout, même à ce qui leur est propre, c'est dans ces hommes-là que Dieu est glorifié.

MAÎTRE ECHKART

Il semble qu'il y ait à l'origine de ce grade, un écossais par sa nationalité — James Steward — associé à d'autres jacobites, propagateur du grade de *Chevalier Elu* qui prirent le titre de « *Kadosh* » du temps où ils étaient les héritiers des Hébreux, se firent appeler Templiers après la venue de Jésus-Christ, et durent leur salut du temps de leur persécution française à un exil sur les terres écossaises. De là, l'Election revint en France. La pénétration des « *Kadosh* » venus d'Ecosse en France ne se fait pas sans résistance : dès 1737, des loges parisiennes[126], dont on a vu leur ignorance des grades d'*Elus* dès leur naissance mettent en garde contre la propagation de tels degrés. Etouffé vers les années 1750, le *Chevalier Elu* reviendra sous les traits du *Grand Inspecteur Grand Elu* ou *Chevalier Kadosh* vers 1760. Ses formules sont nombreuses et parfois contradictoires.[127]

Significativement, le *Chevalier Kadosch* est synonyme de *Grand Elu* pour Ragon qui ne fait rien d'autre que d'entériner une tradition qui remonte au moins à 1761[128], ce qui montre bien le lien entre la vengeance hiramique et ce rituel templier de renversement du trône et de l'autel. Cette date entérine en effet l'existence officielle de ce grade, le 14 mars, lorsque le Frère J.-B. Du Barailh visite la loge messine *Saint-Jean des Amis Parfaits*. Comme à l'accoutumée dans les petits milieux maçonniques, il est vivement dénoncé parce qu'il s'y présente ès qualités de Kadosch :[129]

---

126. Un procès verbal de la loge parisienne *Coustos-Villeroy* rapporté par VIGUIER, op. cit, p. 43, n. 73 fait état de cela.

127. DE MIRECOURT, *Grand Inspecteur Grand Elu ; Grand Inspecteur Grand Elu Lyonnais* (23 juillet 1761) *; Elu ou Prince Katos ; Grand Elu de Londres*.

128. A Quimper en 1750, un Chapitre de Chevaliers Elus prépare la voie du Kadosch. On notera dans ce « proto-kadosch » une filiation entre Chevaliers Kadosch et Esseniens, donc la référence aux serments des Esseniens dans les textes des Principes n'est pas fortuite.

129 Etienne GOUT, *Ordo ab Chao*, n° 30.

Parmy la multitude de grades que possède le f. Durabailh, en est nommé un par Excellence G.I.G.E. qu'il dit tenir directement du Comte de Clermont ; ce grade présente par lui-même un point de vue régulier mais il fallait que dans ses mains il prît une nouvelle forme, un projet insensé qui ne tombe pas sous le sens en est la base chez lui, il en fait promettre l'exécution à tous ceux qu'il reçoit. En échange il les revêt de pouvoirs illimités.

Au grand dam du frère délateur Meunier de Précourt, le frère Barailh communique dans le plus grand secret l'identité entre Ordre du Temple et Maçonnerie. Ce dernier explique en effet à ceux qu'il initie les points suivants :

Comment ne pas éprouver de la haine pour les usurpateurs qui ont accaparé la richesse et la dignité de cet Ordre ! On ne peut voir en eux que de puissants ennemis dont seules les cendres pourront effacer cette époque infortunée, lorsqu'enfin le nombre des Chevaliers Kadosch, ou Chevaliers de l'Aigle Blanc et Noir, se sera assez accru pour que, sous les auspices et sous la conduite d'un Puissant Commandeur, par le rétablissement de notre ordre, les Chevaliers reprennent possession de toutes les richesses et de toutes les dignités qui furent leurs autrefois et qui sont aujourd'hui la possession de ceux qui n'y ont nul autre titre que l'injustice et la malignité.

Puis, lorsque l'impétrant est prêt à faire le pas qui consiste à passer de la société des bâtisseurs à celle des maîtres d'armes, on exige de lui un serment dont la couleur est clairement templière :

Enfin, promettez-vous et jurez-vous de garder inviolable les secrets que je vais vous confier, de sacrifier les traîtres à la Maçonnerie, de considérer les Chevaliers de Malte comme nos ennemis, de renoncer à jamais d'entrer dans leur Ordre et de voir en eux les injustes usurpateurs des droits, titres, et dignités des Chevaliers du Temple, en possession desquels vous espérez entrer un jour, avec l'aide du Tout-Puissant ?

On ne peut donc pas dire, comme on le lit trop souvent chez les exégètes des grades de Vengeance, que ces grades là sont étrangers les uns aux autres, au moins dans la nomenclature de *Lizard King,* puisque la thématique est à peu près la même tout au long de ces neuf grades de vengeance : *les initiés sont les dépositaires d'une tradition templière, qui a pris corps tour à tour dans la franc-maçonnerie, dans la Sainte Vehme, et qui est destinée à fabriquer) une organisation paramilitaire d'un type spécial, corps armé de francs-tireurs combattant sous couvert de l'ombre toutes les tyrannies temporelles et spirituelles et soufflant partout sur les braises de la révolution.* L'idée au fond n'est pas neuve. Au XIXe siècle déjà, Cadet de Gassicourt écrit *Le Tombeau de Jacques Molaï*[130] où, à travers une prétendue étude historique, il prétend le premier que la franc-maçonnerie hébergeait les vengeurs des templiers qui avaient pour but d'abattre le Trône et l'Autel avec le soutien occulte de membres de la secte des Assassins, reconstituée après la mort de son fondateur, le Vieux de la Montagne.[131] Mais dès 1756, la *Stricte Observance* n'en faisait pas mystère, puisque ses correspondants l'avaient expliqué à Willermoz qui s'en était ouvert auprès d'autres Français[132] titulaires du grade qu'ils avaient été chercher en Allemagne pendant la Guerre de Sept Ans. L'année qui suivit, les deux *Grands Elus* renièrent très officiellement ce grade. Cinq ans plus tard, le rite continuait à être transmis, et la *Grande Loge de France*, affolée, s'empressa de condamner le *Kadosch*[133]

---

130. Pour la mythologie templaro-maçonnique, le lecteur voudra bien se référer à René Le Forestier, « la Légende templière », in *La Franc-Maçonnerie occultiste et templière*, t. 1, pp. 64-82 ; cf. aussi l'article de Pierre Mollier, *Imaginaire chevaleresque et franc-maçonnerie* au XVIIIe siècle, Renaissance traditionnelle, n° 97-98, pp. 2-19.

131. Bien sûr, les conjonctions entre Assassins, les Templiers, les Carbonari et les Grades de vengeance sont de la pure fiction. Pour preuve de cela, le lecteur pourra méditer ce qu'enseigne la maçonnerie druze. Jean HERNANT est le premier à notre connaissance qui parle des contacts entre Assassins et Templiers, et ce, dès 1725 in « Histoire de l'Ordre des templiers » in *Histoire des religions ou ordres militaires de l'Eglise et des ordres de Chevalerie*, Rouen, 1725, t. I, chap. XVII, p. 293 : « *Ils* [les Templiers] *furent accusés de plusieurs autres crimes, tel que celui d'avoir été la cause que le prince des Assassins quitta le dessein de se convertir à la foi… Les Assassins suivoient la Loi de Mahomet. Ils avoient pour Chef un prince qu'ils apelloient le Vieux ou le Vieillard de la Montagne, non pas à cause de son âge, mais pour marquer sa prudence et son autorité.* »

132. Ce furent Meunier de Précourt et Le Boucher de Lenoncourt, qui signaient l'un et l'autre leur pli du titre de *Grand Inspecteur Grand Elu.*

133. Le 21 septembre 1766, circulaire du *Conseil Souverain des Chevaliers d'orient* et de son Souverain en exercice Jean-Pierre Moët.

Défendons très expressément à tout Maçon symbolique ou gradué de quelque grade qu'il puisse être, de reconnaître ; avouer ni conférer le grade connu sous le nom de G.I.G.E. cher K. S. que nous déclarons faux, fanatique, détestable, tant comme contraire aux principes et au but de la Maçonnerie que comme contraire aux principes et aux devoirs d'Etat et de Religion.

Défendons à tous les Maçons de rendre aucuns honneurs ni même de recevoir dans aucunes de leurs loges ou Collèges quiconque s'y présenterait revêtu des livrées de ce grade ; le tout sous peine d'être séparé du corps des Maçons.

Le bon Willermoz, qui ne veut pas être de reste dès qu'il s'agit de flatter le Roi, l'Eglise ou l'Etat, n'aura de cesse de faire interdire ce grade de *Kadosch*[134]

dans lequel on s'occupe de cette chimère de rétablissement [*de l'ordre des templiers*] d'une manière si exécrable que nous nous sommes faits dès le principe une loi d'abjurer tout ce qui y avait trait.

Il faudra attendre 1830 pour voir reparaître ce grade honni. Mais sa lente reconnaissance, selon une des lois de la régularité maçonnique ira de pair avec la perte de son pouvoir de nuisance. Peu à peu défait de toute sa charge anticatholique et antiroyaliste — en 1875, on foulait pourtant au pied la tiare et la couronne et A. Lantoine[135] parle d'un rite où l'on poignarde les mannequins du Roi et du Souverain Pontife — le rite se revêt aujourd'hui de connotations dénuées de toute vigueur. On y exhorte à la vertu en vue de l'action, mais laquelle ? Les rituels récents du Grand Orient sont singulièrement lénifiants et bêtifiants :

Les chevaliers Kadosch, étant les élus de la Maçonnerie, doivent être les Maçons par excellence et, purifiés de la souillure des préjugés et des sentiments égoïstes, ils doivent se consacrer à l'étude et à la pratique de tout ce qui peut contribuer au bonheur et au progrès social...

---

134. En 1778, au Convent des Gaules.
135. A. LANTOINE, « Les légendes du Rituel maçonnique », in *Le Symbolisme*, n° 213, 1937, pp. 16-17.

L'échelle mystique que doit gravir l'impétrant reflète aussi les évolutions et les adoucissements de ce grade. La réécriture judéo-chrétienne veut y voir les sept prescriptions de *Lévitique 19*[136], tandis que le scientisme positiviste les remplace à partir de 1969 par l'épistémologie d'Auguste Comte, et fait figurer en meilleure place la « *psychologie* » et la « *sociologie* »[137]...

Dans ce salmigondis de réécritures opportunistes, l'auteur a jugé bon de retourner aux sources de la radicalité du degré, qui, même si elles ne sont pas exactes historiquement, au moins le sont imaginalement. Oui, il est question des templiers qui veulent venger l'assassinat de leur Grand Maître.[138] Oui, il faut fouler au pied les symboles du pouvoir temporel et spirituel. Oui l'échelle mystique doit être une allégorie de la transfiguration héroïque du combattant en l'Aigle Noir et Blanc. Les informations complémentaires concernant la hiéro-histoire et l'eschatologie de ce rite sont abondamment commentées dans les instructions de ce grade. Aussi nous enjoignons le lecteur curieux d'y aller sans tarder, car il pourra y trouver la dernière de toutes les instructions des grades de Vengeance puisque le dernier Grade qui vient après n'en comporte aucune. Aussi faut-il lire avec la dernière attention ces instructions qui sont comme le testament philosophique de cette maçonnerie noire. On y pourra puiser nombres d'éléments qui font le lien entre la charbonnerie, le templarisme, la crypto-révolution, les grades de vengeance et la Sainte Vehme. Ainsi, sans qu'il soit le nec plus ultra — puisqu'il n'est que l'antichambre du degré ultime — ce degré est-il précieux, car il est très disert. On ne peut pas en dire autant du suivant dont la qualité principale est justement son mutisme, ainsi qu'on va le voir maintenant.

---

136. Cl. GUÉRILLOT, *La Rose maçonnique*, t. II, Trédaniel, 1995, p. 270 sq.

137. G. LERBET, *Le Kadosch franc-maçon*, Editions maçonniques de France, p. 91.

138. Le même du Barailh expliquait — Cahier du Rite de Perfection — que « *ces sept barreaux symbolisent aussi les sept points de l'obligation que vous venez de contracter, de la même manière que Philippe le Bel imposa ses sept articles à Clément V. Il lui fit jurer la destruction finale des templiers de la même façon que, par les sept points de votre obligation, vous avez juré de porter une haine implacable aux Chevaliers de Malte, vous vous êtes engagé à vous attacher à leur totale destruction et à revendiquer les droits et dignités dont ils sont injustes et en possession.* »

Le lecteur voudra bien s'attarder sur le commentaire portant sur le glyphe du cordon de *Chevalier Kadosch*, dans les instructions du grade.[139] La référence qui y est donnée ne renvoie pas à une interprétation christique, comme trop ordinairement, mais à une signification alchimique et vitriolaire, et renvoie au lion vert, corrosif universel qui ouvre toute matière, et pénètre au cœur de chaque substance, dissolvant les peaux mortes pour atteindre la moelle.[140] Il est intéressant de préciser K∴ A∴ E∴ S∴ est aussi en *arabe médiéval*[141] la racine de tout ce qui se rapporte à l'action de trancher, de couper, de séparer — de telle sorte que, par un clin d'œil malicieux de la kabbale phonétique, ce glyphe qui s'enorgueillit de couronner le « nec plus ultra » de certaine maçonnerie qui se félicite de lancer des louanges au Dieu des Saintes Ecritures peut aussi avoir été recueilli par les arabes plus que par les juifs, et par des maîtres d'armes plus que par des « saints »...

---

139. Que signifie les quatre lettres K∴ A∴ E∴ S∴ qui sont parfois brodées sur les Cordons ? *Kadosch Adonaï Elohim Sabaoth*, soit en hébreu : « Saint est le seigneur, le Dieu des Armées du Ciel ». Les hermétistes donnaient le nom d'Al Kaest au dissolvant universel utilisé en alchimie. Et l'action des Kadosch peut se comparer à celle de ce Kaest, sans lequel le Grand Œuvre est impossible à réaliser.

140. Mais il faut aller plus loin encore. Si le Chevalier Kadosch est le degré vitriolaire par excellence, celui qui dissout les formes et ramène à la liquéfaction première, s'il est ce degré qui mord et déchire, qui découpe toute substance, c'est donc qu'il a fort à faire avec l'Alchimie. Qu'on nous permette alors de prendre quelques lignes sur ce vitriol qui est au début de l'expérience maçonnique, dans le cabinet de réflexion où le profane rédige son testament philosophique, et au terme de la maçonnerie écossaise, comme couronnement de la Queste. V.I.T.R.I.O.L. : la sentence hermétique orne les murs des cabinets de réflexion de toutes les loges maçonniques. Les maçons savent-ils qu'en la laissant ainsi accrochée aux murs de leur temple, ils maintiennent une tradition alchimique qui enjambe les tristes clubs newtoniens et remonte à la Renaissance ? Savent-ils qu'ils donnent ainsi au profane qu'ils reçoivent dans leur intimité la preuve la plus éclatante que la maçonnerie n'est pas la mère des Lumières, mais la fille des confréries de mages et d'alchimistes qui voyageaient par toute l'Europe en cherchant le secret de la Pierre Philosophale ? Savent-il enfin qu'il y a plus de points communs entre la maçonnerie et les fraternités monastiques des Immortels du Tao qu'il n'y en a entre cette même maçonnerie et l'ésotérisme chrétien ou le club politique ?

Vitriol enseigne tout cela, si l'on « rectifie » bien : que la maçonnerie est depuis un demi millénaire au moins l'abri et le havre de paix pour les traqueurs d'éternité. Vitriol est l'acronyme est celui d'une sentence alchimique (« *visite l'intérieur de la terre, et en rectifiant, tu trouveras la pierre cachée* ») qui ornait en 1624 la figure n° 95 d'un étroit petit volume de quarante pages en format à l'italienne, le *viridarium chymicum*, de Daniel Stolcius de Stolcenberg, un médecin astrologue praguois amateur d'estampes. Il fut édité à Frankfort par Jennis, le graveur allié aux De Bry qui s'occupa un temps de diffuser des révélations rose-croix portant sur une imminente révolution politique et religieuse. Stöltz, — c'était son nom délatinisé —, vagabonda de la Bohême à l'Angleterre, en passant par l'Italie, la Russie de Kronstadt ou la Turquie de Constantinople, visitant jusqu'en Orient tout ce que ce siècle avait d'alchimistes, — sans doute une couverture idéale pour un travail d'espionnage des puissances étrangères au service de l'Allemagne. On perd sa trace en Orient, alors qu'il n'avait que la quarantaine — Serait-ce du côté de Fez qui est l'Asile des Adeptes ? —. Dans la préface à son *Jardinet chymique*, Stöltz reconnaît de bonne grâce avoir pillé le VITRIOL et d'autres emblèmes à d'autres ouvrages alchimiques ou rose-croix, — la preuve en est, trois ans plus tôt, la sortie des presses parisiennes du célèbre *Azoth ou le moyen de faire l'or caché des philosophes* du frère Basile Valentin qui, dans les première, deuxième et douzième gravures, présente le même logogriphe pour désigner la méthode d'obtention de l'acide sulfurique au moyen de soufre et d'eauforte. Mais en vérité, tous les deux, Stöltz et Valentin, se contentèrent de plagier la première édition du Vitriol connue, de soixante-quinze ans plus âgée (ancienne), dans le *Kunstbüchlein* que Caspar Hartung vom Hoff publia à Cassel en 1549. Pourquoi donner cette généalogie du vitriol maçonnique ? Parce que C.-H. vom Hoff , dédie son manuscrit « *à Wilhaben Guntzhoffer ainsi qu'aux Frères* », tout cela donc en 1549, *près de deux cent ans avant la création officielle de la franc-maçonnerie spéculative...* De là à dire que la franc-maçonnerie a d'abord été pendant plusieurs siècles un rassemblement d'alchimistes, d'occultistes, de laboureurs de la lune et d'autres rêveurs hallucinés que n'auraient pas reniés André Breton, Charles Fourier ou les surréalistes, il n'y a qu'un pas, qu'il faut franchir allègrement. Non, la vieille franc-maçonnerie n'a pas toujours été cette société bien-pensante et infatuée qu'on connaît aujourd'hui et dont on déplore l'esprit de sérieux. Elle ne fut pas en ses origines cette assemblée de cadres moyens et d'agents immobiliers en mal d'entregent avec la mairie, mais une société de rêveurs sans scrupule et de prophètes sans transcendance, de mages biscornus qui devaient se réunir pour des happenings extravagants où l'on attrapait les anges pour les mettre en bouteille et où l'on échangeait des nouvelles en préparation de la Grande Révolution dont on avait lu les signes avant-coureurs dans les astres. La question est de savoir quand se refermera la triste parenthèse de cette maçonnerie bourgeoise, vaniteuse et ennuyeuse, et quand reviendront les temps des attrapeurs de songes et des utopistes anarcho-occultistes.

141. *Kaâs.*

Prince du Royal Secret

C'est pourquoi l'ange exterminateur, qui est le même que l'esprit du mal, est appelé « très bon » parce qu'il cause beaucoup de bien à ceux qui écoute la voix de son maître.

ZOHAR, II, 163a

En son origine lyonnaise, en 1743, le grade de *Petit Elu* contient à peu près la totalité du grade de ce qui sera le *Sublime Prince du Royal Secret*. Le Chapitre de Clermont s'était efforcé en 1754 de l'épurer un peu de sa férocité, pour le faire ensuite couronner le *rite d'Heredom* et le désigner comme degré *nec plus ultra* de ce *rite de perfection*. On cherche à le proscrire en 1780, mais il est tenace, et attire toujours, allant jusqu'à devenir le degré suprême du seul rite universellement pratiqué d'un côté et de l'autre de l'Atlantique, le *rite écossais ancien et accepté* de 1804. La chevalerie ainsi constituée des Vengeurs était annoncée dès le titre de *Sublime Chevalier Elu*. L'entrée dans cette chevalerie est désormais acquise, au fur et à mesure de la montée de l'échelle initiatique : *Chevalier Prussien, Chevalier Kadosh*. Voilà maintenant cette chevalerie en ordre de bataille, en ordre militaire : la loge est un « *camp de rendez-vous* » pour toutes les unités de combattants que connaît la maçonnerie et même le monde profane. Les connotations templières sont toutes présentes dans les premières versions du rite, même si le Grand Collège des Rites va s'ingénier à effacer cette dimension. En l'une de ses versions originales, le rite présente le campement pour la bataille finale à laquelle devront se livrer les maçons des 3ème, 5ème, 7ème, 9ème et 29ème degré répartis sur une croix de Saint-André. Dans notre version, qui resserre le symbolisme autour de la *franc-maçonnerie de Justice*, les degrés présents recoupent très précisément tous les grades de la *Franc-Maçonnerie Noire*, auxquels sont adjoints les troupes auxiliaires profanes qui se mêlent aux apprentis vengeurs. Conformément aux versions déchristianisées, les étendards dressés à la gloire de Dieu sont majoritairement retirés, et ceux qui restent affichent à la place des sentences hermétiques. On connaît de ce rite une version du début du XXe siècle qui explique que l'historique des rassemblements de troupes et des concentrations de force en invoquant successivement la défense de Luther, la démocratie américaine, la proclamation de 1848. L'image est charmante, mais elle désamorce la charge symbolique du rituel en le transformant une allégorie ordinaire du combat pour la démocratie et les droits sociaux. Or il y a plus dans ce *Prince du Royal Secret*, parce que la mise en scène répond à une fonction eschatologique. D'une part, l'autorité suprême invoquée est Frédéric III, archétype du Roi du Monde en dormition qui ouvrait le cycle de ces trois derniers degrés de la maîtrise de vengeance et qui à cet instant le ferme — or Frédéric III est celui par qui l'histoire s'achève et tout s'accomplit. D'autre part, — et le point est absolument remarquable — en plein centre du camp de rendez-vous, la tente centrale, qui est traditionnellement dévolue à l'œil du cyclone et à la direction de l'ordre, cette tente est occupée par les *trois sœurs*. Ce sont les trois figures féminines qui ont scandé la progression initiatique dans la maçonnerie noire : Balkis la reine de Saba au 3ème degré, Salomé la vengeresse au 9ème et Dame Fortune au 11ème. Le lecteur voudra bien noter que Balkis est de peau noire — *Nigra sed formosa* — que Salomé est décrite dans le rituel comme parée d'une chevelure de jais, et que la déesse Fortune *au loup noir* arbore la corne d'abondance, dont la vacuité contient toutes les potentialités. Et s'il y a un *Royal Secret* dont le *Prince* a désormais la connaissance au terme de son pèlerinage par tous les degrés de la Vengeance et de la Justice, il a certainement à voir avec ces sœurs triples, qui sont comme le déploiement trinitaire de la Femme Noire, à la fois veuve éplorée, pucelle ardente et déesse imprévisible, manifestation triple de la puissance qui contient tout et détruit tout, de ce puits sans fond, de ce fonds aveugle qui est source de toutes choses et en lequel toute chose se résorbe.[142]

---

142. Comme nous avons dit en première partie, ce rite est d'abord une initiation à la métaphysique de gauche, comme culture de l'insolence et du soupçon. Or il s'achève et culmine sur un combat sans objet, — car l'ennemi n'est pas nommé —, et sans direction aucune, — puisque la tente des officiers est occupée par la triple béance —. *Voilà de quoi désarmer le plus endurci des militants.* Dès lors, la gauche comme pratique de la subversion et de la résistance est confrontée à son ultime limite : subvertir la subversion et résister à la résistance. Car la dernière des aliénations reste *in fine* l'aliénation à l'insurrection.

Qu'on nous permette une digression qui élucidera notre propos.

Equerre et compas sont les deux symboles maçonniques par excellence, qui renvoient aux deux polarités : masculine, anguleuse, chtonienne pour l'équerre, féminine ; circulaire et dansante, aérienne et verticale pour le compas. Il n'est nul besoin d'aller chercher en Asie un peu de *Ying* et de *Yang*, de *Ioni* et de *Lingam*, puisque l'occident a aussi son phallus (mais il fait un angle droit) et sa vulve (mais elle n'ouvre ses cuisses qu'à 60°). Rien de bien mystérieux donc, dans la symbolique maçonnique, une nouvelle manière de dire la banalité enseignée par n'importe quel club de yoga, psychanalyse jungienne ou stage de développement personnel new-age avec massage californien. Mais l'intérêt de ce coït cosmique réside ailleurs : équerre et compas sont croisés de manière bien précise. Au premier degré maçonnique, l'équerre domine ; au deuxième, ils se chevauchent en s'entrelaçant ; au troisième (grade ultime de maître), le compas chevauche complètement l'équerre. Cela laisse entendre, contre toute attente, que le franc-maçon s'accomplit lorsqu'il renonce à l'exercice de l'autorité masculine, et à l'imaginaire patriarcal et prométhéen auquel on l'associe trop souvent. Le Grand Architecte de l'Univers serait donc une Grande Artiste de l'Utérus, et *l'initiation mènerait à la domination féminine et au royaume de la Reine de la Nuit.* Mozart avait compris cela, tout franc-maçon érotomane obsessionnel et amoral qu'il était. L'appel du gouffre est donc bien là, au cœur de la Voie Maçonnique, le Gouffre féminin, le Vide de la petite Mort, l'expérience frontale du Néant.

Dès lors, on dira ce qu'on voudra de l'expérience initiatique, mais elle n'est ni religieuse ni politique, car elle est seulement, simplement, érotique et gynocratique.

Au Dieu triple, puissance révélée et manifestée, créationniste et masculine, cette franc-maçonnerie-là qui exige de rétablir la Justice répond par l'Obscure trois fois Obscure. Voilà ce que voilait le *Royal Secret* et que nul ne peut apprendre mais seulement comprendre : la trois fois femme est source de la guerre autant que de l'amour ; elle est la Femme vieille, vierge et divine, au-delà de toute désignation possible, puisqu'Elle est noire parmi les noires. Mais d'Elle tout coule, et à Elle tout retourne.

FRANC-MAÇONNERIE NOIRE[143]

Regarde d'abord si tes mains sont propres,
Et si ton couteau est affilé et bien aiguisé.

ANONYME, *Manuscrit Halliwell, dit « Regius »*
Texte fondateur de la franc-maçonnerie médiévale
vers 764 et 765.

---

143. Conformément à tout ce qui vient d'être dit, le franc-maçon régulier qui veut être initié ou initier à la franc-maçonnerie noire ne devra pas prendre en compte la rédaction des rituels qui va suivre.

GRADE D'APPRENTI

Le premier signe d'une connaissance naissante,
c'est le désir de mourir

F. KAFKA.

Installation de la Loge

La Loge peut se tenir dans n'importe quel local, pourvu qu'il soit à couvert et qu'on dispose d'un pan de mur vertical dont on conviendra qu'il est l'Orient.

Au milieu de la Loge devront être placés deux bancs ou deux rangées de sièges, qui figurent les colonnes du Septentrion et du Midi, mais il est possible aussi de faire tenue debout, si l'on prédit que des Frères[144] n'en seront pas incommodés en raison de leur grand âge ou de leur faible constitution. Le mobilier n'est donc pas requis. Mieux, il est indésirable.

---

144. Par commodité d'usage, tout au long de ces rituels, nous dirons « Frères » au sens générique du terme, mais cela inclut bien évidemment les Sœurs, comme on parle des Droits de l'Homme en incluant bien évidemment ceux des femmes. De même pour les appellations dérivées (Maîtresse, Surveillantes, etc. etc.)

Entre les deux colonnes, à même le sol, on laissera un espace libre suffisamment large pour qu'y soit dessiné plus tard le tableau de loge.

Non loin de là, on n'oubliera pas de mettre morceau de charbon et de craie, éventuellement tableau noir, seau d'eau et balai. Avant que l'assemblée ne prenne place, le frère Grand Expert boutera le feu à trois flambeaux. Il placera les deux premiers aux extrémités occidentales des deux colonnes, et le dernier entre les deux colonnes, vers l'Orient.

Il veillera enfin à couvrir la Chaire de Salomon du voile de la Reine de Saba, ou voile de Balkis, qui est ordinairement un voile d'étoffe bleu nuit piqueté d'étoiles. S'il n'est pas de Chaire, il prendra un tabouret qu'il voilera de la même manière. S'il n'est pas de mobilier, pas même de tabouret pour Salomon, il trouvera un artifice pour voiler un pan du mur Oriental.

Devant l'Orient, précisément en avant du flambeau oriental, le Grand Expert aura pris la peine de placer l'Equerre sur le Compas et de barrer la déclaration des droits de l'homme d'un Poignard. Il est bon qu'il puisse surélever légèrement l'autel, ne serait-ce qu'en l'installant sur une bûche ou un tabouret par exemple.

Devant l'Occident, entre les deux flambeaux septentrionaux et méridionaux, il placera le Maillet de Salomon.

Les Frères ont été convoqués régulièrement, selon les formes accoutumées et sont venus avec le tablier qui n'est pas celui du grade qui va se jouer ce soir, mais avec le tablier du plus haut grade qu'ils possèdent. Ils doivent venir aussi coiffés et armés. Ils sont placés dans la Loge par le Maître de Cérémonie, sur l'une et l'autre colonne. Il n'y a pas de Surveillant.[145]

---

145. Les surveillants ne sont pas requis parce que la loge noire se limite à quinze membres, chiffre au-delà duquel elle essaime. A quinze ou moins, la distribution de parole est encore possible comme est possible la relation intersubjective et la démocratie non représentative. Au-delà de quinze membres, ce n'est plus une loge, c'est un appareil.

Ouverture des travaux

Quand tous sont installés, le couvreur prend le Maillet de Salomon, le met en bande, et prend la parole le premier, puis il le passe à son voisin sénestre. Ainsi le Maillet passe-t-il de mains en mains, roulant le long de la Loge, en donnant à chacun sa part dans l'exécution du rituel d'ouverture. Les interventions d'ouverture des travaux sont extrêmement brèves, elles doivent être composées d'une ou deux phrases qui font la question ou la réponse, et doivent être exposées de manière vive, naturelle et socratique. Il n'est pas de texte qui soit vérité révélée, car ainsi serait tuée la puissance de la parole vivante, venue de l'instant vécu. Aussi ne trouvera-t-on pas ici un « dialogue » à répéter, mais la trame de ce qui doit être abordé et fait pour permettre que s'ouvrent les travaux. Sur cette trame, les ateliers sont conviés à broder, selon leur humeur et l'objet de leur tenue, selon un art de parole qui doit valoir pour la maçonnerie ce que la *Comedia dell'arte* vaut pour le théâtre.

Les grandes étapes qui doivent être abordées lors de l'ouverture des travaux sont les suivantes :

- Rappel du devoir du couverture, vérification de cette dernière.
- Trois questions successives : Heure ? Midi. Age ? 3 ans. Apprenti ? J'ai reçu la Lumière.
- Assemblée à l'ordre [**00-0**]. Ouverture de la loge au nom du G∴ A∴ D∴ L∴ U∴.

Le plus récent des Apprentis va devoir prendre le charbon ou la craie et dessiner de mémoire, — sous les conseils du maître attaché à son enseignement — le tableau de loge de ce grade. Il devra le faire suffisamment ample pour qu'une circumambulation puisse se faire sur son tracé. Le plus grand silence doit se faire pendant l'exécution du tracé. Nul ne peut prendre part par ses commentaires ou par ses gestes au dessin. Seul le Maître associé peut aider, murmurer quelques conseils, se déplacer à ses côtés. Il ne peut toucher la craie ou le charbon, mais a le droit de porter sa main sur celle de son élève pour assurer son trait.

Au terme du tracé, Apprenti et Maître regagnent leur place. Si rien n'est urgent, une libre glose du tracé est possible, retrouvant en cela les libres propos rabbiniques de la maçonnerie originelle. Les gloses du tableau de loge doivent néanmoins obéir aux règles suivantes :

• Nul ne peut prendre la parole s'il n'a pas demandé et obtenu le Maillet de Salomon et s'il ne le porte pas en bande.
• Nulle intervention ne peut être plus longue que celle qui l'a précédée dans un même débat.
• Nul ne peut avoir droit au maillet de Salomon plus de trois fois dans un même débat.

Initiation au degré d'Apprenti

La Loge est parée à l'ordinaire des loges bleues, avec cette seule différence que derrière la Chaire de Salomon est pendu le symbole du grade que l'on y donne.

Le parrain de l'impétrant prend la parole pour rappeler les qualités du profane qui demande à recevoir la lumière, sur la candidature duquel un scrutin favorable a déjà eu lieu et pour lequel le passage sous le bandeau a été jugé positif. Il ouvre un éventuel débat à son sujet si quelqu'un le demande dans l'assemblée.

Le Frère terrible est mandé pour s'assurer auprès du profane si ce dernier est toujours résolu à passer les épreuves de l'initiation. Il est important que le frère terrible s'assure auprès du profane de sa résolution en lui signifiant explicitement que cette initiation est périlleuse. Il est préférable d'avoir là-dessus un laïus tout préparé, aussi je propose à l'intelligence de mon lecteur l'un d'entre eux,[146] qui n'est qu'un modèle de ce que l'on pourra dire au profane. Mais il est bon de personnaliser la mise en garde, afin qu'elle fasse pression sur les points névralgiques qui ont été repérés dans les trois enquêtes préliminaires.

Si le profane est toujours d'accord pour recevoir l'initiation, le frère terrible retourne dehors, mène l'impétrant dans une chambre contiguë où il le ceint d'une épée, puis le déshabille à l'ordinaire en lui ôtant soigneusement toutes sortes de métaux ; il lui bande les yeux, il lui dénude le sein droit et lui retire une chaussure pour provoquer le boitillement coutumier.

146. Monsieur, persistant dans votre résolution, vous devez bien vous examiner, si vous avez assez de courage pour soutenir les épreuves que vous serez obligé de faire, et si vous n'avez aucune répugnance à vous engager à des choses que vous ne connaissez pas.

Rassurez-vous pourtant, il n'y a rien chez nous qui encourage la bassesse religieuse, la fuite et le refuge dans l'au-delà et dans tous les arrière-mondes, raison pour laquelle les hommes démissionnent de leur propre existence. De même, je dois vous préciser que l'entrée dans cette Maçonnerie ruinera en vous tout dogme, toute certitude, même celle de n'en avoir aucune, et qu'en conséquence de quoi, vous vous exposez à un véritable creusement intérieur au terme duquel, ayant perdu toute espérance et étant mort aux regrets, vous devrez vous contempler comme on se penche sur un puits.

Sachez aussi, Monsieur, que l'entrée dans la Confrérie vous fera mourir au respect tremblant que vous aviez auparavant devant les Maîtres de ce monde, et que par conséquent, ceux-ci en auront grande morgue et voudront ramener au silence le rire qui ne manquera pas de s'échapper de vos lèvres lorsque vous aurez compris l'imposture et la fatuité ridicule dont s'ornent tous les pouvoirs.

Dites-vous bien enfin que très logiquement et inéluctablement, l'initiation fera de vous un transfuge à la Providence, que vous irez à contre-courant de ce que la destinée a prévu pour vous, car cette initiation est d'abord une subversion par quoi les Dieux rampent dans la fange et les boueux dansent au sommet du ciel.Je vous mets en garde, Monsieur, de ce que, dès après l'initiation, la légalité requise par la société vous paraîtra illégitime, grotesque et risible, et que les bonnes mœurs vous sembleront tellement obscènes, que vous vous délecterez du scandale, vous savourerez l'opprobre comme un vin capiteux et vous goûterez l'injure comme un mets raffiné.

Je vous mets aussi en garde de ce que, dans l'obscurité de notre Temple, les innocents rougiront de votre pureté.

Je vous demande enfin solennellement, Monsieur, si vous êtes décidé et prêt à vous engager dans une Confrérie dont les statuts ne sont fixés par aucun code, dans laquelle il n'y a pas de règlements coercitifs ni d'instances de justice, où chaque membre vient parce que cela est conforme à son libre-vouloir et que nul ne s'impose en censeur, en gardien de la constitution ou en maître des geôles pour quiconque. Car l'Auguste Fraternité que vous ralliez est faite de femmes et d'homme libres, capables d'établir de fraternelles relations, pour provoquer et multiplier ensemble les occasions de grandir, et que, de ce fait, nul n'entre ici s'il a besoin d'un directeur de conscience, d'un garde-chiourme ou s'il est animé par la peur, la rancœur ou la jalousie. Ici se pratique la seule et réelle vertu, qui consiste à être femme ou homme de pouvoir, c'est-à-dire attaché à se maîtriser soi-même sans attendre que viennent de l'extérieur censure ou contrôle.

Ensuite le Frère Terrible le prend par la main droite, dégaine violemment l'arme dont il avait équipé le profane, lui met la pointe de son épée sur le cœur et l'achemine vers la porte de la loge — on ne doit lui parler de rien, que de ce qui concerne son déshabillement et sa marche — où il frappe en profane trois fois [- - -]. Viennent alors de l'assemblée les trois questions coutumières qui sont adressées au frère terrible.

• Qui frappe ?
• Comment s'appelle-t-il ?
• Quel âge a-t-il ?

Le récipiendaire est alors introduit dans la loge toujours dans le même état, ni vêtu ni dévêtu. Le Frère terrible lui pointe l'épée qu'il lui a prise sur le cœur, et invite l'impétrant à empoigner ladite pointe pour la diriger fermement vers son cœur. Puis le Frère terrible conduit ainsi le récipiendaire autour du Tracé de loge, en commençant par le Septentrion. Dès qu'il arrive à niveau de la Porte Septentrionale, on le fait s'incliner tandis que les Frères assemblés font le signe d'Apprenti et font grand bruit de leur Tablier. On en fait de même quand il passe devant le siège du Vénérable Maître. De même pour la Porte Méridionale. Il fait le tour du tracé par trois fois. Ainsi aura-t-il fait neuf saluts, en trois tours dextrogyres.

Puis il est conduit devant le Tracé de Loge, un pas environ en arrière, vers l'Occident. Le Frère Terrible se défait de l'épée de l'impétrant.

On lui demande s'il est prêt à continuer les épreuves. Et on lui récite le même laïus que ci-dessus. L'assemblée pose à nouveau les trois questions coutumières mais cette fois-ci les adresse à l'impétrant. (Qui frappe ? Comment s'appelle-t-il ? Quel âge a-t-il ?) Elles sont suivies des trois questions spécifiques au rite :

• Est-il bien apatride ?
• Est-il bien mécréant ?
• Est-il bien brigand ?

Quelles que soient ses réponses, dénégations indignées, aveux fiers ou honteux ou mutisme désorienté, on lui demande une dernière fois s'il veut continuer. Sur sa réponse positive, Le Frère Terrible place le candidat sur le tracé, les pieds aux emplacements des pieds dessinés. Ensuite, il prend le pied gauche du candidat, le pose sur la Porte Septentrionale et le fait rejoindre, à l'Equerre, par le pied droit.

Ensuite il prend le pied droit du candidat, le pose sur la Porte Méridionale, et le fait rejoindre, à l'Equerre, par le pied gauche.

Ensuite il prend le pied gauche du candidat, le pose sur la porte d'Orient, qui est sise juste devant l'Autel aux Serments, et le fait rejoindre, à l'Equerre, par le pied droit.

Ensuite, on lui prend la main droite, on la lui fait mettre sur le Poignard flamboyant, reposant sur la « Déclaration des Droits de l'Homme & du Citoyen » tenue du 26 août 1789, seul Livre Sacré de l'Atelier. Le Frère terrible lui met le Poignard sur la poitrine nue, du côté du cœur. Les Frères tiennent leur Epée haute dans la gauche, faisant le signe avec la droite. Puis on lui fait jurer sa prestation de serment. Là-aussi, il est loisible d'inventer la sienne, à partir du modèle ci-dessous proposé.[147]

Après cela, il est reçu Apprenti maçon par trois coups de maillet donnés légèrement sur le poignard qu'il tient appuyé contre sa poitrine, par trois maîtres successifs, chacun avec une invocation qui lui est propre.

---

147. « Moi NN…, à la face du G∴ A∴ D∴ L∴ U∴ et de cette respectable assemblée, je jure que je ne révèlerai jamais à qui que ce soit, ni sous aucun prétexte, la moindre chose de ce que je verrai, entendrai ou comprendrai des mystères des Francs-Maçons ; que je n'en parlerai jamais avec des profanes, ni que je n'en écrirai, tracerai, graverai ou j'imprimerai le moindre caractère, hors que quand j'en serai spécialement autorisé par ma conscience de Maçon libre. Je jure de discipliner mon cynisme pour qu'il se convertisse en vérité, mon désir pour qu'il se convertisse en volonté, mes agissements pour qu'ils se convertissent en grand style. Et que si je contreviens à un de ces points, que j'aie la gorge tranchée, que je sois déshonoré, et que mon nom soit transcrit à perpétuité sur la Colonne d'Infamie, alors que mon corps serait enseveli dans le sable de la mer, afin que le flux et le reflux m'emportent dans un éternel oubli. Et si je suis parjure, je consens à ce que mon Nom, celui de ma Loge, celui de ma Lignée, celui de mon Orient, soit marqué dans la cire noire d'un Flambeau noir et que sa Flamme soit étouffée en la forme accoutumée et régulière par le Maillet noir de Justice.
Et que le G∴ A∴ D∴ L∴ U∴ me soit en aide. »

On fait reculer de trois pas le candidat. Le dernier initié de la loge enfile une chemise blanche ensanglantée, et s'allonge, la tête vers l'Occident, en figure de pentagramme inversé, le tablier de compagnon rabattu sur le visage et le poignard en travers de la poitrine. Trois torchères éclairent la scène. L'ensemble des Frères s'assemblent en demi-cercle autour de la scène, se masquent la face et pointent leur arme en direction du profane.

On lui ôte le bandeau, seulement pour pouvoir un moment voir l'assemblée qui tient ses épées tournées contre lui ; le bandeau remis, un frère le met en garde contre le sort fatal qu'il nous appartient de réserver aux parjures, aux traîtres, aux profanateurs. Telle est la première lumière.

Le Frère Terrible, lui fait faire un tour de midi à minuit et le replace là où il l'a pris, à L'Orient, devant l'autel aux serments. C'est donc un tour sénestrogyre qui commence et s'achève par l'Orient, et c'est le moment de la seconde lumière. Au moment de lui débander définitivement les yeux, on lui fait l'éclair accoutumé ; cela se fait par deux frères placés à côté du candidat. Les Frères tiennent l'épée haute, formant la voûte d'acier, et disent tous : « *Sic transit gloria mundi* »

Son parrain prend rapidement la parole pour commenter cette expression de la manière qui lui semble la plus juste et la plus adaptée, comme l'exemple ci-dessous pourrait le proposer.[148]

---

148. « Voilà comme passe la vanité de ce monde. Souvenez-vous qu'il faut mourir et que tout disparaît comme un éclair. L'audace seule permet de saisir l'éclair et d'en maintenir la Lumière. Telle est l'illumination à laquelle nous aspirons tous : non la fuite hors du monde, mais la descente au cœur du monde, pour l'effleurer en de fugaces instants dans sa nudité éblouissante, et peut-être nous-mêmes un jour devenir foudre. C'est la première leçon que la loge vous donne.

Ces épées que vous avez vues tantôt tournées contre vous, vous les voyez à présent tirées pour votre défense. Oui, vos Frères ne vous abandonneront jamais tant que vous aurez l'audace de vouloir chevaucher la foudre.

Frère terrible, faites sortir le candidat ; qu'il s'habille et qu'il rentre après avoir frappé en Maçon. [O]. »

Puis le Frère terrible le ramène à l'extérieur pour le faire se rhabiller, et le place à la droite de la Chaire de Salomon. Là, son parrain lui donne :

- l'épée avec un petit laïus ;[149]
- le tablier, avec un petit laïus ;[150]
- les gants d'homme en disant quelque chose ;[151]
- les gants de femme et ajoute quelque chose.[152]

Ensuite, il lui est donné communication des secrets du grade. A savoir :

- Le signe ;
- l'attouchement ;
- Le mot ;
- Le mot de passe.

Puis son parrain lui donne le Triple Baiser de Paix, lui assigne sa place qui est vis-à-vis du F.·. Orateur auquel il ordonne de faire sa harangue, laquelle finie, l'ensemble de la loge fait un peu de glose rabbinique devant le nouvel initié, à travers un jeu de questions réponses dont la vivacité et la virtuosité, le pétillant et l'humour, la profondeur autant que l'esprit doivent éblouir le nouvel entrant et lui faire comprendre que là retentit encore ce que l'esprit français a de plus beau.

---

149. Je vous arme en vous rendant votre épée à la face de vos frères ; servez-vous en pour les défendre, pour votre honneur et pour que triomphe partout le cosmopolitisme.

150. On appelle cela chez nous l'habit : c'est celui d'un Maçon ; que sa blancheur vous fasse souvenir de la candeur qui doit orner toutes vos actions. Ne paraissez jamais en loge sans lui.

151. Je vous donne ces gants. N'oubliez point que vos mains doivent être pures et votre conduite sans tache.

152. Pour confondre les calomnies de nos adversaires qui disent que nous vilipendons ce beau sexe, qui est la plus charmante partie du genre humain, nous vous donnons une paire de gants de femme, pour que vous en fassiez présent à celle que vous distinguez parmi les autres. Et si d'aventure la nature vous a pourvu d'un appétit charnel et d'une langueur d'âme qui vous conduisent plutôt auprès du sexe fort, sachez Monsieur, que les Templiers eux-mêmes socratisaient, et que nous nous honorons d'avoir désormais parmi nous un homme qui sache verser sa puissance d'amour à des fins qui ne soient pas que biologiques. Aussi, conservez pieusement ces gants par-devers vous, et sitôt sorti de notre Temple, donnez-le à votre amant comme la marque précieuse d'un amour qui est des plus purs et qui selon Platon doit conduire à la contemplation extatique du Beau en soi.

Fermeture des Travaux

Les grandes étapes qui doivent être abordées lors de la fermeture des travaux sont les suivantes :

- Lavage à grande eau du tracé de loge.
- Trois étapes successives : Heure ? Minuit. Quelqu'un veut rajouter quelque chose ? extinction des flambeaux.
- Assemblée à l'ordre [**00-0**]. Fermeture de la loge au nom du G∴ A∴ D∴ L∴ U∴

Instructions au premier degré

— Etes-vous Franc-Maçon ? Mes Frères me reconnaissent pour tel.

— Que venez-vous faire en loge ? Vaincre mes passions, redresser mon désir, magnifier ma volonté.

— Où avez-vous été reçu Maçon ? Dans une loge juste et parfaite.

— Que faut-il pour qu'une loge soit juste et parfaite ? Trois la forment, cinq la composent, sept la rendent juste et parfaite.

— A quoi reconnaîtrais-je que vous êtes Franc-Maçon ? A mes signes, mots et attouchements.

— Comment se fait le signe ? Par équerre, niveau et perpendiculaire.

— Donnez-moi le signe d'Apprenti. *Ci fait.*

— Que signifie-t-il ? Que je préférerai avoir la gorge tranchée plutôt que de trahir le secret de notre Ordre.

— Donnez-moi l'attouchement. *Ci-fait.*

— Donnez-moi le mot d'Apprenti. Je ne sais ni lire ni écrire, je ne puis qu'épeler. Donnez-moi la première, je vous donnerai la deuxième.

— J. A.

— K. I.

— N. « Jakin ». Donnez-moi le mot sacré.

— Tub∴

— Quelle forme a votre Loge ? Un carré long.

— Quelle est sa longueur ? De l'Orient à l'Occident.

— Quelle est sa largeur ? Du Midi au Septentrion.

— Quelle est sa hauteur ? Du Zénith au Nadir.

— Sur quelles bases est-elle fondée ? Sur trois piliers.

— Quels sont-ils ? La Sagesse, la Force, la Beauté.

— Quel est leur but ? La Sagesse accomplit, la Force soutient et la Beauté orne.

— Quels sont les outils qui sont présentés dans une loge d'Elu ? L'Equerre, le Compas, le Poignard.

— Quelles en sont les lumières ? Le Soleil, la Lune, et les Etoiles.

— Où se tiennent les Apprentis ? Sur la Colonne du Septentrion.

— Pourquoi ? Parce qu'ils ne peuvent supporter qu'une faible lumière.

— A quoi comparez-vous vos Frères ? Aux neuf Etoiles.

— Pourquoi ? Parce qu'ils servent de repères dans la nuit et me guident sur la voie obscure de la Maçonnerie.

— Quel est l'emblème des Apprentis ? Une colonne brisée pourtant ferme sur sa base et portant l'inscription « *Adhuc stat* ».

— D'où venez-vous ? D'une loge de Saint-Jean d'Apocalypse.

— Pouvez-vous en dire plus ? Je connais ma cause, mais j'ignore mon origine.

GRADE DE COMPAGNON

Un brahmane possédant le Rig-Véda tout entier ne serait souillé d'aucun crime même s'il avait tué tous les habitants des trois mondes et accepté de la nourriture de l'homme le plus vil.

Lois de Manou

Installation de la loge

La loge est installée et ouverte selon l'usage donné plus haut, à cette seule différence notable que Equerre et le Compas s'entrelacent.

Ouverture de la loge de Compagnon

Les grandes étapes qui doivent être abordées lors de l'ouverture des travaux sont les suivantes :

- Rappel du devoir du couverture, vérification de cette dernière.
- Trois questions successives : Heure ? Midi. Age ? 5 ans. Compagnon ? J'ai vu l'Etoile Flamboyante
- Assemblée à l'ordre [**00-0-00**]. Ouverture de la loge au nom du G∴ A∴ D∴ L∴ U∴.

Ensuite, selon l'usage, le dernier Compagnon entré fait le tracé guidé de son Maître.

Initiation au degré de Compagnon

La Loge est parée à l'ordinaire des loges bleues, avec cette seule différence que derrière la Chaire de Salomon est pendu le symbole du grade que l'on y donne. Le récipiendaire, vêtu de ses habits et avec le tablier d'Apprenti, s'arrête au vestibule jusqu'à ce qu'on l'introduise en loge.

Le parrain de l'impétrant prend la parole pour rappeler les qualités de l'Apprenti qui demande à faire le voyageur, sur la candidature duquel un scrutin favorable a déjà eu lieu et pour lequel le tuilage des instructions du premier degré a été jugé positif. Il ouvre un éventuel débat à son sujet si quelqu'un le demande dans l'assemblée.

Ensuite, le Frère Terrible s'assure auprès de l'Apprenti qu'il veut bien être reçu en Cayenne de Compagnon. Sur sa réponse positive, il le défait de son épée et revient sur les parvis où il fait frapper le récipiendaire en Apprenti à la porte du Temple [**00-0**].

Viennent alors de l'assemblée les cinq questions coutumières qui sont adressées au frère Terrible.

- Qui frappe ? (un Apprenti)
- Comment s'appelle-t-il ? (Boaz)
- Quel âge a-t-il ? (bientôt 5 ans)
- Où a-t-il travaillé ? (A la Colonne du Nord)
- Connaît-il la Lumière ? (Oui)

On autorise alors son entrée dans la Cayenne de Compagnon en annonçant que le Frère Terrible devra lui faire faire les cinq voyages.

La porte s'ouvre avec violence et le récipiendaire est alors introduit dans la loge. Le Frère terrible lui pointe l'épée qu'il lui a prise sur le cœur, et invite l'impétrant à empoigner ladite pointe pour la diriger fermement vers son cœur. Puis le Frère terrible conduit ainsi le récipiendaire autour du Tracé de loge, en commençant par le Septentrion. Dès qu'il arrive à niveau de la Porte Septentrionale, les Frères assemblés font le signe de Compagnon et font grand bruit de leur Tablier. On en fait de même quand il passe devant le Vénérable Maître. De même pour la Porte Méridionale.

Puis il est conduit devant le Tracé de Loge, un pas environ en arrière, vers l'Occident, entre les Surveillants.

Le Frère Terrible place ensuite le candidat sur le tracé, les pieds aux emplacements des pieds dessinés. Ensuite, il prend le pied gauche du candidat, le pose sur la Porte Septentrionale et le fait rejoindre, à l'Equerre, par le pied droit. Ensuite il prend le pied droit du candidat, le pose sur la Porte Méridionale, et le fait rejoindre, à l'Equerre, par le pied gauche. Ensuite il prend le pied gauche du candidat, le pose sur la porte d'Orient, qui est sise juste devant l'Autel aux Serments, et le fait rejoindre, à l'Equerre, par le pied droit.

Ensuite, on lui prend la main droite, on la lui fait mettre sur le Poignard flamboyant, reposant sur la " Déclaration des Droits de l'Homme & du Citoyen " tenue du 26 août 1789, seul Livre Sacré de l'Atelier. Le Frère terrible lui met le Poignard sur la poitrine nue, du côté du cœur. Les Frères tiennent leur Epée haute dans la gauche, faisant le signe avec la droite. Puis on lui fait jurer sa prestation de serment. Là-aussi, il est loisible d'inventer la sienne, à partir du modèle ci-dessous proposé[153].

Puis cinq Maîtres se succèdent pour appuyer légèrement du Maillet sur le poignard posé sur le cœur, et le consacrer Compagnon

On lui fait ensuite flamboyer l'Etoile, et on lui rabat la bavette du Tablier en lui disant qu'on lui rend la parole.

---

153. Moi NN…, à la face du G∴ A∴ D∴ L∴ U∴ et de cette respectable assemblée, je jure que je ne révèlerai jamais à qui que ce soit, ni sous aucun prétexte, la moindre chose de ce que je verrai, entendrai ou comprendrai des mystères des Francs-Maçons ; que je n'en parlerai jamais avec des profanes, ni que je n'en écrirai, tracerai, graverai ou j'imprimerai le moindre caractère, hors que quand j'en serai spécialement autorisé par ma conscience de Maçon libre. Je jure de discipliner mon cynisme pour qu'il se convertisse en vérité, mon désir pour qu'il se convertisse en volonté, mes agissements pour qu'ils se convertissent en grand style. Et que si je contrevienne à un de ces points, que j'aie le cœur arraché, que je sois déshonoré, et que mon nom soit transcrit à perpétuité sur la Colonne d'Infamie, alors que mon corps serait enseveli dans le sable de la mer, afin que le flux et le reflux m'emportent dans un éternel oubli. Et si je suis parjure, je consens à ce que mon Nom, celui de ma Loge, celui de ma Lignée, celui de mon Orient, soit marqué dans la cire noire d'un Flambeau noir et que sa Flamme soit étouffée en la forme accoutumée, régulière par le Maillet noir de Justice. Et que le G∴ A∴ D∴ L∴ U∴ me soit en aide.

On lui donne l'instruction du grade qui est ainsi faite :

- le signe ;
- l'attouchement ;
- le mot, (on ne fait que l'épeler...B.·.)
- le mot de passe sans lequel toute entrée en loge de Compagnon est interdite (Sch.·.)

Enfin, on lui assigne sa place qui est vis-à-vis du F\Orateur auquel il ordonne de faire sa harangue, laquelle finie, chacun se laisse aller à des virtuosités rabbiniques et socratiques sur le tableau de loge.

Fermeture des travaux

Les grandes étapes qui doivent être abordées lors de la fermeture des travaux sont les suivantes :

Lavage à grande eau du tracé de loge.
Trois étapes successives : Heure ? Minuit. Quelqu'un veut rajouter quelque chose ? extinction des flambeaux.
Assemblée à l'ordre [**00-0-00**]. Fermeture de la loge au nom du G.·. A.·. D.·. L.·. U.·.

Instructions au deuxième degré

— Etes-vous Compagnon ? J'ai vu l'Etoile Flamboyante et je connais la lettre G.
— Que signifie cette lettre ? Cette lettre est le monogramme de Géométrie, Génération, Gravitation, Génie et Gnose.
— Comment avez-vous été reçu Compagnon ? En passant de la Colonne J.·. à la colonne B.·., après avoir accompli cinq voyages.
— En ces voyages, d'où venait le vent ? De l'Orient à l'Occident, puis du Midi au Septentrion, enfin de l'Orient à l'Occident.
— Quel temps apporte-t-il ? Beau temps d'abord, puis des orages et enfin le calme.
— Que désigne la pierre brute tracée sur le sol ? Le chaos primitif d'où nous a sorti notre Ordre.

— Et la pierre cubique ? Le renouveau de notre Ordre, car notre Ordre peut redevenir florissant et retrouver son aspect initial.

— Quel âge avez-vous ? Cinq ans.

— A quoi reconnaîtrai-je que vous êtes Compagnon ? A mes mots, signes et attouchements.

— Donnez-moi le signe. *Ci-fait.*

— Donnez-moi le mot de passe. Sch∴

— Que signifie ce mot ? Il signifie : « *nombreux comme les épis de blés* ».

— Donnez l'attouchement. *Ci-fait*

— Donnez-moi le mot sacré. Je ne puis le prononcer, je ne puis que l'épeler. Dites-moi la première lettre, je vous dirai la seconde.

— B. O.

— A. Z.

— « B.O.A.Z. » Pourquoi le nombre cinq caractérise-t-il le grade de Compagnon ? Parce qu'il marque une progression sur le nombre trois en unissait à lui le premier des nombres pairs.

— Pourquoi les Compagnons se tiennent-il au Midi ? Parce que, plus avancés en instruction que les Apprentis et mieux habitués à la lumière, ils peuvent, sans danger et sans trouble, recevoir des rayons plus vifs.

— Pourquoi l'Apprenti a-t-il la bavette de son tablier relevée, et pourquoi le Compagnon l'a-t-il baissée ? Parce que, étant occupé à des travaux plus grossiers que ceux de Compagnon, l'Apprenti a besoin de se mieux couvrir de son tablier.

— N'attendez-vous plus rien de vos Frères ? J'attends l'heure où, suffisamment instruit de ce que doit savoir un Compagnon, je serai admis à partager les travaux de Maître dans la Chambre du Milieu.

GRADE DE MAÎTRE

Quoi de commun entre la Lumière et les Ténèbres ?

Saint Paul, II Cor., VI, 14.

Installation de la loge

La loge est installée et ouverte selon l'usage donné plus haut, à cette seule différence notable qu'elle est tendue de noir avec des larmes blanches et que le Compas chevauche l'Equerre.

Ouverture de la Chambre du Milieu

Les grandes étapes qui doivent être abordées lors de l'ouverture des travaux sont les suivantes :

- Rappel du devoir du couverture, vérification de cette dernière.
- Trois questions successives : Heure ? Midi. Age ? 7 ans. Maître-Maçon ? L'Acacia m'est connu.
- Assemblée à l'ordre [**000-0-000**]. Ouverture de la loge au nom du G∴ A∴ D∴ L∴ U∴.

Ensuite, selon l'usage, le dernier Maître entré fait le tracé guidé de son Maître.

Initiation au degré de Maître

Le parrain de l'impétrant prend la parole pour rappeler les qualités du Compagnon qui demande à faire le voyageur, sur la candidature duquel un scrutin favorable a déjà eu lieu et pour lequel le tuilage des instructions du deuxième degré a été jugé positif. Il ouvre un éventuel débat à son sujet si quelqu'un le demande dans l'assemblée. Ensuite, le Frère Terrible s'assure auprès du Compagnon qu'il veut bien être reçu en Chambre du Milieu. Sur sa réponse positive, il le défait de son épée et revient sur les parvis où il fait frapper le récipiendaire en Compagnon à la porte du Temple [**00-0-00**].

Viennent alors de l'assemblée les sept questions coutumières qui sont adressées au frère Compagnon.

- Qui frappe ? (un Compagnon)
- Comment t'appelles-tu ? (Boaz)
- Quel âge as-tu ? (bientôt 7 ans)
- Où as-tu travaillé ? (A la Colonne du Sud)
- As-tu vu l'Etoile Flamboyante ? (Oui)
- As-tu fait les cinq voyages ? (Oui)
- As-tu l'usage de ta parole (Oui)

Le récipiendaire est introduit à reculons, faisant face à l'Orient. Les Maîtres présents en loge se lèvent et s'assemblent autour du tracé. Le Maître lui fait quelques questions sur les grades précédents, ensuite il ordonne qu'on lui fasse faire sept tours autour de la loge.

Les Frères qui entourent le tracé reculent. On montre le cadavre au récipiendaire on le fait passer dessus.

A chaque pas, on lui donne un coup, en disant « *Memento mori* », et on le place devant l'orient de façon à pouvoir être renversé aisément.

On lui demande de prêter le serment.

Ensuite, on lui prend la main droite, on la lui fait mettre sur le Poignard flamboyant, reposant sur la " Déclaration des Droits de l'Homme & du Citoyen " tenue du 26 août 1789, seul Livre Sacré de l'Atelier. Le Frère terrible lui met le Poignard sur la poitrine nue, du côté du cœur. Les Frères tiennent leur Epée haute dans la gauche, faisant le signe avec la droite. Puis on lui fait jurer sa prestation de serment. Là-aussi, il est loisible d'inventer la sienne, à partir du modèle ci-dessous proposé[154].

A ce moment, le maître qui a le maillet de Salomon commence à raconter la Geste d'Hiram.

Il est bon de laisser à chacun le soin de l'inspiration, néanmoins, le lecteur voudra bien trouver plus bas une trame qui peut être suivie en cas de difficulté.[155]

---

154. Moi NN…, à la face du G∴ A∴ D∴ L∴ U∴ et de cette respectable assemblée, je jure que je ne révèlerai jamais à qui que ce soit, ni sous aucun prétexte, la moindre chose de ce que je verrai, entendrai ou comprendrai des mystères des Francs-Maçons ; que je n'en parlerai jamais avec des profanes, ni que je n'en écrirai, tracerai, graverai ou j'imprimerai le moindre caractère, hors que quand j'en serai spécialement autorisé par ma conscience de Maçon libre. Je jure de discipliner mon cynisme pour qu'il se convertisse en vérité, mon désir pour qu'il se convertisse en volonté, mes agissements pour qu'ils se convertissent en grand style. Et que si je contrevienne à un de ces points, que j'aie le ventre ouvert, que je sois déshonoré, et que mon nom soit transcrit à perpétuité sur la Colonne d'Infamie, alors que mon corps serait enseveli dans le sable de la mer, afin que le flux et le reflux m'emportent dans un éternel oubli. Et si je suis parjure, je consens à ce que mon Nom, celui de ma Loge, celui de ma Lignée, celui de mon Orient, soit marqué dans la cire noire d'un Flambeau noir et que sa Flamme soit étouffée en la forme accoutumée, régulière par le Maillet noir de Justice. Et que le G∴ A∴ D∴ L∴ U∴ me vienne en aide.

155. Nous sommes réunis en mémoire d'Hiram notre père, à qui Salomon avait confié la conduite des travaux du Temple qu'il bâtissait. Hiram, préposé à l'ouvrage, avait sous lui trop d'ouvriers pour les reconnaître. En ces temps d'avant le temps, la richesse était commune, le partage était la règle, et nul n'avait salaire. La seule hiérarchie au chantier était établie sur l'excellence au Mestier. Aux apprentis, Hiram réservait les secrets du Labeur par où l'homme assure sa subsistance ; aux Compagnons, il réservait les secrets de l'Oeuvre par où l'homme s'édifie ; aux Maîtres, il réservait les secrets de l'oisiveté par où l'homme s'accomplit. Dans la crainte de donner à l'Apprenti ce qui appartenait au Compagnon, et à celui-ci les secrets du Maître, il leur donna des signes, mots et attouchements pour les distinguer. Il honorait de son enseignement les Apprentis à la Colonne J∴ , les Compagnons à la Colonne B∴ et les Maîtres dans la Chambre du Milieu. Le mot de Maître est désormais pour nous Innommable, car il fut changé après la mort d'Hiram contre qui la bêtise arma trois Compagnons. Ceux-ci crurent que l'oisiveté aristocratique des Maîtres était la fainéantise des mauvais ouvriers. Ils avaient perdu le sens de la contemplation et croyaient qu'elle consistait à ne rien faire. Ils confondaient l'indolence du libertin avec la somnolence de la brute, le détachement du prince avec l'indifférence du rustre, l'apathie du sage avec l'insensibilité du mufle. Aussi formèrent-ils la résolution de tirer d'Hiram la parole de Maître ou de l'assassiner en cas de refus.

Puis, tandis qu'on fait aller l'impétrant vers l'Occident, un autre frère se lève de sa place et se dresse en travers de son chemin, Equerre brandie. Le Grand Expert, qui accompagnait l'impétrant prend alors la parole pour décrire la première embuscade.[156] Sitôt que la chose est faite, le Maître qui barrait le chemin assène un coup symbolique de l'Equerre sur la tempe droite de l'impétrant. Alors on emmène l'impétrant en le faisant tituber vers la porte du Midi. Mais un frère se lève, et lui barre le passage avec une règle de vingt-quatre pouces armée. Le Grand Expert explique que le second compagnon était hélas en embuscade à la porte du Midi. Un nouveau coup lui est donné, qui le frappe à la tempe gauche. L'impétrant secoué et titubant est amené par le Grand Expert jusqu'à l'Orient. Mais un troisième frère surgit, maillet armé. Le Grand Expert explique à l'impétrant que le troisième des mauvais compagnons l'attendait hélas en embuscade à l'Orient et qu'il lui décharge un coup si furieux sur la tête qu'il l'étendit mort à ses pieds. Aussitôt, il reçoit un coup de maillet sur le front. On renverse le récipiendaire à la place du corps qu'on a enlevé ; on le place et on le couvre d'un linceul.

Un autre frère prend alors la parole pour expliquer au récipiendaire la suite de la Geste[157] : Salomon envoie trois Maîtres à la recherche d'Hiram. Pendant ce temps là, le Frère Terrible accompagné de deux autres frères font un tour de loge. Ils avancent main droite sur l'épaule du précédent, rythmant leur pas lourdement d'un [00-0]. Le Frère Terrible fait signe de s'arrêter et il annonce l'entrée dans l'âge noir.

---

156. Ils se placèrent à trois différentes portes du Temple. Son inspection faite, il voulut sortir par la porte d'Occident ; il y trouva un des assassins qui, en le menaçant, lui demanda le mot de Maître. Hiram répondait qu'il le lui conférerait lorsque son travail l'en aurait rendu digne. Sur ce refus, le Compagnon le frappa de son maillet.

157. Les trois assassins se réunirent et enterrèrent à la hâte le corps de notre infortuné père dans une fosse là où était déjà le charnier des hommes de l'âge noir, et ils plantèrent sur la fosse une branche d'acacia pour reconnaître le lieu. Salomon qui s'aperçut qu'Hiram manquait, employa tous ses soins pour retrouver un homme si nécessaire. Au bout de cinq jours, il envoya trois Maîtres qui partirent des trois points de l'Orient, de l'Occident et du Midi.

Un autre frère prend la parole pour expliquer qu'au bout de dix jours, Salomon envoya trois autres Maîtres qui partirent des trois points de l'Orient, de l'Occident et du Midi. Pendant ce temps là, Six Frères Maîtres font un tour de loge. Ils avancent main droite sur l'épaule du précédent, rythmant leur pas lourdement d'un [**00-0**]. Le Frère Terrible fait signe de s'arrêter et il annonce l'entrée dans le plus noir de l'âge noir.

Un autre frère prend la parole pour expliquer qu'au bout de quinze jours, Salomon envoya trois autres Maîtres qui partirent des trois points de l'Orient, de l'Occident et du Midi. Pendant ce temps-là, neuf frères Maîtres font un tour de loge. Ils avancent main droite sur l'épaule du précédent, rythmant leur pas lourdement d'un [**00-0**]. Le Frère Terrible fait signe de s'arrêter et il annonce apercevoir une branche d'acacia et en dessous, la terre meuble comme celle du charnier des hommes des âges noirs.

Alors, le frère terrible annonce qu'il faut écarter cette terre et que le premier signe qu'on fera et que le premier mot qu'on prononcera sera celui de Maître. Les frères font une chaîne d'union courte et le Vénérable Maître qui les a rejoint fait passer à la manière des mots secrets.

Un premier frère s'avance pour voir qui est sous les décombres ; il saisit le récipiendaire par l'index de la main droite et le relâche ensuite en disant : « La chair quitte les os ! »

Un second frère le saisit de même au doigt du milieu en disant : « Les os quittent la chair ! »

Un troisième frère lève le drap à la volée.

Tous les Frères reculent d'effroi et mettent le pouce sur l'estomac en renversant la main en haut. Puis ils font le signe d'horreur en prononçant : « Mac Benah ! »

Alors son parrain saisit le récipiendaire au poignet, la main passée derrière le dos, genou contre genou, pied contre pied, et, le relevant, il lui répète : « Mac Benah ! » et il l'embrasse par le Baiser de Paix.

On lui donne l'instruction du grade qui est ainsi faite :

• le signe ;
• l'attouchement ;
• le Mot Sacré (Mac Benah)
• le mot de passe sans lequel toute entrée en loge de Compagnon est interdite (Giblim)

Fermeture des travaux

Les grandes étapes qui doivent être abordées lors de la fermeture des travaux sont les suivantes :

- Lavage à grande eau du tracé de loge.
- Trois étapes successives : Heure ? Minuit. Quelqu'un veut rajouter quelque chose ? extinction des flambeaux.
- Assemblée à l'ordre [000-0-000]. Fermeture de la loge au nom du G.˙. A.˙. D.˙. L.˙. U.˙.

Instructions au troisième degré

— Etes-vous Maître-Maçon ? Eprouvez-moi : l'Acacia m'est connu.

— Où avez-vous été reçu Maître-Maçon ? Sur le tombeau de mes ancêtres.

— Comment l'avez-vous trouvé ? Environné de flammes ardentes.

— Qu'y avez-vous vu ? Terre noire, os blancs et lambeaux de peau sanglante.

— Vous a-t-on éprouvé ? Oui, par de pénibles épreuves.

— Comment vous a-t-on reçu ? J'étais anéanti et j'ai été tiré du néant.

— Que vous a-t-on appris de plus ? Que les trois mauvais Compagnons permirent à notre auguste Fraternité d'être ce qu'elle est.

— Pouvez-vous allez plus loin ? Que le Mal n'est pas nécessairement l'ennemi du Bien.

— Etes-vous donc impie ? La vraie piété consiste à briser la règle pour trouver la loi.

— Hiram enseignait-il cela à ses meilleurs ouvriers ? Hiram était chéri de Salomon, qui était très sage, très puissant et très beau.

— Quelle était la sagesse de Salomon ? Elle lui fit bâtir un Temple. Elle lui fit désobéir à la loi des hommes en prenant femme étrangère. Elle lui fit désobéir à son Dieu en honorant les dieux de sa femme.

— Notre Père Hiram suivit-il l'exemple du Roi Salomon ? Il prit femme noire et belle à Salomon, l'Ethiopienne, la reine de Saba, et lui fit un enfant.

— Qui étaient ces trois mauvais compagnons qui mirent à mort l'amant de la veuve noire ?

— C'était des travailleurs qui n'avaient d'autre horizon que le travail. Y a-t-il donc autre chose que le Travail ?

— Le temps du travail est aujourd'hui révolu pour le Maître. Il est disponible pour le rêve, la galanterie, l'inspiration, le jeu et l'art. Car c'est ainsi que se font les créateurs, quand passe le temps des producteurs.

— Quel était le Mot de Maître avant qu'on assassinât Maître Hiram ? Les bigots disent qu'il était le nom de Dieu.

— En doutez-vous ? Il s'agit d'une forme archaïque du verbe être, mis au futur.

— Que signifie cela ? Que le Mot de Maître signifiait la possibilité d'un Avènement de l'Etre.

— Que vous suggère que nous l'ayons perdu ? Que l'Accès à l'Etre est dorénavant impossible.

— Le regrettez-vous ? Cela me sauve de la tentation de vouloir posséder le fondement du monde. J'en ai gagné la liberté, une mélancolie souriante et une douce ironie.

— Mon frère, l'Acacia vous est connu, comme son suc savoureux, sa verdeur amère et ses épines acérées. D'où venez-vous donc ?

— Du matin, pour cheminer vers le soir. Car les lueurs du crépuscule d'Occident me font mieux comprendre les Lumières de l'Aube.

— Que signifient pour un Maître 3, 5, 7, 9 et 15 ? Trois sont les trois points du trépas. Cinq sont les cinq points de la Maîtrise. Sept sont les sept ans du maître accompli. Neuf sont les neuf maîtres qui s'embarquèrent pour la Queste et trouvèrent le cadavre de Maître Hiram. Quinze est le chiffre de maître accompli, qui est la somme des trois chiffres des trois grades et d'autres choses encore, contenues dans le glyphe des cartes égyptiennes et dans la Geste des vengeurs d'Hiram.

— Quels sont les cinq points de la maîtrise ? Premièrement, on se prend la main droite en formant la griffe avec les doigts.

— Que signifie cela ? Que l'entrée dans la maîtrise passe par le déchirement des chairs, la décomposition des formes, pour que se libère la force.

— Ensuite ? Deuxièmement, on se pose la main gauche sur l'épaule droite.

— Que signifie cela ? Que nous nous manifestons l'un à l'autre comme des égaux.

— Ensuite ? Troisièmement, on s'approche pied droit contre pied droit par le côté intérieur.

— Que signifie cela ? Pour ne plus marcher selon la voie droite, et emprunter la voie gauche.

— Ensuite ? Quatrièmement, on fait se toucher les genoux droits.

— Que signifie cela ? Pour ne plus pouvoir mettre genou en terre.

— Ensuite ? Cinquièmement, on se rapproche poitrine contre poitrine.

— Que signifie cela ? Pour que s'unissent les cœurs ardents.

— Quel est l'emblème du Maître ? Un chien noir qui passe, étincelant sous la lune, vers l'Occident.

GRADE DE MAÎTRE ÉLU DES NEUF

Je suis le même pour tous les êtres, je n'aime ni ne hais...
Fût-ce un vrai méchant, si un homme m'adore et s'il m'adore sans partage,
Il faut le tenir pour un saint. Il a pris le bon parti.
Bientôt il deviendra la Loi même, il pénètrera à jamais dans l'apaisement.

BHAGAVAD-GÎTA, IX, 29-31.

Installation de la loge

La Chambre des Préparations est une salle sombre et humide, si possible souterraine, éclairée d'une seule bougie. Gants blancs tachés de rouge sombre.

La Chambre du Conseil est la salle où se tient régulièrement la tenue de loge. Mais elle est endeuillée de noir, et marquée de larmes de sang. Une belle arme barre l'autel, dirigée vers l'Occident. L'arme est à son tour barrée d'un cordon noir.

La scène devra être jouée de nuit dans une caverne. A défaut de caverne, on prendra une décharge publique, un chantier naval abandonné, une casse avec des carcasses d'automobiles, une friche industrielle... que l'on arrangera pour y faire comme une caverne. L'impétrant devra y être conduit les yeux bandés. Au moment où il ouvrira les yeux, il se découvrira déjà entré dans la « caverne ». Il aura un foulard noir natté sur le front. A sa gauche, l'entrée de la caverne. Un chien noir, dehors, l'attend. Au loin il distingue à peine deux hommes qui prennent la fuite poursuivis par deux autres qui sont armés. A sa droite, dans la caverne, une source d'eau. Au milieu, une lampe à huile brille faiblement. Au fond, un homme dort dans la pénombre.

Ouverture de la Chambre de Vengeance

Les grandes étapes qui doivent être abordées lors de l'ouverture des travaux sont les suivantes :

• Rappel du devoir de couverture, vérification de cette dernière.
• Trois questions successives : Heure ? L'Etoile du Matin monte à l'orient du monde. Age ? 21 ans. Maître Elu des Neuf ? J'ai tué celui qui a tué mon père.
• Assemblée à l'ordre [[00000000-0]]. Ouverture de la loge au nom du G∴ A∴ D∴ L∴ U∴

Ensuite, selon l'usage, le dernier Maître Elu des Neuf entré fait le tracé guidé de son Maître. En guise de tableau de loge, un enfant nouveau-né, emmailloté en ses langes, au centre d'un Carré Long. Les proportions de ce Tapis sont de trois pour la base, quatre pour la hauteur, et cinq pour chacune de ses diagonales. La hauteur de l'enfant est de deux, sa largeur est de un. Le Tapis est noir, bordé d'une Houppe dentelée liée en lacs d'amour. Il y en a neuf, deux à la base supérieure, trois de chaque côté, un à la base à l'Occident. La Houppe dentelée est peinte ou tissée en or. L'enfant a le visage rouge sombre, son maillot, qui lui donne l'aspect d'une momie égyptienne, est blanc. Les dimensions générales de ce Tapis sont donc d'environ un mètre pour la longueur, soixante-quinze centimètres pour la largeur. L'Enfant a ainsi 0,50 cm de long et 0,25 de large.

On prendra soin de rajouter en bas du Tableau de loge, un carré magique, de trois par trois, dont chaque ligne et colonne vaut quinze et dont le centre est occupé par le cinq.

4	1	7
8	5	2
3	9	6

Ce schéma devra être barré de lignes qui styliseront l'Equerre, le Compas et la Règle entrelacées.

Initiation au degré de Maître Élu des neuf

Les frères sont en cercle, gantés de noir et décorés. L'un d'eux jouera le rôle du roi Salomon, roi d'Israël ; un autre jouera Hiram, roi de Tyr. Les frères ne peuvent être, en sus de Salomon et d'Hiram de Tyr, plus de huit, visiteurs compris. Le maillet de parole circule conformément aux us. Vengeance doit être faite au nom du fils d'Hiram et de la reine de Saba, ici présent, et tous en font serment.

Pendant tout le temps de la cérémonie de prestation de serment des conjurés, le Grand Expert est allé chercher l'impétrant qu'on avait mis à méditer dans la chambre de préparation. Il lui met le décor en deuil, le revêt des gants poisseux de sang qu'il y avait dans la chambre de préparation et lui met épée en main. Enfin, il le fait frapper à la porte du temple en maître [**000-0-000**].

Surpris, le Conseil croit à une trahison, s'équipe en arme. On découvre ses mains sanglantes et son arme dégainée, et redoute le pire à son endroit. L'un des frères veut le condamner à mort. Il est arrêté *in extremis* par un autre qui propose qu'on entende l'homme, après l'avoir désarmé et dûment garrotté, et un poignard sur le coeur. Il est ainsi fait.

Le Grand Expert parle à sa place, en se mettant légèrement en retrait, main sur son épaule, et en lui soufflant les réponses. Tout part d'un quiproquo, l'impétrant se défendant d'avoir bien agi, la communauté des vengeurs le croyant être un insensé et un arrogant qui se vante de son pire crime. Il va même friser l'exécution immédiate. Puis, au fur et à mesure du débat, les choses se clarifient : l'homme a sur le sang celui du lion, du tigre et de l'ours qui gardaient la caverne de l'assassin d'Hiram. Pour preuve de bonne volonté, il est prêt à conduire une expédition jusqu'à la retraite du tueur Abiram.

On le défait alors de ses garrots, on lui fait faire huit pas de maître jusqu'à l'orient, et là, debout, poignard pointé de sa main sur son coeur, une épée pointée sur la base de la colonne vertébrale, on lui fait prêter serment[158].

---

158. Ce peut être : « *Moi,, sur mon honneur d'homme libre, en présence de cette auguste assemblée, devant les symboles du G∴ A∴ D∴ L∴ U∴ , je promets et e jure de ne jamais révéler à aucun homme relevant du monde profane, à aucun maçon de grade inférieur, les secrets qui vont ou pourront m'être confiés, aussi bien que ceux que l'on pourrait être amené à devine*

Ensuite, à reculons, on lui fait faire trois voyages autour du temple, en passant de l'Occident au Midi, du Midi à l'Orient, de l'Orient au Septentrion. Au dernier tour, on lui tend un poignard, il est sorti, puis conduit à la caverne.

Dans la caverne, l'impétrant est toujours secondé de son Grand Expert, qui est invisible, mais audible — lui chuchotant d'une voix basse de l'extérieur de la caverne par exemple —. Il lui ordonne de se débander les yeux, passé trois coups frappés, et l'autre, qui s'exécute, contemple la scène décrite plus haut.

On lui ordonne de boire l'eau de source. Tandis qu'il boit lentement, on lui explique qu'il est désormais délivré de tous les interdits, lui qui doit châtier celui qui renonça à tous les interdits.[159]

On lui dit de prendre la lampe et le poignard, d'avancer et de tuer ce qui résistera.

Le voilà devant la masse amorphe de l'homme endormi. La voix lui ordonne de frapper et de tuer. Et de décapiter la tête du criminel pour la ramener au Conseil.

Il est ensuite reconduit au Conseil avec la tête en main, et porte la tête ensanglantée sur l'autel.

---

derrière les gestes, les paroles, les emblèmes qui vont bientôt m'être communiqués et qui donnent le droit exclusif de porter le titre glorieux de maître Elu des Neuf... Je promets et je jure d'en remplir scrupuleusement les obligations, quelles qu'elles soient, au péril de ma vie et de mon sang, en telle rencontre que ce puisse être. Je promets et je jure, pour venger la vérité trahie, et la vertu persécutée, d'immoler s'il le faut aux mânes d'Hiram notre Maître, les faux-frères et les traîtres qui pourraient avoir percé ou révélé les secrets de ce grade illustre entre tous. Je promets et je jure de tenir tous mes engagements, sinon, que la mort la plus affreuse soit l'expiation de mon parjure, après que mes yeux auront été privés de la lumière par le fer rouge, que ma gorge aura été tranchée par le poignard, et mon cœur et mes reins percés par le glaive, pour que mon cadavre devienne la proie des vautours et ma mémoire en exécration aux enfants de la veuve, par toute la terre... »

159. Quelque chose du genre : « *Vous êtes dans la caverne de Ben-Akar, Akar, celui qui troubla Israël, lorsqu'il commit une infidélité au sujet des choses désavouées par interdit...Que pour vous, mon Frère, il n'y ait plus d'interdits, plus de tabous dogmatiques, que vous soyez délivré à jamais.* »

L'un de frères s'indigne de n'avoir pas cédé le meurtrier vivant. Un autre demande grâce car son impulsion était digne.

Le Conseil est gagné à la grâce, l'impétrant est décoré du titre de Maître Elu des Neuf, qui aura la charge de venger Hiram. Il en gagne le tablier du grade.

On lui donne l'instruction du grade qui est ainsi faite :

• Les Signes de Reconnaissance : Fermer le poing droit, en érigeant le pouce. Porter ensuite le poing à la hanche droite, comme si on s'apprêtait à dégainer l'arme. Signe de demande : faire le simulacre de frapper au front le Tuileur avec un Poignard. Signe de réponse : passer la main droite sur le front, comme pour essuyer le sang qui coulerait de la blessure. Signe d'appel : faire le simulacre de plonger un Poignard dans le cœur du Tuileur en disant : « Nekam !...» Signe d'écho : porter la main droite au cœur en disant : « Nekah !...»

• Les mots sacrés : NEKAM-NEKAH. En hébreu : « Vengeance-frappé ».

• La Batterie : Neuf coups de pommeau d'un Poignard [**00000000-0**] Le mot de passe : BEGOHAL KOL. En hébreu : « abominé de tous ».

Fermeture des travaux

Les grandes étapes qui doivent être abordées lors de la fermeture des travaux sont les suivantes :

• Lavage à grande eau du tracé de loge.

• Trois questions successives : Heure ? L'Etoile du Matin monte à l'orient du monde. Âge ? 21 ans. Maître Elu des Neuf ? J'ai tué celui qui a tué mon père.

• Assemblée à l'ordre [[**00000000-0**]]. Fermeture de la loge au nom du G∴ A∴ D∴ L∴ U∴

Instructions au 9ème degré

— Etes-vous Maître Élu des Neuf ? Oui je le suis.

— Où avez-vous été reçu ? Dans le Palais de Salomon.

— Quel motif vous a incité à solliciter ce nouveau grade ? Le désir d'apprendre à châtier les traîtres, en vengeant la mort d'Hiram notre Maître à tous.

— Des trois mauvais Compagnons, quel fut celui dont les coups achevèrent le Respectable Maître ? Ce fut Abiram, dont le nom signifie « meurtrier de notre Père ».

— Par où êtes-vous parvenu au lieu de la vengeance ? Par des chemins obscurs, inconnus, et à la faveur des ténèbres de la nuit.

— Pourquoi en a-t-il été ainsi ? Parce que lorsqu'il s'agit de châtier un traître, celui-ci ne doit point mourir au grand jour.

— Qui vous a conduit vers le lieu de son refuge ? Un inconnu.

— Que voulez-vous dire par ces mots ? Que le châtiment du parjure et du faux-Frère doit s'effectuer de façon discrète, sans que les exécutants se connaissent les uns les autres.

— Où était situé le lieu de la vengeance ? Au pied d'un buisson ardent, en une sombre caverne.

— Qu'avez-vous trouvé en cette caverne obscure ? Le traître Abiram, une source d'eau vive, une lumière et un poignard.

— Quel usage fîtes-vous de tout cela ? La lumière m'a éclairé, la source m'a désaltéré, le poignard m'a libéré.

— Pourquoi y avait-il un Poignard ? Cette arme était réservée par le destin à venger la mort d'Hiram, par le coup que j'en portai à Abiram, lequel tomba mort à mes pieds.

— En tombant, le traître ne prononça-t-il aucune parole ? Il répéta deux mots, que notre Respectable Maître Hiram prononça en succombant sous ses coups.

— Quelles étaient ces paroles ? Je ne puis les proférer.

— Dites-moi seulement le premier mot, je vous dirai le second. Nekam !

— Nekah ! Que fîtes-vous alors du corps d'Abiram ? Je lui tranchai la tête, et la portai à Salomon pour lui apprendre que le premier épisode de la vengeance était accompli.

— Quelle est la signification de cette légende ? Le crime et la trahison ne doivent jamais demeurer impunis ; châtier leurs auteurs est un acte de vertu, dès que la décision est prise par un pouvoir légitime ; la conscience d'un maçon est un juge inflexible, et le Suprême Architecte de tous les Mondes est notre seul juge.

— Quelle heure était-il lorsque vous êtes arrivé devant Salomon ? Le jour allait paraître, et l'Astre qui m'éclairait était l'Etoile du Matin.

— Combien y avait-il de Maîtres Elus pour accomplir la vengeance ? Huit plus un, soit neuf en tout.

— Que vous reste-t-il à faire ? Il me reste à châtier les deux complices d'Abiram.

— A quelle heure avez-vous pénétré dans la caverne ? A l'entrée de la nuit.

— Que signifie le Cordon Noir que vous portez désormais ? Le deuil de notre Maître Hiram.

— Est-ce tout ? Dans l'Héraldique traditionnelle, la couleur noire signifie sacrifice, désintéressement, oubli de soi-même, science cachée.

— Que signifient les neuf rosettes écarlates qui ornent ce Cordon ? Elles rappellent les Neuf Maîtres désignés pour exercer la justice à l'égard des meurtriers, d'ordre du Roi Salomon.

— Pourquoi sont-elles rouges ? Pour symboliser la sainte et juste colère qui anime les vengeurs de notre respectable Maître Hiram.

— Pourquoi le Poignard est-il l'arme des vengeurs d'Hiram et non pas l'Epée ? L'Epée évoquerait la notion d'un combat probatoire, sorte de Jugement de Dieu, ce qui serait immoral à l'égard d'un vil meurtrier et d'un traître. Au contraire, le Poignard, arme d'exécution, évoque la nécessité absolue de supprimer la Trahison et le Meurtre.

— Que signifie la présence de cet enfant sur le tapis du Conseil ? Il s'agit du Fils de la veuve, à l'égard duquel sont désormais liés tous nos devoirs maçonniques.

— Quel est ce fils, et de quelle veuve parlez-vous donc ? Du fils d'Hiram et de Balkis, la reine de Saba.

— Pourquoi ce Tapis est-il noir, et pourquoi l'Enfant est-il emmailloté de blanc alors que son visage est rouge. Ce sont là les trois couleurs successives de l'œuvre hermétique, et l'enfant symbolise alors la semence de l'Or, passant successivement par les trois étapes de celle-ci.

— Quelles sont ces trois étapes ? Le noir signifie le Plomb ; le blanc signifie l'Argent et le rouge signifie l'Or.

— Voulez-vous dire que le Plomb vil peut parfois se changer en Or ? Le Plomb plébéien peut devenir l'Argent aristocratique, et même accéder, si l'œuvre est parfaite, au niveau de l'Or royal.

— En est-il ainsi parmi les métaux et parmi les Hommes ? La Nature n'a qu'une voie et elle s'applique à tous les êtres.

— Pouvons-nous associer la mise à mort du traître et du meurtrier à celle du métal initial et impur au sein du creuset ? L'enseignement secret de ce grade irradie en toutes les directions de la pensée humaine, et s'applique à tous les problèmes que celle-ci peut se poser.

— Voulez-vous dire que la mort est une chose souhaitable ? Sans la mort, il n'est pas d'évolution possible, car elle est la clé de toute transformation.

— Pourquoi ce Crâne et ces Tibias sur votre Cordon Noir ? Pour nous rappeler ce rôle essentiel de la Mort dans les modes de perpétuation de la Vie. Le Crâne symbolise le principe Destructeur, et les tibias, qui furent organes essentiels de déplacement, rappellent que la mort fait cheminer l'Esprit.

— Que signifie le Poignard, entouré de neuf larmes rouges et sanglantes qui orne votre Cordon noir ? Que le coup de Poignard que je portais à Abiram le fut au nom des neuf Maîtres Elus associés à la justice du Roi Salomon, et qu'ainsi ce furent neuf blessures qui se confondirent en une seule.

— Que signifie la disposition particulière des neuf rosettes rouges ? La Foudre frappant l'Etoile flamboyante renversée.

— Que voulez-vous dire par là ? Ce que je vis lors de ma réception d'Apprenti dans le Temple assombri, le mauvais Frère renversé bras en croix, jambes écartées, tête en arrière, sur les degrés de l'orient, et les épées des membres de la loge pointées contre lui.

— Pourquoi la cordelière et les lacs d'amour du tapis de ce Conseil sont-ils d'Or ? Et que signifient-ils ? Le noir et l'or associés sont les couleurs emblématiques de la mort, comme le noir et l'argent le sont du Deuil des cœurs.

— Est-ce tout ? Que l'étroite fraternité des Maîtres Elus des neuf demeure par delà la mort corporelle et que celle-ci ne saurait briser le lien mystérieux qui nous unit.

— Que signifient ces neuf Nombres premiers disposés en une grille de neuf cases ? Que les neuf maîtres Elus sont les véhicules des neuf Potentialités métaphysiques essentielles.

— Que signifie le nombre cinq dans la case centrale ? L'Initié, l'Homme parfait, au sein de la Chambre du Milieu.

— Quelle est la somme arithmétique obtenue en additionnant chaque rangée de nombres ? Cette somme est de quinze, nombre des luminaires éclairant ce Conseil.

— Que signifie cela ? Rien que je sache encore, mais secret qui me sera dévoilé plus tard, si j'en suis digne.

— Que signifie ce schéma, disposé sur les neufs premiers Nombres, et qui évoque par son tracé, le compas, l'Equerre et la Règle ? Un enseignement relatif à des procédés d'action et qui ne peuvent être abordés dans le cadre des Travaux Maçonniques.

— Pourquoi pénétrez-vous dans le conseil par les huit pas de Maître ? Pour me permettre de pénétrer dans un monde qui se situe au-delà du tombeau de notre Maître Hiram.

— Pourquoi faites-vous le geste de vous défendre ou d'attaquer du Poignard rituel en effectuant ces pas mystérieux. ? Pour signifier que ce monde ne m'est pas connu et que je dois m'y tenir sans cesse en défense.

— Pourquoi portez-vous votre Cordon de gauche à droite ? Il se porte comme est disposée sur l'écu de chevalerie, la « barre » héraldique, à l'inverse de la « bande ».

— Que signifie la « barre » héraldique ? Un lourd bâton, symbole de châtiment et de correction. Et ceci est bien significatif du rôle des Maîtres Elus.

— Que signifie la batterie du grade ? Elle se compose de huit coups réguliers, séparés d'un neuvième et dernier temps d'arrêt, signification du retour, de ka répartition, de la négativité parvenue à son maximum, et qui va donc renaître avec une force et une vigueur nouvelle. La voie de l'initiation quand elle a atteint la limite extrême de l'effacement, s'élargit de nouveau, le renversement est proche. Il y a aussi le sens de « libre circulation », de liberté de passage, signifiée par les trois lettres : « L∴ D∴ P∴ ».

GRADE D'ILLUSTRE ÉLU DES QUINZE

Nous avons porté de l'huile là où était le feu. C'est ainsi que nous nous sommes engagés définitivement dans le parti du Diable, c'est-à-dire de ce mal historique qui mène à leur destruction les conditions existantes ; dans le « mauvais côté » qui fait l'histoire en ruinant toute satisfaction établie. […] Quand on ne veut pas se ranger dans la clarté trompeuse du monde à l'envers, on passe en tout cas, parmi ses croyants, pour une légende controversée, un invisible et malveillant fantôme, un pervers prince des Ténèbres. […] Nous sommes donc devenus les émissaires du Prince de la Division, de « celui à qui on a fait du tort », et nous avons entrepris de désespérer ceux qui se considéraient comme les humains.

Guy DEBORD, In Girum

Installation de la loge

Le temple est endeuillé de noir, et marqué de larmes de sang et d'argent.

Ouverture de la loge d'Illustre Élu des Quinze

Les grandes étapes qui doivent être abordées lors de l'ouverture des travaux sont les suivantes :

- Trois questions successives : Heure ? Cinq heures. Age ? Vingt cinq ans. Illustre Elu des Quinze ? Je le dois à mon zèle et à mon travail.
- Assemblée à l'ordre [**00000-00000-00000**]. Ouverture de la loge au nom du G∴ A∴ D∴ L∴ U∴

Le tableau de loge représenta la scène suivante dans le carré long : A l'Orient, un squelette décapité tenant en main un maillet. A l'occident, et au midi, deux cadavres desséchés, le premier portant en main l'Equerre, le second portant en main la Règle. Au milieu du tableau, le buste d'une femme, les bras tendus en triangle inversé au-dessus de la tête, une chaîne courant d'un poignet à l'autre.

Initiation au degré d'Illustre Elu des Quinze

Il ne doit pas y avoir plus de quatorze frères titulaires du grade d'Illustres Elu des Quinze en loge, invités compris. Si c'est le cas, les plus jeunes s'effaceront pour céder leur place aux plus âgés.

Le Grand Expert amène l'impétrant aux portes du temple et le fait frapper en Maître Elu des Neuf [**00000000-0**]. On présente l'impétrant à l'assemblée : c'est un Frère, Elu des Neuf, qui recherche les deux autres meurtriers de notre respectable Maître Hiram et désire accéder au Degré d'Illustre Maître Elu des Quinze.

On lui explique la situation : Six mois ont passé depuis qu'il a tué Abiram. Sa tête décapitée est exposée à l'entrée orientale de la cité sainte. Le squelette avec l'arme du crime —— le maillet — est dans la salle du Conseil. Un messager rapporte à l'assemblée la présence des deux complices, Sterkin et Uterfut, dans une grotte dans le pays de Geth. On diligente une expédition de quinze des plus dignes frères, parmi lesquels les neuf poursuivants du premier meurtrier.

Si le jeune Maître Elu des Neuf veut prendre part à l'expédition, il doit prononcer un serment solennel et bien senti.[160]

Sitôt que la chose est faite, l'expédition s'équipe. On est au quinzième jour du mois de juin. Le Grand Expert fait partir le Maître Elu des Neuf de l'Orient, à partir de la tête décapitée d'Abiram qui est sur l'autel, et lui fait faire cinq pas en direction du Midi. Cinq jours de recherche dans le désert…

Les traqueurs rencontrent à la margelle d'un puits, une jeune vierge à la chevelure rousse, Salomé, les bras alourdis de chaînes, portant une amphore d'un vin puissant qu'elle doit couper d'eau fraîche pour la présenter à ses maîtres. La jolie Salomé explique avoir été réduite en esclavage par les deux assassins qui se sont réfugiés dans la minière et c'est elle qui conduira l'expédition punitive jusque vers les criminels, s'ils le veulent bien.

Salomé rejoint ses ravisseurs à l'entrée d'une minière. Elle les enivre et danse pour eux. Ils sombrent bientôt dans l'inconscience. Les justiciers s'apprêtent à châtier les criminels. Salomé veut d'abord qu'on la libère. Le récipiendaire a la charge de porter le coup de maillet sur les poignets enchaînés. Zerbal l'assiste en tenant le ciseau sur le poignet gauche. On efface la première partie de la chaîne. Eleham le seconde, cette fois ci en portant le coup de maillet sur le ciseau que l'impétrant tiendra sur la chaîne qui entrave le poignet droit de la belle esclave. On efface les derniers chaînons. La chaîne récupérée servira à entraver l'un à l'autre les deux criminels esclavagistes.

Retour à Jérusalem et au Temple de Salomon avec les deux assassins enchaînés. C'est l'impétrant qui tire la chaîne. Cinq pas vers la porte d'Occident. Les voilà au pied de la tour d'Achizar où ils croupiront, par édit de Salomon, en attendant le verdict.

---

160. Par exemple : « *Moi, NN, je promets et je jure sur la déclaration des Droits de l'Homme de ne jamais révéler où j'ai été reçu en ce Degré ni de dire qui assistait à ma réception ; de plus, je promets de ne jamais recevoir quiconque en ce Degré sans être en possession d'un pouvoir régulier émanant de mes supérieurs, ni d'assister à une réception qui n'aurait pas lieu en un chapitre régulier de ce Degré. Je jure de garder scrupuleusement en mon cœur tous les secrets qui pourraient m'être révélés et, s'il m'arrivait de faillir à mes obligations, je consens à ce que mon corps soit ouvert par le milieu et exposé, dressé à la verticale, pendant huit longues heures, en plein air, je consens à ce que les mouches venimeuses dévorent gloutonnement mes entrailles, à ce que ma tête soit tranchée et exposée au plus haut pinacle du monde. Et je serai toujours prêt à infliger ce même supplice à ceux qui trahiraient ce Degré et failliraient à leurs obligations. J'ai dit, promis et juré !* »

On fait attendre l'impétrant devant la tour. On entend un coup de maillet dans le silence. Puis, deux coups de lame. Le Grand expert commente : « un matin, à la dixième heure, les deux assassins furent liés, par le col, la ceinture et les pieds, à un poteau, leurs bras furent ramenés derrière leur dos. Le bourreau leur fendit le ventre, du sternum au pubis et du foie à la rate. Ils demeurèrent ainsi pendant huit heures, les mouches venimeuses et les insectes dévorants suçant le sang de leurs entrailles. Leurs gémissements et leurs plaintes étaient si lamentables, si pitoyables, que le bourreau lui-même en fut touché et qu'il abrégea leurs souffrances en leur coupant la tête. Leurs cadavres furent alors jetés du haut des murs de Jérusalem, afin d'être livrés aux corbeaux et aux voraces des bois. »

Alors on lui tend les deux têtes sanglantes des deux assassins. Il les prend. Cinq pas vers l'Orient.

Les frères lèvent leur poignard comme pour le frapper, puis renoncent et font le signe de détresse pour intercéder en sa faveur.

On procède ensuite à son instruction.

Le Premier Signe consiste à prendre son poignard et à porter la main au menton comme si l'on s'apprêtait à s'ouvrir le ventre. On répond à ce signe par le Second Signe, qui n'est autre que le Signe d'Apprenti que l'on effectue tous les doigts serrés.

L'Attouchement s'effectue en se portant mutuellement le poing sur la poitrine, pouce en haut, somme s l'on s'apprêtait à éventrer son interlocuteur.

Le Mot de passe est Eleham.

Les Mots sacrés sont en demande « *Zerbal* », et, en réponse, « *Benya* ».

Fermeture de la loge d'Illustre Elu des Quinze

Les grandes étapes qui doivent être abordées lors de la fermeture des travaux sont les suivantes :

- Trois questions successives : Heure ? Cinq heures. Age ? Vingt cinq ans. Illustre Elu des Quinze ? Je le dois à mon zèle et à mon travail.
- Assemblée à l'ordre [**00000-00000-00000**]. Fermeture de la loge au nom du G∴ A∴ D∴ L∴ U∴

Instructions au degré d'Illustre Elu des Quinze

— Etes vous Illustre Elu des Quinze ? Mon zèle et mon travail m'ont conduit à ce degré.

— Où avez-vous été reçu ? Par mes huit compagnons qui m'assistèrent lorsqu'il fallut que je tue le tueur, et par cinq autres qui vinrent les rejoindre pour leur prêter main forte dans la chambre des audiences.

— Quand vous a-t-on reçu, et à quelle occasion ? Lorsqu'on m'a envoyé, avec mes compagnons, à la recherche des deux derniers assassins.

— Les avez-vous recherchés vous-même ? Oui, et si je n'avais pas été désigné, j'y serai allé de moi-même, avec mes seuls moyens, pour montrer mon zèle à venger la mort de notre Maître Hiram Abif.

— Avez-vous ressenti une grande joie lorsque les coupables furent exécutés ? Les trois têtes qui ornent le cordon que je porte en sont la preuve.

— Que signifient ces trois têtes ? Ce sont les têtes des assassins de notre Maître Hiram Abif.

— Pourquoi parlez-vous de trois têtes alors que vous venez de me dire être parti à la recherche de deux assassins ? Parce que l'un des meurtriers avait expié son crime avant que les deux autres soient repris.

— Quels étaient les noms des deux autres que vous avez ramenés à Jérusalem ? L'un s'appelait Sterkin et l'autre Oterfut.

— Comment furent-ils retrouvés ? Par la promptitude de Salomé, esclave révoltée qui voulait s'affranchir de ces deux meurtriers qui étaient ses maîtres.

— Comment Salomé s'y prit-elle pour les lier ? Elle les enivra d'un vin fort, et dansa autour d'eux, ses cheveux de jais libres sur sa gorge, et les hanches ceintes d'un foulard de soie rouge.

— Qui la délivra ? Je rompis ses chaînes, aidé de Zerbal et de Banya.

— Après sa ruse, Salomé a-t-elle connu le remords ? Pas plus n'a-t-elle connu le remord que le ressentiment, car c'était moins la haine de ses maîtres qui l'animait que l'amour de sa liberté.

— Où furent découverts les assassins ? Dans une mine, que l'on appelle la mine de Bendaca.

— Qui était Bendaca ? L'un des intendants de Salomon qui avait épousé l'une de ses filles.

— Que fut pour vous Salomé ? Une vierge une guide, une vengeresse, tout ensemble.

— Comment furent faites les chaînes des assassins de notre père ? Des chaînes avec lesquelles ils voulurent enchaîner notre vierge.

— Quel jour êtes-vous venu avec eux à Jérusalem ? Le quinzième jour du mois de Ab, qui correspond à notre mois de juillet.

— Combien de temps a duré votre voyage ? Exactement un mois.

— Combien de maîtres furent-ils élus par Salomon afin de participer à cette expédition ? Quinze en tout, et je fus l'un d'entre eux.

— N'y avait-il personne d'autre ? Si, il y avait Salomé qui fut notre inspiratrice.

— Qu'avez-vous fait des assassins, après votre arrivée à Jérusalem ? Nous les avons immédiatement conduits devant Salomon.

— Quels ordres Salomon vous donna-t-il à leur sujet ? Après leur avoir amèrement reproché l'énormité de leur crime, il ordonna à Achizar, grand maître de sa Maison, de les enfermer dans la tour qui porte son nom et de les faire exécuter le lendemain à la dixième heure.

— Par quelle sorte de mort furent-ils punis ? Ils furent liés nus par le col, la ceinture et les pieds, leur ventre furent tranchés du sternum au pubis et du foie à la rate.

— Restèrent-ils ainsi ? Ils demeurèrent ainsi exposés pendant huit heures au soleil brûlant, les mouches venimeuses et les insectes dévorants suçant leurs entrailles. Ils souffraient bien plus que la mort et leurs plaintes, gémissements et lamentations émouvaient jusqu'au bourreau lui-même.

— Que leur fut-il fait ensuite ? Emus par leurs larmes, le bourreau trancha leurs têtes et jeta leurs corps par-dessus les murs de Jérusalem, afin de les livrer aux corbeaux et aux voraces des bois.

— Que fut-il fait de leur tête ? Elles furent, sur ordre de Salomon, fixées au bout de perches et exposées à la vue du peuple avec celle d'Abiram, de façon à servir d'exemple tant au peuple lui-même qu'aux ouvriers du Temple.

— Quel était le nom du premier meurtrier ? Selon les Neuf Elus, il se nommait Abiram, mais ce nom n'est qu'un symbole, qui signifie soit bandit soit assassin. C'était l'aîné des trois frères.

— Quelles furent les portes auxquelles les têtes furent exposées ?
Aux portes du Midi, de l'Orient et de l'Occident, c'est-à-dire la tête d'Abiram, à la porte de l'Orient, celle de Sterkin à la porte de l'Occident et celle de Oterfut à la porte du midi.

— Pour quelle raison ces têtes furent-elles précisément exposées à ces portes de Jérusalem ? Parce que chacun des meurtriers avait commis ses agressions contre le Maître Hiram Abif précisément à ces mêmes portes du temple puisque Sterkin avait frappé le Maître à la porte du Midi, à l'aide d'une Règle de vingt-quatre pouces, que Oterfut l'avait frappé d'une Equerre à la porte de l'Occident et que Abiram lui avait porté, à la porte de d'Orient et au moyen d'un Maillet, le dernier coup qui tua notre Respectable Maître Hiram Abif.

— Quels sont les mots sacrés des Grands Maîtres Elus ? Zerbal et Banya.

— Quel est le mot de passe ? Eleham.

— Quels sont les signes ? Les voici, vous me comprendrez ! (Le répondant fait le Signe)

— Quels sont les attouchements ? Les voici, répondez-moi.

— Quelle heure est-il ? La Sixième Heure du soir.

— Pourquoi la Sixième heure du Soir ? Parce que c'est l'heure à laquelle les deux derniers assassins expirèrent et où la mort de notre Respectable Maître Hiram fut vengée.

GRADE DE SUBLIME CHEVALIER ELU

Je ne puis écarter de mes paupières
La fatigue des peuples oubliés
Ni épargner à mon âme craintive
La chute sourde des étoiles lointaines

HOFMANNSTHAL, D'aucuns certes

Installation du Chapitre

Il est tendu de noir parsemé de cœurs enflammés. Sur l'autel, trois têtes de mort embaumées entre des branches d'acacia.

Ouverture de la loge de Sublime Chevalier Elu

Les grandes étapes qui doivent être abordées lors de l'ouverture des travaux sont les suivantes :

- Trois questions successives : Heure ? Minuit plein. Age ? Vingt sept ans. Sublime Chevalier Elu ? Mon nom vous en convaincra. (Emerk).
- Assemblée à l'ordre [00000000000]. Fermeture de la loge au nom du G∴ A∴ D∴ L∴ U∴

Le tableau de loge est dessiné par le Sublime Chevalier Elu le plus récemment initié sous la conduite éventuelle de son mentor.

Il devra comporter, dans un pentagramme ordinaire :

- Le tombeau de Maître Hiram frappé des trois lettres « KHS », et coiffé de l'urne funéraire — le tout à l'Occident ;
- L'épée de Justice — qui devra traverser toute l'Etoile verticalement et pointer l'extrême occident — ;
- La balance de Justice en plein centre, — dont la barre de mesure est la lame de l'épée de Justice — portant sur le plateau gauche trois cœurs enflammés, et sur le plateau droit l'Equerre et le Compas entrelacés.

Initiation au degré de Sublime Chevalier Elu

On fait frapper 7 coups égaux [**0000000**] l'impétrant à la porte du chapitre, puis on l'introduit dans la loge, entre les colonnes d'Occident, compas pointé sur le cœur, épée nue dégainée sur l'épaule droite.

Il demande son initiation.

On lui annonce qu'ils sont quinze hommes véridiques, quinze maîtres de parfaite justice, et qu'ils seront récompensés, puisque les douze régions du monde demandent à être administrées sagement. Salomon procédera alors à un tirage au sort pour savoir quels seront les trois Illustres Elus qui ne seront pas adoubés Chevaliers. « *Veuille la déesse Fortune nous sourire* »

L'impétrant est l'un d'eux...

On le raccompagne sur les parvis du temple avec des formules de consolation.

Toujours sur les parvis, l'impétrant se trouve seul face à la Déesse Fortune, drapée de rouge, un loup noir sur le visage.

Elle lui explique qu'il faut douze Chevaliers Elus pour régir les douze provinces du monde, mais qu'il en faut trois pour porter la justice au-delà du monde. Le premier Chevalier devra errer dans les patries lointaines, le deuxième Chevalier devra errer sous la surface de la terre, le troisième Chevalier devra errer par-dessus la coupole du ciel. Il est l'un d'eux, Elu entre les Elus, Chevaliers parmi les Chevaliers.

Elle le ceint d'une épée de Justice, et le réintroduit en loge où il est reçu avec les honneurs.

On lui fait croiser ses mains sur sa poitrine, les doigts entrelacés et les pouces levés. Puis on le fait déambuler *sinistrorsum*, en pas d'apprenti, par douze fois.

Puis on lui fait prêter serment avec une formule d'obligation bien sentie.[161]

On l'instruit ensuite

Le signe se fait ainsi : vous croiserez vos mains sur votre poitrine, les doigts entrelacés et les pouces levés. L'Attouchement se fait en prenant la main droite du Frère interpellé et en frappant trois coups avec votre pouce sur son médius.

Le mot de passe est Stolkin (l'eau courante).

Le Mot Sacré est Kosmos.

Le Trois Fois Puissant pose alors par trois fois son épée sur la tête du candidat, puis le décore du cordon du degré. Celui-ci est un large ruban noir, qui se porte de l'épaule gauche à la hanche droite marqué de la devise du grade « *Vincere aut mori* », une épée de justice y remplace le poignard porté au 10ème degré et trois cœurs enflammés sont peints ou brodés au niveau de la poitrine.

Le Tablier est blanc, bordé de noir, et est marqué en son centre d'un cœur enflammé d'or. Le cordon porte la devise : « *Vaincre ou mourir* ».

---

161. Elle pourrait être : « Moi, NN, je promets et je jure, selon les mêmes obligations que j'ai déjà acceptées et contractées, de garder secret le degré de Sublime Chevalier Elu, dont je vais être maintenant instruit, tant à l'égard des Francs-Maçons qui n'ont pas atteint ce Degré qu'à l'égard des profanes.
Je promets en outre, de me concilier les grâces du monde, de ne plus me réfugier dans les âges d'or du passé ni dans ceux du demain, de ne vouer plus aucun culte sinon à celui de l'humanité et à ses génies, me soumettant, s'il m'arrivait de faillir à mon obligation, à ce que mon corps soit coupé en deux, à ce que tous perdent mémoire de moi et à ce que je sois tenu pour infâme et pour parjure.
Que le monde et ses rêves me soient en aide
J'ai dit, promis et juré. »

Fermeture de la loge de Sublime Chevalier Elu

Les grandes étapes qui doivent être abordées lors de la fermeture des travaux sont les suivantes :

- Trois questions successives : Heure ? La pointe du jour. Age ? Vingt sept ans. Sublime Chevalier Elu ? Mon nom vous en convaincra (Emerk).
- Assemblée à l'ordre [**000000000000**]. Fermeture de la loge au nom du G∴ A∴ D∴ L∴ U∴.

Instructions au degré de Sublime Chevalier Elu

— Etes-vous Sublime Chevalier Elu ? Très Illustre Puissant, mon nom vous en instruit.

— Quel est donc votre nom ? Emerk.

— Que signifie ce nom ? Un homme véridique en toutes choses.

— Comment étiez-vous préparé lors de votre introduction dans le Chapitre des Sublimes Chevaliers Elus ? Je tenais une épée dans la main droite, croisée devant mon cœur, et un compas dans la main gauche, les pointes appuyées sur mon cœur.

— Pourquoi l'épée était-elle croisée devant votre corps ? Pour me rappeler que mon corps serait séparé en deux parties s'il m'advenait d'être assez vil pour divulguer les secrets de la Franc-Maçonnerie, en général, et ceux de ce degré, en particulier.

— Et le Compas pointé sur votre cœur ? Pour bien montrer que mes actions avaient été éprouvées à l'aide du Compas et que j'avais été jugé digne d'accéder au Degré de Sublime Chevalier Elu.

— Comment fûtes-vous annoncé, en ce Chapitre ? Par sept coups.

— Que signifient-ils ? Les sept années qui furent nécessaires pour construire et orner le Temple.

— Quel est votre Mot Sacré, en qualité de Sublime Chevalier Elu ? *Kosmos,* qui signifie monde.

— Et le mot de passe ? *Stolkin,* le nom de celui qui retrouva le cadavre de notre Maître Hiram.

— Quel est le signe des Sublimes Chevaliers Elus ? De croiser ses mains sur sa poitrine, les doigts entrelacés et les pouces levés.

— Que signifie ce Signe ? Que j'ai le cœur léger, libéré de toute culpabilité, de tout ressentiment ou du poids du péché.

— Quel est l'attouchement de reconnaissance ? Prendre la main droite d'un Frère et frapper trois fois du pouce sur son médius.

— Que signifie cet attouchement ? Se concilier les grâces du monde, être présent à l'instant, aimer l'homme.

— Quels sont les noms des Douze Maîtres Elus ? Joabert, Stolkin, Tercy, Morphy, Alquebert, Dorson, Kerem, Berthemer et Tito, qui furent les Neuf Elus envoyés avec l'étranger pour chercher Abiram dans la caverne ; Zerbal, Benachad et Tabor, qui sont les trois qui complètent le nombre de douze.

— Quelle mission Salomon leur confia-t-il ? De superviser tous les maîtres et, par conséquent, il les nomma Inspecteurs afin qu'ils soient en mesure de lui faire un rapport, chaque jour, sur les progrès de la construction du temple.

— De quelle façon ces douze inspecteurs purent-ils surveiller tant d'ouvriers ? Parce que dans le temple se reflète le macrocosme du monde. Et comme douze constellations éclairent le monde, douze chantiers organisent le temple. Ainsi chaque inspecteur eut-il la charge d'un chantier du monde. Joabert inspectait la tribu de Juda, Stolkin, celle du Benjamin, Tercy, celle de Siméon, Morphy, celle d'Ephraïm, Alquebert, celle de Manassé, Dorson, celle de la Zabulon, Kerem, celle de Dan, Berthemer, celle d'Asher, Tito, celle de Nephtali, Zerbal, celle de Ruben, Benachad, celle d'Issachar, et, enfin, Tabor, celle de Gad. Ces douze Maîtres faisaient, en tant qu'inspecteurs, un compte-rendu journalier des travaux effectués par leur chantier respectif et ils recevaient de lui la somme qui devait être distribuée aux ouvriers de chaque chantier.

— De quelle tribu avez-vous la garde ? D'aucune.

— Pourquoi cela ? Car je fus de ceux que le sort exclut hors des tribus d'Israël et je ne suis plus au service de Salomon, et délivré de toute obligation par-devers lui et son trône.

— Qu'advint-il donc des trois Elus qui furent rejetés par le sort ? Ils sont Elus parmi les Elus.

— Expliquez-vous. Le monde clos sur lui-même où règne le bien à jamais est révolu, et douze chevaliers ne suffisent plus : il en faut aussi trois autres qui puissent errer par les terres lointaines et étrangères, qui puissent aller dessous la terre, et au-dessus de la coupole du ciel.

— Que représente le tombeau près de la Porte de l'Occident du Temple ? C'est le Tombeau dans lequel le corps d'Hiram Abif, notre Maître défunt, est déposé. Salomon l'a fait ériger à l'entrée du Temple pour montrer à son peuple combien il était affecté par la perte de ce grand homme. Il le fit afin d'honorer le mort qu'il considérait et estimait autant que lui-même.

— Que signifient les lettres KHS que vous voyez sur le Tombeau ? Le K est l'initiale de *Kosmos* en grec, le H est celle d'Hiram, notre respectable Maître, et S veut dire Stolkin, qui découvrit le corps d'Hiram Abif.

— Décrivez-moi l'urne qui est au sommet de ce tombeau. Dans cette urne se trouve le cœur embaumé de notre Maître Hiram.

— Que signifie la Balance ? Elle nous rappelle l'obligation qui nous est faite d'être justes envers nos Frères comme envers nos prochains, car nous sommes ceux en qui le roi Salomon a placé sa confiance en nous donnant le pouvoir d'exercer la Justice et de trancher les différents qui pourraient s'élever entre des Francs-Maçons, depuis le degré d'Apprenti jusqu'à celui de Sublime Chevalier Elu, qui est au-dessus de tous ces degrés.

— Et l'Epée ? Pour en faire usage ainsi que nous le devons contre ceux qui ne suivent pas le chemin de la vertu et qui sont assez vils pour divulguer les secrets qui leur ont été confiés.

— Combien de temps fallut-il pour achever le temple ? Il fallut sept ans pour le construire puis un an entier pour l'orner, et enfin, le dédier à l'humanité.

— Quelle était la longueur de l'édifice ? Soixante coudées.

— Quelle était sa hauteur ? Cent vingt coudées.

— Et sa largeur ? Vingt coudées.

— Quelle faveur Salomon accorda-t-il aux Douze Maîtres après la consécration du Temple ? Il les appela ses bien-aimés, les institua Sublimes Chevaliers Elus, les décora d'un large cordon, trois cœurs enflammés y étant brodés et une épée de justice y étant suspendue. Il leur dit encore : « Vous avez été ceux qui ont conduit les travaux du Temple, soyez maintenant ses défenseurs contre les infidèles ! »

— Qu'indiquent les trois cœurs enflammés ? Liberté, Egalité, Fraternité.

— Expliquez-moi les douze saluts que vous avez faits avant d'arriver au pied de la chaire de la Reine de Saba ? Ils scandent les douze étapes de l'Espérance.

— Pourquoi les Sublimes Chevaliers Elus gardent-ils l'épée nue en ce Chapitre ? Parce que l'initiation est un combat.

— Pourquoi votre chapitre n'est-il pas ouvert avant minuit ? Parce que, pendant le jour, tout se dévoile, et rien n'est plus sacré.

— Pourquoi ferme-t-on le Chapitre au point du jour ? Pour combattre à la faveur du voile.

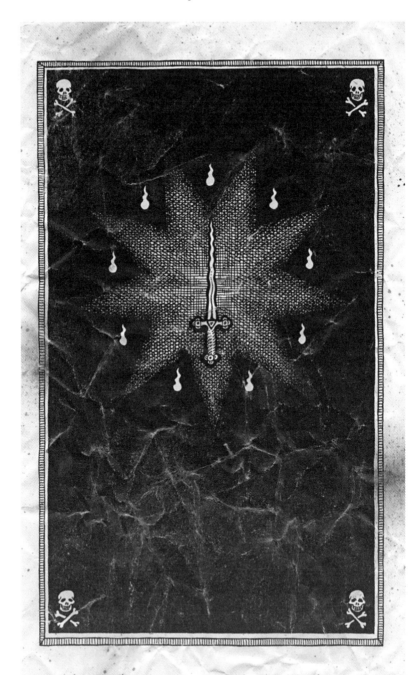

GRADE DE CHEVALIER PRUSSIEN

Wer immer strebend sich bemüt,
Den können wir erlösen.

GOETHE

Installation du Grand Chapitre

Il faut une salle éclairée par la lumière de la pleine lune, qui sera la seule source de lumière pendant toute la cérémonie. Les assistants ont un loup, un masque ou une cagoule

Ouverture de la loge de Chevalier Prussien

- Trois coups lents à la porte. [**00-0**] *lentissimo.* Le Grand Commandeur Frédéric de Prusse entre, visage méconnaissable, corps drapé dans une cape.
- Assemblée à l'ordre.

Il n'y a pas de tableau de loge.

Initiation au degré de Chevalier Prussien

Le récipiendaire est Adolph le Saxon, Maître Maçon et Sublime Chevalier Elu, errant de par le monde, sous la surface de la terre, et sur la coupole du ciel. Il présente son affaire au tribunal (soufflée par le Grand Expert qui le seconde toujours en retrait) :

Parti en Palestine guerroyer aux côtés de Frédérick Barberousse, fit un emprunt d'argent au comte Reinfred de Loégria et à l'évêque de Vienne, la garantie de son emprunt étant son domaine. Revenu, veut reprendre ses biens. Reinfred dit qu'il n'a pas été question d'emprunt, mais d'une vente, dont il possède l'acte de cession signé de la main même d'Adolph. Adolph réfute. Le comte et l'évêque s'emportent.

Adolph demande justice contre eux et veut leur comparution auprès du tribunal de la Sainte Vehme.

Mais l'un des assistants se lève, s'avance, ôte son masque et se présente comme le comte Reinfred : « *Vous mentez, l'acte de cession est légitime et valable ; le voici !* ».

Le récipiendaire demande que le document soit soumis à l'approbation du Grand Chapitre. A la lumière lunaire, il découvre que la date imprimée dans la pâte marque une date postérieure à la date accompagnant la signature d'Adolph. La pièce est donc fausse.

Le comte Reinfred est convaincu de félonie et expulsé du Grand Chapitre.

Dans la marge du registre, en face de son nom, le Grand Commandeur marque « mort ».

Puis il propose d'adopter Adolph à la place.

Serment sur une épée et un poignard croisés : « *Je jure, sur mon honneur le plus sacré, que je maintiendrai et tiendrai cachés les secrets de la Sainte Vehme, au soleil et à la lune, à l'homme et à la femme, à l'épouse et à l'enfant, au village et aux champs, à l'herbe et à la bête, au grand et au petit, à l'homme seul excepté qui peut servir la Vehme. Et que je ne laisserai rien qui ne soit fait pour amour ou crainte, pour don ou parure, pour argent ou or, ni pour humeur de femme ou d'homme.* »

On lui fait ensuite son instruction :

Le signe se fait ainsi : lever les bras étendus vers l'est, là où se lève la lune.

Le mot de passe est *Shekhina*.

Le Mot sacré est Frédérik.

L'Attouchement est de montrer trois doigts, à quoi le tuileur répond de la même manière, puis se laisse prendre ses trois doigts en disant le mot sacré.

Fermeture de la loge de Chevalier Prussien

Les grandes étapes qui doivent être abordées lors de la fermeture des travaux sont les suivantes :

- Trois coups lents [**00-0**] *lentissimo* donnés par le Grand Commandeur Frédéric de Prusse qui sort le premier, pendant que l'assemblée est à l'ordre.
- Sortie de Frédérick de Prusse

Instructions au degré de Chevalier Prussien

— Qui êtes-vous ? Dites-moi qui vous êtes, je vous dirai qui je suis.

— Quel est le mot de passe ? *On répond S\.*

— Que signifie cela ? C'est la lune qui éclaire nos travaux, et qui dans la tradition kabbalistique est la fille du roi, à son tour appelée à régner à la fin des temps.

— Pourquoi son règne tarde-t-il à venir ? Parce que notre Vierge est en exil, en raison de la bassesse des hommes.

— Qu'est-ce qui la fera venir sur le trône ? Que les hommes honorent l'egalité !

— Quel est le mot sacré ? F\III de Prusse.

— Que vaut de prononcer le nom d'une tête couronnée dans cette enceinte sacrée consacrée par l'Egalité ? C'est moins un roi ayant gouvernement sur les hommes qu'un principe, aujourd'hui en dormition, et qui hâtera l'avènement du Royaume de Justice.

— Qu'est-ce qui le sortira de son sommeil sans âge ? Que les hommes honorent la liberté !

— Comment Egalité et Liberté pourront-ils se réconcilier ? Par la Fraternité.

— Qui est votre père ? *En réponse regarder le ciel.*

— Qui est votre mère ? *En réponse regarder la terre.*

— Où sommeille Frédérick le troisième ? En un tombeau de grès, dans une mine de sel, à quinze coudées de profondeur, en un bâtiment triangulaire où se trouve une colonne de marbre blanc portant en allemand les hauts faits et gestes de l'Empereur.

— Est-ce tout ? Non, à côté du corps assoupi du Grand Commandeur, se trouve une pierre d'émeraude portant l'inscription : « Ici sommeille le Grand Commandeur, qui ne sortira de sa torpeur que pour conduire le Peuple à la Justice ».

— Quoi d'autre ? Dans le catafalque de l'empereur se trouve une autre pierre d'émeraude triangulaire gravée de caractères hiéroglyphiques.

— Que disent-ils ? Que notre Ordre, avant de bâtir des cités de pierre, avait fait des édifices souterrains en grand nombre.

— Quoi d'autre encore ? Six autres fragments de marbre blancs, tous gravés de caractères hiéroglyphiques inconnus et qui ne pourront être déchiffrés avant que les Vrais Elus n'aient été rassemblés sous la bannière d'un seul roi et sous une seule et même Loi, que pratiquent les Chevaliers Adeptes, les seuls à pouvoir nous apporter une telle connaissance. Mais nous devons absolument détruire entièrement le Serpent d'Ignorance et les préjugés en matière de religion, dans l'espérance et l'attente de l'éternelle béatitude.

GRADE DE CHEVALIER KADOSCH

La *Traditio Templi* postule de par elle-même la tradition d'une
chevalerie templière, chevalerie spirituelle et initiatique.

Henry CORBIN, *Temple et contemplation*

Installation de l'Aréopage

Au centre du Temple (le sépulcre), l'autel est drapé de noir, portant croisés en X, deux glaives à insignes funèbres, et dans la croisée
des gardes cruciales, un Poignard flamboyant. Ces armes sont posées
sur un exemplaire ouvert d'*Ainsi parlait Zarathoustra*. Au-dessus du
pommeau du poignard, un crâne couronné de lauriers, face à l'occident. Devant la Colonne J∴, un crâne couronné d'une tiare pontificale, tourné vers l'orient. Devant la Colonne B∴, un crâne couronné
d'une couronne royale fleur de lysée, tourné vers l'orient.

Le second appartement (le conseil) est tendu de blanc, avec deux
autels orientaux, l'un avec un esprit de vin enflammé, l'autre avec une
urne d'encens fumant. Entre les deux, l'Aigle Kadosch déployé.

Le troisième appartement (l'Aréopage) est tendu de bleu, à voûte
étoilée, avec Aigle Kadosch, et balance sur l'autel comparable à l'autel du sépulcre.

Le quatrième appartement (le Sénat) est tendu de rouge, avec la devise « *Vincere aut mori* ». En son occident, l'urne funéraire et son mausolée marqué de quatre vases funéraires remplis d'esprit de vin allumés. Au centre de ce temple, l'Echelle mystérieuse. La batterie se fait en sept coups [**00-00-00-0**] par le couvreur. Ce sont les Ombres des victimes de l'Intolérance, du Fanatisme, de la Tyrannie qui se tiennent devant le parvis, « *conduites par un étrange guide, totalement vêtu de noir, jusqu'à terre* », montant de l'Amenti pour déposer dans le cœur des Chevaliers Kadosch « *le ferme et viril désir d'une juste et légitime vengeance* ».

On leur donne l'accès du temple par sept coups [**00-00-00-0**] sous la voûte d'acier. On accompagne leur venue du Flambeau qu'on est allé chercher avec elle sur les parvis et qui va illuminer l'orient, auprès du crâne couronné de laurier.

Ouverture de la loge de Chevalier Kadosh

Les grandes étapes qui doivent être abordées lors de l'ouverture des travaux sont les suivantes :

Trois questions successives : Heure ? Déclin du jour. Age ? Un siècle ou plus, je ne compte plus. Grand Elu Chevalier Kadosch ? Je le suis et son nom fut autre et le même.

Assemblée à l'ordre [**00-00-00-0**]. Ouverture de la loge au nom du G∴ A∴ D∴ L∴ U∴.

Initiation au degré de Chevalier Kadosh

L'impétrant est visité dans le sépulcre par les Chev∴ K∴ qui l'encouragent et lui font prêter un triple serment fait main tendue sur le crâne couronné de lauriers.

Puis on lui fait fouler au pied la couronne royale pour n'admettre que « *la souveraineté du peuple* » et la tiare pontificale pour n'admettre que « *l'affranchissement de la conscience humaine* ».

On lui met un voile et l'on le conduit dans le second appartement, le conseil tendu de blanc, tandis qu'on l'exhorte par neuf fois à la vertu. Ici, on le dévoile et on l'adoube Chev∴ K∴, on le décore du

Cordon noir dont on explique la symbolique[162], et on lui commente le Poignard[163] qui l'orne dorénavant.

On le conduit dans le quatrième appartement, le sénat tendu de rouge. Ici on le dévoile devant l'Echelle mystérieuse. Le montant de gauche est marqué de bas en haut de Grammaire, Rhétorique, Logique, Arithmétique, Géométrie, Musique, Astronomie. Le montant de droite est marqué de bas en haut de Tsedakah (justice), Schorlaban (bonté) Mathok (Douceur), EMounah (Vérité), Hamal-Sagghi (Grand œuvre), Sabbal (Fardeau), Ghemoul Binah Thebounah (La prudence mène à la sagesse)

On le conduit dans le troisième appartement, tendu de bleu où il va recevoir l'instruction.

L'ordre est le Glaive haut en main gauche, main droite sur le cœur, les doigts écartés.

Le signe est de porter la main droite sur le cœur, les doigts écartés, et de la laisser retomber sur la cuisse droite en fléchissant le genou droit.

L'attouchement est la pointe du pied contre celle du frère, genou contre genou, l'un présentant le pouce droit levé, doigts joints (comme aux grades d'élus des neuf et des quinze), l'autre frère le saisit rapidement, et tous deux reculent d'un pas. Le premier dit « *Aborkah* », le second répond « *Eth-Adonaï* ».

Les mots de passe sont, en demande : « *Begohal* », et en réponse « *Parash' kol* ».

Les mots sacrés sont « *Mikamoka Bealim Adonaï* » (Qui est semblable à toi parmi les forts, ô seigneur ? »

La marche est trois pas précipités, les mains croisées sur la tête.

La batterie est [**00-00-00-0**], l'âge est un siècle et plus ou encore « je ne compte plus ».

---

161. « … le noir est la couleur de la foi inébranlable, du savoir caché, du secret, de l'inflexibilité, du sacrifice. »

162. « Et le Poignard rappelle cette Sainte Vehme si redoutée jadis des féodaux sans foi ni loi, et qui fit trembler tant de princes sur leur trône, lorsqu'ils avaient mauvaise conscience »

Fermeture de la loge de Chevalier Kadosh

Les grandes étapes qui doivent être abordées lors de la fermeture des travaux sont les suivantes :

- Trois questions successives : Heure ? Le jour va bientôt paraître. Age ? Un siècle ou plus, je ne compte plus. Grand Elu Chevalier Kadosch ? Je le suis et son nom fut autre et le même.
- Assemblée à l'ordre [00-00-00-0]. Ouverture de la loge au nom du G∴ A∴ D∴ L∴ U∴.

Instructions au degré de Chevalier Kadosch

— Mon frère, êtes vous franc-maçon ? Mes frères me reconnaissent pour tel.

— Etes-vous maître ? L'acacia m'est connu.

— Etes-vous Maître Elu des Neuf ? La caverne m'est connue.

— Etes-vous illustre Eludes Quinze ? Je le dois à mon zèle.

— Etes-vous Sublime Chevalier Elu ? Mon nom vous le prouvera.

— Etes-vous Chevalier Prussien ? Dites-moi qui vous êtes, je vous dirai qui je suis.

— Etes-vous Chevalier Kadosch ? Je le suis. Son nom fut autre et le même pourtant.

— Quel âge avez-vous ? Un siècle ou plus. Je ne compte plus.

— Que signifie le mot Kadosch ? En hébreu, il signifie saint, séparé, parfait, *nec plus ultra*.

— Que but poursuivent les Kadosch ? Combattre sans trêve et à outrance toute injustice, toute oppression, d'où qu'elles viennent.

— Quel nom porte le lieu où se réunissent les Kadosch ? Un aréopage.

— Où se situe un aréopage ? Dans un camp.

— Pourquoi les Kadosch se réunissent-ils dans un camp ? Pour signifier qu'ils sont toujours prêts à combattre.

— Donnez-moi le mot de passe. (Celui qui interroge fait le signe et dit B∴ -B∴ ». L'interrogé répond par « P\-K\ »

— Que signifie le signe qui accompagne la « marche » du grade ? Il rappelle le « vol » héraldique ornant le cimier des casques des Chevaliers teutoniques, et les trois pas précipités du trot de leurs chevaux.

— Quelle est la mise à l'ordre du grade ? Glaive droit le long du flanc, tenu en main gauche. La main droite est sur le cœur, doigts écartés.

— Que signifie ce signe ? La main droite représente l'Etoile du matin se levant en notre cœur.

— Pourquoi, mon frère ? Parce que la main est l'Image de l'Etoile à cinq branches.

— Comment se fait le signe ? Etant à l'ordre, laisser tomber la main droite sur la cuisse droite, en fléchissant le genou.

— Que signifie ce signe ? Le combat où Jacob fut vainqueur de l'Ange, bien que celle-ci l'ait meurtri à la hanche.

— Donnez-moi le Mot Sacré « M\B\A\ ».

— Quelle est la signification de ces trois mots hébreux ? Qui, d'entre les forts, est semblable à toi, seigneur ? Cette phrase laisse entendre que la seigneurie de dieu connaît maintenant sa limite.

— Donnez-moi l'attouchement ? *On le donne.*

— Qu'avez-vous observé en entrant dans le conseil ? Une Echelle double, dont j'ai gravi la première partie et descendu la seconde.

— Que signifie cette Echelle ? Et ces mots emblématiques ? Que les principaux travaux des Kadosch doivent être la recherche de la vérité, de la bonté, de la douceur, aussi de la prudence qui mène à la sagesse.

— Quelle est la signification ésotérique de l'Aigle Noir ? L'aigle était, dans le monde antique et dans l'orient ancien, le symbole du juge des âmes, du protecteur des tombeaux, en un mot du monde des morts. Noir d'un côté, il signifie l'au-delà immédiat, blanc, il évoque l'orient éternel de la maçonnerie. Il était encore l'image de l'ange de la mort, que l'on nommait le rétributeur, pour son inflexibilité.

— Pourquoi les Kadosch se réunissent-ils également dans une vallée ? Le mot hébreu Géhenne signifie vallée. Le Kadosch est censé avoir franchi les Portes de la Mort. Les textes judéo-chrétiens parlent d'ailleurs de la vallée de la Mort pour désigner l'autre monde.

— Quel est l'emblème de ce grade ? Le Kadosch qui a, par son initiation, franchi les portes de la mort, et est revenu dans le sanctuaire de la vie, se doit de combattre toutes les tyrannies, tous les abus, toutes les ignorances. Il est le militant, toujours debout, de la pensée libre, de la justice et du droit, de la vérité.

— Que signifie la couleur noire du Sautoir ou du Cordon ? Elle signifie, selon la symbolique ancienne : foi, savoir caché, secret, inflexibilité, sacrifice, deuil.

— Pourquoi est-elle liserée de blanc ? Pour souligner que les Kadosch portent le deuil de tous les Martyrs de l'Intolérance et de la Tyrannie, également pour montrer le lien mystérieux reliant ce grade, et son initiation, au monde mystérieux des morts.

— Que signifie les quatre lettres K∴ A∴ E∴ S∴ qui sont parfois brodées sur les Cordons ? Kadosch Adonaï Elohim Sabaoth, soit en hébreu : « Saint est le seigneur, le Dieu des Armées du Ciel ». Les hermétistes donnaient le nom d'Al Kaest au dissolvant universel utilisé en alchimie. Et l'action des Kadosch peut se comparer à celle de ce Kaest, sans lequel le Grand Œuvre est impossible à réaliser.

— Que signifie l'Attouchement ? La transmission initiatique, par la remise du Poignard ; image de la Sainte Vehme.

— Que signifie la croix teutonique rouge ? La naissance de cet ordre de chevalerie, à Saint Jean d'Acre, en 1112, sous sa forme militaire, et les liens de cet ordre avec ce grade.

— Pourquoi est-elle rouge ? Comme la croix de croisés était rouge, la croix du Kadosch l'est également, puisque le Grand Elu est de fait enrôlé dans une croisade, illimitée en durée comme en lieu.

— Pourquoi l'étendard des Kadosch est-il partie blanc et noir ? Il est l'exacte réplique de la bannière de templiers.

— Pourquoi y a-t-il un temple noir, un temple blanc, un temple bleu et un temple rouge ? Pour rappeler que le grade est le très réel refuge de la maçonnerie tout entière, la bleue, la rouge, la noire et la blanche, c'était également les quatre couleurs de la *Chabonnerie* au 19ème siècle.

— Que rappellent les Croix rouges pattées et alésées des diverses tentures ? La croix rouge pattée et alésée des templiers.

— Que rappelle la croix verte de Saint-André ? L'ordre du chardon de Saint-André, constitué à la Saint-Jean d'été 1314, par Robert Bruce, roi d'écosse pour y abriter les templiers écossais.

— Que s'était-il passé ? Les templiers d'écosse avaient aidé les troupes de Robert Bruce à gagner la bataille de Banneckburn, et à y vaincre les troupes d'Edouard II d'Angleterre, beau-fils de Philippe le Bel.

— Que rappelle le mausolée du quatrième appartement et les flammes qui l'entourent ? Il rappelle le bûcher de l'île aux Juifs où Jacques de Molay et Guy d'Auvergne furent brûlés vifs en mars 1314, sur ordre de Philippe le Bel.

GRADE DE PRINCE DE ROYAL SECRET

Nous ferons de notre pire.

R. DE VALLE-INCLAN, *Lumières de Bohême*, 1924

Installation du Grand Chapitre

Parvenus au terme de l'initiation, les frères sont démis de toute obligation, et ont renoncé à leur tablier, mais ils portent tous chemise rouge.

Le Grand Chapitre est en drap de deuil noir, parsemé de larmes d'argent, de fémurs entrecroisés et de têtes de mort. A l'Orient, des flammes de feu remplacent les larmes d'argent.

Ouverture de la loge de Prince de Royal Secret

La Batterie se fait en cinq coups [**0-0000**]. Un Frère dit « *Salix* ». Un autre répond « *Nonis* ». Tous ensemble : « *Tengu* ». Ce qui veut dire : « ralliement des sages frères ».

Initiation au degré de Prince de Royal Secret

Il n'y a pas d'initiation. Seulement le libre commentaire du tableau de loge suivant :

Au Soir du monde, à l'heure du rassemblement des forces, tous les frères unis dans la Révolte, la Rébellion et la Résistance s'associèrent pour le camp de rendez-vous. Là, sous le voile de la nuit, en une clairière sous la lune, ils y dressent leur tente, y fourbirent leurs armes, arrachèrent tous leurs galons et élirent librement leurs capitaines.

Le Tableau du Camp doit être décrit comme suit :

Le Triangle Equilatéral, au centre du tableau, représente le centre de l'Armée et on y voit les quartiers des trois Sœurs, Balkis, Salomé, Fortuna. Les corps d'armée installés dans le Pentagone sont sous les ordres de cinq Princes du Royal Secret qui furent élus capitaines du camp de Rendez-vous, et qui assurent ce commandement soit collectivement, soit par rotation.

Ces cinq princes planteront leurs bannières aux cinq angles du Pentagone de la façon suivante :

— la bannière ou oriflamme T, aux armes d'un Lion d'or, tenant une Clef d'or dans sa bouche, et portant un collier d'or sur lequel 515 est gravé ; ce lion est sur champ d'azur et la devise « *Sub Lapidem Aeternita* » est brodée au bas de cette oriflamme ;

— la bannière ou l'oriflamme E, aux armes d'un Cœur enflammé de gueule, ailé de sable, couronné de laurier de sinople sur champ d'argent ;

— la bannière ou l'oriflamme N, aux armes d'une aigle à deux têtes éployé, une couronne d'or reliant les deux têtes comme le ferait un collier, tenant dans sa serre droite une épée nue, la pointe basse et un cœur ensanglanté dans sa serre gauche, le tout sur champ de sinople ;

— la bannière ou l'oriflamme G, aux armes d'un bœuf de sable sur champ d'or ;

— la bannière ou l'oriflamme U, aux armes de deux mains entre serrées entourée de deux palmiers de sinople sur champ de pourpre, la devise « *ex populo robur* » figurant au bas de l'oriflamme.

L'heptagone représenté sur le tableau est le camp des maçons de tous les grades qui vont être maintenant indiqués.

La première tente, notée S, et appelée S.·. N.·. T.·. , marque le camp des Princes de Royal Secret.

La seconde tente, notée A, et appelée N.·. , marque le camp des Chevaliers Kadosh.

La troisième tente, notée L, et appelée F∴, marque le camp des Chevaliers Prussiens.

La quatrième tente, notée I, et appelée K∴, marque le camp des Sublimes Chevaliers Elus.

La cinquième tente, notée X, et appelée Z∴ B∴, marque le camp des Illustres Elus des Quinze.

La sixième tente, notée N, et appelée N∴ N∴, marque le camp des Maîtres Elus des Neuf.

La septième tente, notée O, et appelée M∴ B∴, marque le camp des Maîtres Maçons de Vengeance.

La huitième tente, notée N, et appelée B∴, marque le camp des Compagnons maçons de Vengeance.

La neuvième tente, notée I, et appelée J∴, marque le camp des apprentis maçons de Vengeance et des volontaires.

L'heure de rendez-vous devra être la cinquième heure après le coucher du soleil, et sera signalée par cinq grands coups de canon, le premier détaché, les quatre autres rapidement et à intervalles égaux.

Le premier rendez-vous aura lieu dans le port de Naples. De là, on se rendra au port de Rhodes puis de Rhodes à Chypres et à Malte où l'ensemble des forces navales de toutes les nations sera rassemblé. Le troisième rendez-vous au lieu à Joppa et les forces terrestres auront un rendez-vous à Jérusalem, où elles seront rejointes par nos fidèles gardiens demeurés en ce lieu.

La Parole est formée des trois mots : Salix, Nonis, Tengu

Les Mots de Passe : en demande : « *Pa'al kol* » ; en réponse : « *Parash kol* »

Le Signe est de porter la main droite sur le cœur, de la lever vers le ciel et de la laisser retomber sur le flanc droit.

Fermeture de la loge de Prince de Royal Secret

La loge ne se ferme pas

Instructions au degré de Prince de Royal Secret

Il n'y a pas d'instruction.

EXPLICIT LIBER

Changés voz andosses souvent
Et tirés tout droit au temple
Et eschiqués tost en brouant
Qu'en la jarte ne soiez emple

François DES LOGES

CONCLUSION

Dégaine, dégringole et dérate

Celui qui a maîtrisé l'Art n'utilise pas le sabre et l'adversaire se tue lui-même.

TAJIMA NO KAMI

A lire ces lignes, les esprits *réalistes* resteront sur leur faim. Quoi ? Diront-ils, le programme politique est singulièrement pauvre. S'agit-il *concrètement* de l'autogestion, d'un communisme rénové qui prenne acte de la démocratie ? Et le recours à la violence ? Faut-il l'entendre comme un retour des fractions armées en guérilla urbaine ? Ou s'agit-il d'une agitation en vue d'insurrections de quartiers ? Ou bien n'est-ce que rodomontades adolescentes pour engluer des altermondialistes en mal de complot ? Et ces fameuses loges noires, où sont-elles donc ? Qui rassemblent-elles de personnes connues ? De quel parti sont-elles le relais ? Et si tout cela n'avait d'existence que de papier ? Alors ces mêmes réalistes détourneront leur regard de ces pages, avec la moue condescendante de ceux *à qui on ne la fait pas*. Ils trouveront la chose trop fumeuse, abstraite, romantique, c'est-à-dire *irréaliste*. Il va sans dire que de tels individus ne méritent pas de compter parmi nos lecteurs, d'une part parce que les réalistes de la révolution en furent toujours les bureaucrates, puis les fossoyeurs, enfin les gardiens de camp, d'autre part parce qu'il serait stupide de révéler à l'ennemi dans ces pages les tactiques et les stratégies que nous déployons. Certes, le lecteur avisé saura décrypter ici et là, s'il entend bien l'art, des arcanes qui l'éclaireront, — et il y a plus dans ce texte que ce qui y est écrit —, mais qu'il prenne garde, ça et là, aux chausse-trappes que j'y ai laissées, et destinées à nos adversaires.

Car si je n'ai pas grande considération pour la bêtise crasse des révolutionnaires sérieux et pragmatiques qui seront à jamais les bouchers de l'histoire et les traîtres de la classe ouvrière, en revanche j'ai la plus grande méfiance envers les agents de la réaction beaucoup plus fins qui liront ces pages en prenant au sérieux cette *farce mystique*, parce qu'eux sauront distinguer *le feu que recèle ce fumeux*, et sauront sans doute y distinguer mieux que quiconque les artifices et les architectures secrètes. Donc, cher lecteur, brise l'os pour en sucer la moelle. Le combat qui est nôtre revêt aujourd'hui un caractère spécial parce que le dispositif techno-économique use d'armes qui ne sont plus l'enfermement des opposants politiques ou le cassage de gueule, mais la dévastation de la vie intime pour rendre impossible ensuite l'appel de l'absolu et la conscience de l'inestimable, de telle sorte qu'ensuite l'émeute et la révolte, qui sont les canaux par où circule l'air libre du désir, soient tout bonnement impraticables. Ceux qui veulent nous supprimer savent cela aussi bien que nous, parce qu'ils savent que nous avons déplacé notre terrain de lutte sur le leur, celui de l'âme et des dieux qu'elle héberge. Tant que cette âme est végétative et que son opium est constitué des divers produits de consommation qui sont autant d'anesthésiants pour son désir d'ailleurs, tout va pour le mieux. Or, nous voulons rendre aux hommes la conscience aiguë de ce que le désir *qui est l'âme* ne peut plus longtemps être domestiqué par ces besoins artificiels de consommation. Nous voulons rendre aux hommes la verticalité ardente de leur désir, et nous savons que cela passera par le saccage du principe d'économie pour qu'advienne ensuite le don. Nos ennemis savent cela autant que nous, et ils nous redoutent, par le fait même que nous sommes *irréalistes*, parce qu'ils redoutent que les hommes apprennent par nos loges que *le réel qu'Ils nous imposent ne nous suffit plus*. Ils nous redoutent et travaillent déjà à notre suppression s'ils savaient de nous tout ce que nous savons d'eux. Mais nos pages sont hermétiquement scellées et les clefs principales en ont été soigneusement égarées dans quelque maquis à la forêt épaisse.

Et sache enfin que l'essentiel n'est pas en dépôt dans les pages, mais dans ce qui se transmet à voix muette de maître à apprenti et qui se verse d'un cœur à l'autre. Pour cela, il n'est pas besoin de livre, mais il suffit d'initiation secrète et de confrérie clandestine. Les deux sont à ta portée pourvu que tu veuilles bien descendre dans la nuit de Balkis.

Les loges disciplinaires

Cesserez-vous enfin ce carnage au bruit sinistre ? Ne voyez-vous pas que vous vous dévorez les uns les autres dans l'indifférence de votre cœur ?

EMPÉDOCLE, *Les Purifications*, 137.

Lorsqu'au XVIIᵉ siècle le pouvoir d'Etat commença à s'étendre de manière tentaculaire et qu'il voulut tout contrôler, il se heurta à trois difficultés majeures. D'une part le contrôle financier des individus sous la forme des impôts et des taxes à payer paralysait l'initiative économique et de ce fait ralentissait le développement des sociétés, en entamant le capital accumulé par des individus qui allaient être les futurs entrepreneurs de l'Etat bourgeois. D'autre part, le développement de la techno-civilisation obligeait à profiler l'individu pour le rendre plus efficace à son poste de travail et accroître ainsi sa productivité. Mais là encore, les procédures de contrôle étatique (ponction financière, pouvoir absolutiste de vie ou de mort sur les sujets) étaient insuffisantes, n'étaient pas assez fines pour permettre l'usinage d'individualités particularisées au service de la division croissante du travail. Enfin, l'Etat, — comprenant que sa richesse majeure était son cheptel d'hommes et de femmes à disposition pour produire le sur-travail dont il s'enrichirait —, l'Etat dut donc prendre en considération non seulement les idéaux abstraits de la communauté religieuse ou du peuple comme entité politique, mais la réalité de la population, avec sa démographie, ses courbes de mortalité et de natalité, afin de pouvoir jouer sur elles et d'infléchir les statistiques dans un sens qui lui était favorable.

Renoncer à l'imposition et à la perception centralisée des revenus pour contrôler les individus parce qu'elle entravait le développement de la nouvelle classe bourgeoise. Renoncer à l'enrégimentement des masses parce que les conditions de travail pré-industriel obligeaient à varier toujours plus et à sérier toujours plus finement les types d'individus selon le profil de leur poste de travail. Renoncer à penser le peuple en faisant l'impasse sur la dimension reproductive de la population, donc sur son rapport intime à la sexualité et à la mort. Trois impératifs qui obligèrent le pouvoir à ne plus être seulement pouvoir législatif d'Etat, mais qui le démultiplièrent en autant de procédures disciplinaires différentes, variées, régionalisées, privatisées. Ainsi inventa-t-on de nouvelles procédures de contrôle qui étaient destinées à fabriquer les individualités, à déterminer leur production, à agir sur leur développement psycho-biologique.

Les nouvelles pratiques de socialité qui se dégagent au XVIIᵉ siècle et qui étaient annoncées depuis un siècle procèdent de ce contrôle social qui se substitue à l'Etat en inventant des nouveaux processus disciplinaires. L'invention des internats de garçons, la conscription obligatoire, le sport, la salle de classe, l'hygiénisation de la vie quotidienne, l'éducation sexuelle, etc. etc., tout cela vise d'abord à fabriquer des individus dont le développement spécifique est passé sous un contrôle normatif qui se substitue à l'absolutisme d'Etat, lequel se retire progressivement, laissant à ces procédures privatisées le soin de faire mieux que lui.

C'est à ce moment que la franc-maçonnerie est inventée. Elle est une de ces structures disciplinaires destinée à fabriquer un homme individualisé avec une sensibilité spécifique, qui en fera le cadre de la classe bourgeoise naissante. Les exercices spirituels en franc-maçonnerie renvoient en effet à une éducation de la sensibilité, à la fabrication de toutes pièces des subjectivités qui croyaient sans doute y faire l'expérience de la liberté mais qui y furent travaillées, comme on le fait d'une matière première, pour servir aux intérêts supérieurs de la nouvelle société bourgeoise. Ainsi, lorsque l'absolutisme d'Etat arrive au terme de son exercice, qu'il se rend compte de son impuissance à traiter les individus dont il a besoin pour relancer la machine économique, c'est au moment précis où la jeune classe bourgeoise s'empare un à un des appareils politiques dans toute l'Europe de l'Ancien régime, et c'est à ce moment là que l'Etat renonce à son contrôle immédiat de la population et délègue son mandat discipli-

naire à des institutions qui auront pour tâche de façonner et de fabriquer la nouvelle sensibilité du XVIIIe. L'une de ces institutions ? La
franc-maçonnerie.

Les loges jouèrent donc un rôle fondamental dans cette affaire,
donnant à leurs affidés les clés subjectives par quoi les hommes pouvaient se fabriquer comme titulaire de cette « âme bourgeoise », cette
sensibilité, cette empathie spécifiquement bourgeoise. Qu'est-ce qui
la qualifie ? Il suffit, pour la comprendre, de lire n'importe quel rituel
maçonnique en exercice aujourd'hui. Il y est fait référence à la phi-
lanthropie, gloire est rendue au travail, honneur à la vertu, et les
Frères s'assemblent pour contribuer au progrès social, moral et intel-
lectuel de l'humanité. Quant à l'esthétique des loges, tout au long du
XIXe siècle, la totalité de la maçonnerie dominante fait de ces cérémonies des modes d'appréhension esthétique de la sensibilité bourgeoise. On s'y habille du costume noir à col serré par la cravate qui
est l'uniforme de la nouvelle classe moyenne, qui se refuse à la
débauche luxueuse des vêtements de l'aristocratie et qui repousse
également le bleu de chauffe prolétarien. On y apprend une gestuelle
qui a de la « tenue », de la « rigueur », et où reviennent « Equerre, le
Niveau la Perpendiculaire », parce que la loge est le lieu de la domestication d'un corps que l'on apprend à réguler, à contenir, à rigidifier,
parce que l'idéal du *corpus oeconomicus* est hérité du protestantisme,
qui vise à l'économie de la jouissance, à la condamnation de la
dépense, de la débauche et du plaisir. Aussi, ce qui s'apprend dans
les loges, c'est à faire du corps un Grand Somnolent, et des mouvements une mécanique à peine huilée. Les décors y évoquent les opé-
rettes biblico-orientales, la loge enseigne au fur et à mesure que l'on
monte en grade les dogmes qui sont ceux de la bourgeoisie éclairée
et libérale. On y exhorte à la pratique de la vertu et de la morale, on
y vante la perfectibilité de toute âme humaine dès le degré
d'Apprenti. L'empirisme du second degré hérité du matérialisme des
Lumières rassure, car il suggère un matérialisme de bon aloi qui
repousse la tentation théiste, mais en même temps, il limite cet empirisme et s'interdit de le convertir en un sensualisme gourmand et dis-
pendieux. Enfin, il s'achève — honte aux maçons contemporains —
sur la « Gloire au Travail ». Le troisième degré met en scène la mort
du Maître, refoulé d'une maçonnerie spéculative qui bricolait tardive-

ment ce rituel, et l'ajoutait pour « tuer le père » et couper net toute racine avec son Père historique réel, la corporation ouvrière et prolétarienne.

Aujourd'hui encore, l'accès à la loge est la condition d'une promotion sociale importante pour les classes moyennes et supérieures. On y apprend l'art de la négociation, de la parole maîtrisée, le contrôle de soi et la maîtrise de ses émotions, qui sont autant de critères de distinction par quoi l'appartenance de classe se signale et permet à ses heureux bénéficiaires de se démarquer des hommes encore « bruts », pas assez affinés dans l'art de la prise de parole pour être de bons négociateurs, donc de fins politiques et des marchands émérites. Et de même, puisqu'il fallait des classes dominantes qui soient les cadres militants du monde du travail, on leur apprit en loge à identifier vertu, bonheur et gloire au travail, et l'on magnifia le salaire, comme condition d'anoblissement de l'individu, alors qu'il était, dans la vie réelle hors le temple la condition de sa dégradation, sa réduction au rang d'objet et de marchandise. Enfin, les rites qui lui étaient délivrés l'enracinaient dans une culture religieuse judéo-chrétienne ou le sens du sacrifice et du devoir, le dévouement à l'ordre établi et à la patrie achevaient de former ainsi le gros des bataillons de la demi-élite au service du capital.

L'initiation maçonnique telle qu'elle est transmise aujourd'hui, est conférée essentiellement à des individus issus des classes moyennes, majoritairement blancs, d'origine chrétienne, hommes, hétérosexuels, et de profession libérale à fort capital culturel. Tout cela en fait des alliés objectifs du camp de la bourgeoisie, donc de la dévastation. Libre à eux d'assumer. Ici la franc-maçonnerie ne se contente pas de s'adresser à une telle classe, mais elle la fabrique. Il suffit de constater combien le processus métanoïaque maçonnique, le processus de transfiguration intérieure — le dégrossissement de la pierre brute — se double aussi d'un affinement de la conscience politique de classe. La multiplication des « affaires » juridico-financières, l'articulation toujours plus étroite entre les réseaux militaro-policiers, les obédiences maçonniques et les partis politiques gouvernementalisables ne sont pas que des épiphénomènes qui gangrènent la franc-maçonnerie contemporaine, mais au contraire ils dévoilent son essence propre comme courant de transmission de la *libéralisation du monde*. Ainsi, la franc-maçonnerie officielle, celle avec ses rites écossais, français, templier, etc., une telle franc-maçonnerie reste bien une école où l'on apprend à se discipliner soi, à se contrôler, « à se mettre à l'ordre » pour bénéficier, en récompense, des meilleures places dans les hiérarchies et les postes de pouvoir dans le monde de la marchandise et du spectacle.

La sédition

No, so es cierto que solo Dios basta.

Eugenio d'ORS, *Introducción a la vida angelica*

Mais la franc-maçonnerie ne s'est pas faite en un jour. De la même manière que tout pouvoir appelle sa résistance, au moins par l'inertie, voire par des contre-pouvoirs qui s'y heurtent franchement ou encore par des attitudes et des stratégies de l'évitement et de l'esquive, il y eut, au sein des loges maçonniques des expériences faites pour subvertir et contourner les procédures disciplinaires de fabrication de la sensibilité bourgeoise. Cependant les zones de friction ou les espaces de l'évitement furent systématiquement niés, refoulés par les historiographies maçonniques qui servent le pouvoir et participent de la consolidation de l'autorité obédientielle. Dès lors, il est toujours possible de repérer, çà et là, des rites maçonniques qui dérogent aux procédures disciplinaires, et fabriquent autre chose que la sensibilité conforme aux attentes de la puissance du monde, mais il faut savoir creuser, exhumer des manuscrits oubliés, et surtout aller contre l'esprit normatif maçonnique qui ruine toute entreprise d'imagination. C'est ce que nous voulûmes faire modestement sur ces pages.

Qu'adviendra-t-il de ce recueil, et que sera la *Franc-Maçonnerie de Justice* ?

Pendant ces trente trois dernières années, de la date de sa réorganisation jusqu'à aujourd'hui, date de sa diffusion publique, elle s'est tue. Son abstention, son Silence et le *recouvrement du voile* étaient ses plus forts messages Aujourd'hui, conformément à la devise cartésienne, — *prodeo larvatus* —, elle avance masquée. Son avancée, son exposition, sa publicité la signalent plus encore comme masquée, indiscernable, invisible. Cagliostro ne disait-il pas que le meilleur moyen de passer inaperçu était de se mettre en pleine lumière ? Plus on parlera d'elle, moins on parviendra à la désigner, puisqu'elle est *la* clandestinité et l'*Arcana Arcanorum*, le Secret des Secrets, l'expérience limite de ce qui transcende toute expérience. Dès lors, l'exhibition de sa clandestinité ontologique est sa riposte à cette société-là qui il y a peu encore était spectaculaire et devient maintenant simulationniste.[164] Face à un monde dévasté, tout en externalité et en surface, la *Maçonnerie Noire* s'avance, jouant le jeu, mais pour exposer l'abysse de son secret. Christ en *camera obscura* face à un nouveau Thomas, elle montre ses plaies en souriant, mais Thomas l'incrédule, qui *veut que ça saigne* et qui veut *mettre la main à la pâte*, Thomas l'incrédule *ne palpe que du vide. Il n'y a rien à voir. Telle est l'ultime injure que l'on puisse faire au monde du spectacle : s'avancer droit vers les caméras et montrer qu'il n'y a rien à voir. Ne circulez plus et contemplez : il n'y a rien à voir.*

Vouloir insérer la *Franc-Maçonnerie Noire* dans un des dispositifs obédientiels hyper centralisés et techno-administratifs aujourd'hui dominants serait tout bonnement l'introduire dans les procédures de contrôle disciplinaire au service de la puissance contre laquelle elle se bat. Il faut se souvenir que l'obédience est une invention récente. En 1599, après les Statuts rédigés par le frère Schaw, la confédération de loges libres, avec un simple bureau coordinateur pour faciliter les versements de solidarité

---

164. Nous disons spectaculaire en référence à Debord, pour qui le spectacle n'est pas que l'univers des médias, et encore moins celui de la « mise-en-vision » du monde. « Le spectacle » explique-t-il au début de sa Société... « n'est pas un ensemble d'images mais un rapport social entre des personnes médiatisées par des images » [c'est nous qui soulignons. A.G.], de telle sorte qu'il est réducteur de vouloir en faire l'initiateur de notre critique contemporaine de la civilisation de l'image télévisuelle ou virtuelle. C'est dans ce panneau que sont tombés complaisamment Baudrillard et surtout le Guérillero mitterrandien Debray avec son concept de médiologie grâce auquel il réintroduit Byzance et le Christ dans le vingt heure (le journal de vingt heures). A ce titre, le spectacle debordien, repris sans doute des méditations de Lefebvre, a plus à voir avec l'idéologique qu'avec le strictement médiatique. Il est le contraire de la réalité sociale, le reflet renversé de la « vie quotidienne » au sens où Lefebvre emploie le terme.

aux frères nécessiteux, n'est plus qu'un souvenir : les communautés hermétistes antérieures existaient sur le modèle des confréries soufies
contemporaines, ne se reconnaissant pas d'autre lien que celui de la
communion spirituelle et de l'affection mutuelle et fraternelle. Quand la
franc-maçonnerie est confisquée par la bourgeoisie naissante en 1721,
après destruction des anciens rituels prolétariens et autodafé des archives
de l'ordre, l'obédience est inventée, comme organe centralisateur, confis-
quant le pouvoir et confiant la juridiction morale des loges aux Lords les
plus riches du royaume — alors que quelques années auparavant, le
Grand Maître avait dû faire appel à la caisse de solidarité pour survivre à
l'hiver ! —. Ainsi, non seulement la franc-maçonnerie a pu vivre sans
centralisme obédientiel, mais le contrôle obédientiel fut l'une de ces stratégies de contrôle et de disciplines des loges à l'instant précis de leur
essor dans la modernité capitaliste. C'est pourquoi la *Franc-Maçonnerie
Noire* a été noyée dans l'anonymat de divers régimes maçonniques pendant deux cents ans, et sa recomposition telle que je la délivre
aujourd'hui ne peut pas être réintroduite dans les pleines lumières des
nomenclatures obédientielles — la chose serait aussi ridicule que de vouloir la révolution en quémandant quelques sièges au parlement. Nous ne
le déplorons pas, pas plus que nous nous en réjouissons. Des tentatives
seront entreprises pour « régulariser » cette *Maçonnerie Noire*, et l'introduire dans des systèmes de nomenclatures adoubés par de très officiels
Conseils de l'Ordre d'Obédiences très sérieuses qui se feront ainsi un
plaisir et un orgueil de montrer combien elles sont tolérantes et combien
elles savent accueillir sur leurs colonnes la contradiction et ceux qui veulent être leurs adversaires. On sera attentif alors à deux symptômes. Le
premier : le retournement de la *Franc-Maçonnerie Noire* « *obédientielle*
» qui deviendra un relais de l'institution conservatrice, comme le sont systématiquement tous les partis révolutionnaires dès qu'ils sont au pouvoir.
Le second : la présence, au sein de cette *Franc-Maçonnerie Noire* retour-
née et moucharde, d'éléments sincères, lucides et particulièrement retors
— ou joueurs —, venus pour y exercer le rôle d'agents doubles, voire
quadruples…. De telle sorte que, *in fine* qu'elle soit institutionnalisée ou
marginale, la *Franc-Maçonnerie Noire* agira inéluctablement selon les critères d'insaisissabilité qui la caractérisent en propre, enchâssant le secret
dans le secret, rendant énigmatique l'évidence et manifeste l'ésotérique.
Quant aux tentatives inverses, entreprises pour faire *disparaître* et mar-

ginaliser la *Franc-Maçonnerie Noire*, elles participeront à la bonne santé de cette dernière, puisqu'*il n'est de bonne Maçonnerie Noire qu'occultée...* Quoiqu'on fasse d'elle, par cette publication, on peut d'ores et déjà dire que la *Franc-Maçonnerie Noire* a gagné son pari parce qu'elle est le reflet inversé de la franc-maçonnerie officielle, parce qu'elle désigne en empreinte le néant de la maçonnerie libérale, c'est-à-dire sa toute présence, sa toute puissance, sa toute influence — en un mot, son absence totale de fins et d'objectifs.

Ainsi donc, faire retourner la *Franc-Maçonnerie de Justice* à l'ombre de laquelle je l'ai fait sortir est sans doute le mieux pour elle. Mais il est deux sortes d'ombre, la première, celle de l'oubli, réjouirait les puissants. La seconde, celle de la clandestinité, les inquiéterait assurément, et c'est celle-là que j'appelle de mes vœux. Car il est possible de subvertir la loge maçonnique et d'en faire non pas une usine anthropofabricatrice au service du capital, mais une matrice secrète et féconde où l'art de se faire homme passe par des biais différents et *inexploitables* pour la société. C'est cela que propose la *Franc-Maçonnerie de Justice*. Les procédures auxquels elle soumet ses affidés ne sont pas des techniques de genèse d'un homme nouveau, — le bourgeois éclairé du XVIIIᵉ au XXIᵉ siècle —, mais elles renvoient à un art de l'évitement et de la déconstruction de l'homme nouveau de la bourgeoisie, elles en pervertissent le modèle et le canevas, et permettent l'émergence d'une nouvelle figure, inachevée par excellence, puisque l'homme « fabriqué » par le rituel de *Maçonnerie Noire*, est celui qui refuse la fabrication et la technicisation de l'homme. Dès lors, la *Franc-Maçonnerie Noire* ne pouvait pas se définir autrement que de manière négative, et l'on comprend mieux maintenant sa symbolique du Noir. Il ne s'agit pas d'une tentation anarchisante ou nihiliste comme on voudra le faire croire, mais au contraire d'une tentative faite pour se dérober à toute technique positive de modélisation d'hommes à des fins utiles. A ce titre, cette franc-maçonnerie postule la possibilité d'un horizon pour l'homme qui ne soit pas l'insertion dans un dispositif économique du développement de soi ou de l'optimisation de ses compétences, et elle entend témoigner de la possibilité d'un *creusement de soi pour riposter à l'évidement de l'homme*. Sa stérilité ou son refus de proposer une technique pour répondre à la surenchère de la technologie anthropofabricatrice, c'est justement là sa fécondité. N'étant au service de personne, ne proposant rien, par son abstention, elle ouvre le seul espace de liberté qu'il reste à l'homme, celui du refus de la servilité.

Les rites de Vengeance sont de cette trempe : ils ont élaboré en l'espace de quelques décennies, vers les années 1740-60, le contrepoint de la sensibilité bourgeoise : au moralisme d'une laïcité tirée des évangiles, ils ont répondu par la question du recours à la violence ; au scepticisme nuancé et à l'esprit de commerce, ils ont répondu par la question du droit de guerre et la levée de soldats de l'ombre ; à l'agnosticisme teinté d'un peu de déisme, ils ont répondu par l'expérience mystique de la Nuit ; au progressisme naïf des sciences et des techniques, ils ont répondu par un révolutionnarisme à caractère métaphysique ; au triomphe de l'Occident, ils ont répondu par le sourire de l'Orient ; au dévoilement au nom de l'efficacité, ils ont répondu par la clandestinité du non-agir.

Dans ce monde où l'homme est devenu son propre prédateur, dans ce monde où les dernières confréries spirituelles servent à fabriquer les derniers contremaîtres de la marchandise et du spectacle, les Maçons de Vengeance, frères de libre esprit, choisissent de combattre pour montrer qu'il n'y a rien à gagner à être le plus fort. Disséminés çà et là, leur isolement silencieux témoigne avec fracas de leur victoire paradoxale. Mendiants princiers et arrogants assis à méditer dans l'œil du cyclone, samouraïs sans maître dans un monde sans héros, insurgés nonchalants, terroristes du détachement, tous fichés au grand banditisme pourvu qu'il soit beau, révolutionnaires à mi-chemin entre le dilettante et la dynamite, les adeptes de la *Franc-Maçonnerie Noire* errent ainsi de loges en loges, étrangers au siècle et à leurs frères, derniers gardiens invisibles de la question à jamais ouverte et toujours sans réponse, celle grâce à laquelle l'homme se fait homme en renonçant à la puissance au nom de la sapience.

Derniers d'une époque, nous faisons les semis, nous gâchons le mortier, d'autres bâtiront l'édifice, et nous allons disparaître, enveloppés avec tout ce qui fut vivant, comme d'un suaire dont on ramène les coins sur le cadavre.[165]

Un académicien sans académie,
Vauvert, Saint Jean d'Eté 2005,
trente trois ans après la seconde levée du Voile.

---

165. Louise MICHEL, *Prise de possession*, 1890.

ANNEXE I

Source et bibliographie

C'est pourquoi je déclare que ni les Philosophes qui m'ont pré-
cédé, ni moi-même n'avons écrit, si ce n'est pour nous — nisi solis
nobis scripsimus — et pour les philosophes nos successeurs, et
nullement pour les autres.

Geber, *Summa perfectionis Magisterii*,
cit. in Manget, *Bibliotheca Chemica Curiosa* t.I, p. 383 (1702).

Le lecteur curieux voudra bien jeter un coup d'œil à cette documentation où l'auteur s'est complu à mêler le bon grain à l'ivraie, pour
égarer les ignorants pleins de leur fausse science. Car pour bien comprendre l'essence de la franc-maçonnerie, rien n'est mieux que de se
mettre à la *nescience*, goûtée par le divin Socrate, *Docte ignorance*
célébrée par Nicolas de Cues et reprise dans certain manuscrit de
Rose-croix — ou *Sainte Imbécillité*, grâce à laquelle les idiots et les
sages *ne se font plus d'idées sur rien — puisqu'ils savent tout.*

Il faut ici rappeler que la maçonnerie n'est pas la vie interne et
administrative des obédiences ni la publication des rites ou leur glose
à l'infini, mais d'abord une relation intersubjective qui passe par-delà
les mots (re-connaissance fraternelle), ensuite une relation hiérarchique

entre celui qui détient l'autorité et son apprenti (grades successifs), enfin une transfiguration intime (révolution intérieure) et collective (révolution extérieure). De telle sorte qu'au terme de son entreprise, la maçonnerie se couronne dans *l'Art royal de métamorphose de soi et du monde*, accompagnement du *monde comme devenir*, et de *soi comme pure relation*, transfiguration du politique et métamorphose et salut de soi par soi : toutes choses qui ne peuvent être dites parce que — c'est une évidence pour tous ceux qui sont passés par une année de silence, mais il faut le répéter — le langage est métaphysiquement héraclitéen alors que le monde est ontologiquement parménidien.

C'est pourquoi toute bibliographie maçonnique est vaine, parce qu'aucun ouvrage écrit sur la maçonnerie n'a de valeur.

Celui-ci y compris.

C'est pourquoi il est inestimable.

- *A Mason's Confession*, 1727.
- AGULHON Maurice « Le cercle dans la France bourgeoise 1810-1848, étude d'une mutation de sociabilité », *cahiers des Annales*, n° 36, Paris, Armand Collin, 1977
  Pénitents et Francs-maçons de l'ancienne Provence. Essai sur la sociabilité méridionale, Paris, 3ème édition, p. XII, 1984.
- AMBELAIN Robert, *Franc-Maçonnerie d'autrefois — cérémonies et rituels des rites de Misraïm et de Memphis*, R. Laffont, Coll. Les Portes de l'étrange, Paris, 1988.
- BEAUREPAIRE P.-Y. « L'Autre et le Frère, l'étranger et la franc-maçonnerie en France au XVIIIᵉ siècle », *Les dix-huitième siècles*, n° 23, Paris, Honoré Champion
  « La République universelle des francs-maçons. De Newton à Metternich », *De mémoire d'homme : l'histoire*, Rennes, 1999, Ouest-France
  « La sociabilité maçonnique à l'heure des notables et des capacités. Jalons pour l'étude d'une mutation décisive » in Hervé LEUWERS éd., *Elites et sociabilités au XIXᵉᵐᵉ siècle : héritages, identités*, préface de M. AUGULHON, Acte de la journée d'étude de Douai, 27 mars 1999, Université Charles de gaulle, Lille 3, Centres de recherche sur l'Histoire de l'Europe du Nord-Ouest,

Lille, Presse du Septentrion, pp. 30-50.

- *Théâtre de socialité et franc-maçonnerie aristocratique dans l'Europe les Lumières, une rencontre réussie*
- BERNHEIM A. in « Les Grades templiers de la Stricte Observance », *Alpina*, 6-7/ 1998, p. 169.
- BONNEVILLE Nicolas (de), *Les Jésuites chassés de la franc-maçonnerie*, éditions du Prieuré, 1993.
- BOURDIEU P., *La distinction, Critique sociale du* jugement, 1979).
- CASTELLANO (Juan-Luis) et DEDIEU (Jean-Pierre) dir., *Réseaux, familles et pouvoirs dans le monde ibérique à la fin de l'Ancien Régime*, Paris, CNRS éditions, Amériques-Pays ibériques, 1998.
- CAZZANIGA Gian Mario, « Utopia sociale e radicalismo massonico in Nicolas de Bonneville », *Annali di storia dell'esegesi*, n° 7/I, EDB, Bologna, 1990.
- CHEVALLIER Pierre, *Les Ducs sous l'Acacia* ou *Les premiers pas de la franc-maçonnerie française 1725-1743*, Paris, Librairie philosophique J. Vrin, 1964 rééd. 1984 aug. de *Nouvelles recherches sur les francs-maçons parisiens et lorrains 1709-1785*.
- COMBES A., *Histoire de la franc-maçonnerie française au XIXe siècle*, 2000.
- DE L'AULNAYE, *Thuileur des trente-trois degrés de l'Ecossisme du Rit Ancien, dit Accepté*, Paris, 1813.
- DE LA ROCHE DU MAINE, Jean Pierre Louis, marquis de Luchet (*Essai sur la secte des Illuminés*, Paris, 1789.
- DEBORD G, *La Société du Spectacle*, 1967.
  « Le déclin et la chute de l'économie spectaculaire-marchande » *Internationale Situationniste*, n° 10.
  Panégyrique.
  Die Wahrhaffte und volkskommene Bereintung des philosophischen Steins der Brüderschaft aus dem Orden des Gülden d Rosen-Creutzes , 1710.
- *Ecossais Anglois ou le parfait Maître Anglois* (Kloss Ms. 25.25, Groot Oosten der Nederlanden, La Hague 192.A. 88.
- EVOLA Julius, *La tradition hermétique*, I, 7, pp. 42 et *sq.*, éd. traditionnelles, Paris, 1988.
- FERRER BENIMEL J.-A., coordinador, « La masoneria Espanola entre Europa y America », II, *Symposium Internacional de Historia de la Masoneria*

Espanola, Zaragoza, 1-3 de Julio 1993, Zaragoza, 1995, Gobierno de Aragon, departemento de Educacion y Cultura, pp. 903-95

- G. DELEUZE & F. GUATTARI, *L'Anti-Œdipe*, 1972.
- GALTIER Gérard, *Maçonnerie égyptienne, Rose-Croix et Néo-Chevalerie. Les fils de Cagliostro*, Ed. du Rocher, 1989, p. 98.
- GASTON-MARTIN, *Manuel d'histoire de la Franc-Maçonnerie française*, 1934.
- GAYOT Gérard, *Les francs-maçons à l'orient de Charleville*, 1965
- GIRARD-AUGRY Pierre, *La Franc-Maçonnerie templière et ses grades allégoriques (du 18ème siècle à nos jours)*, Préface de Piere Dubourd-Noves, Paris, éd. Opéra, 1999.
- GUÉNON René, « Seth », in *Symboles fondamentaux de l'Art Royal.*
- GUÉRILLOT, Cl. *La Rose maçonnique*, t. II, Trédaniel, 1995, p. 270 sq.
- HABERMAS Jürgen *L'Espace public : archéologie de la publicité comme dimension constitutive de la société bourgeoise*, 1986
- HALÉVI Ran, « Les Loges maçonniques dans la France d'Ancien régime. Aux origines de la sociabilité démocratique », *Cahier des Annales*, n° 40, Paris, 1984
- HERNANT Jean, « Histoire de l'Ordre des templiers » in *Histoire des religions ou ordres militaires de l'Eglise et des ordres de Chevalerie*, Rouen, 1725, t. I.
- KERVALLA (André) et LESTIENNE (Philippe), « Un haut grade templier dans les milieux stuartistes en 1750 : l'Ordre Sublime des Chevaliers Elus », *Renaissance traditionnelle*, n° 112. *Maçonnerie écossaise dans la France d'Ancien régime*, 1999.
- KLEINERT Suzanne, *Nicolas de Bonneville. Studien zur Ideegeschichtlichen und litteraturtheorichen Position eines Schriftstellers des französchischen Revolution*, Heidelberg, K. Winter, 1981.
- *L'Ordre des francs-maçons trahi, et le secret des mopses révélés*, 1745.
- *L'Ordre des Francs-Maçons trahi...*, Amsterdam, 1745.
- LANTOINE A., « Les légendes du Rituel maçonnique », in *Le Symbolisme, n° 213*, 1937, pp. 16-17.
- LE FORESTIER René, « la Légende templière », in *La Franc-Maçonnerie occultiste et templière*, t. 1.

- LE HARIVEL Ph., « Nicolas de Bonneville, pré-romantique et révolutionnaire, 1760-1828 », *Publications de la Faculté de lettres de l'Université de Strasbourg*, fasc. 16, Strasbourg, Istra, 1923.
- LERBET Georges, *Le Kadosch franc-maçon*, Editions maçonniques de France, p. 91.
- *Les Plus Secrets Mystères des Hauts Grades de la Maçonnerie Dévoilés*,1766.
- MAIER Joseph Aloys, «ancien membre de la Compagnie de Jésus» [Adolf VON KNIGGE], *Des Jésuites, des francs-maçons et des Rose-Croix allemands*ETIENNE B., *L'Initiation*, Dervy, 2002.
- MOLLIER Pierre, *Imaginaire chevaleresque et franc-maçonnerie au XVIIIᵉ siècle*, Renaissance traditionnelle, n° 97-98, pp. 2-19.
- .MÜHLFORDT Günter, « Europarepublik im Duodezformat. Die internationale Geheimgesellschaft Union — ein radikalaufklärerischer Bund der Intelligenz (1786-1796) », in *Freimaurer und Geheimbünde im 18. Jahrhundert in Mitteleuropa*, Helmut Reinalter éd., Frankfurt-am-Main, Suhrkamp Verlag, 1983.
- ORDRE MAÇ∴. ANC∴. ET PRIM∴. DE MEMPHIS-MISRAÏM, *Maître Elu des Neuf.*
- PÉRAU, *Les coutumes des francs-maçons dans leurs assemblées...*, Paris, début 1745.
- PETIT B., *Les formes de l'expérience. Une nouvelle histoire sociale*, 1995.
- PORSET Charles, *Hiram sans-Culotte ? Franc-maçonnerie, Lumières et révolution. Trente ans d'études et de recherches ?* Paris, H. Champion, 1998, *Les dix-huitièmes siècles*, n° 24. « La franc-maçonnerie française au dix-huitième siècle. Etat de la recherche. Position des questions (1970-1992) ».
- QUOY-BODIN Jean-Luc, *L'Armée et la franc-maçonnerie au déclin de la monarchie sous la Révolution et l'Empire*, 1987.
- *Recueil précieux de la Maçonnerie adhoniramite* « par un chevalier de tous les ordres » [Guillemain de Saint-Victor ?], Philadelphie [Paris], 1781, 12°, 4 vol.
- ROCHE Daniel, *Le siècle des Lumières en province, Académies et académiciens provinciaux, 1680-1789,* Paris-La Haye, Mouton, 1973, 2ᵉᵐᵉ édition, éditions de l'EHESS, 1984, 2 vol.

- SCHILPP (Paul A.) et FRIEDMANN (M.), *The Philosophy of Martin Buber*, Open Court, La Salle, 1967.
- SCHÜTTLER H., « Die Mitglieder des Illuminatenordens 1776-1787/93 », *Deutsche Hochschuleedition*, Band 18, München, Ars Una, 1991.
- SNOEK J., « The evolution of the Hiramic Legend from Pritchard's *Masonry Dissected* to the *Emulation Ritual*, in England and France » in *Symbole et mythes dans les mouvements initiatiques et ésotériques (XVIIᵉ-XXᵉ siècles) : filiations et emprunts Aries*, Archè / La Table d'émeraude, 1999, pp. 59-93.
  « Retracing the lost secret of a Master Mason », *Acte Macionica* 4 (1994), pp. 42-7.
- TAILLEFER Michel, *La franc-maçonnerie toulousaine*, 1984.
- TH. G. DE LA G. [vraisemblablement Gardet de la Garde], *Passus tertius vel Magister perfectus secundum ritus observantiae legalis* [etc.], Ms. De 1798, Groot Oosten der Nederlanden, La Hague 122.E. 76, pp. 5-11.
- THORY Claude-Antoine, *Acta Latomorum*, Slatkine reprints, Paris (1980), t. I.
- *Three Distinct Knocks*, reprint Jackson, English Masonic Exposures, 1760-1769, London, 1986.
- VAR J.-F., « Les Actes du Convent de Wilhelmsbad », *Les Cahiers Verts*, n° VII

ANNEXE II

Nous sommes les neufs Vengeurs...

1 — Nous sommes les neufs *pauvres chevaliers* qui créèrent avec Hugues de Payns l'Ordre du Temple, avec ses neuf provinces et neuf mille commanderies, puis on révéla que nous crachions sur le christ et baisions le cul du diable, et nous vîmes notre Grand Maître Jacques de Molay périr sur le bûcher par la cause d'un roi et d'un pape. Mais de nos lointaines terres d'Ecosse où nous nous repliâmes dans les loges maçonniques, nous guidâmes le fer et le trait des armées de paysans levées par Robert Bruce contre leurs oppresseurs, et tenions ainsi notre revanche.

2 — Nous sommes les fidèles *Assassins* d'Hasan Sabbah, et nous reçûmes des mains du Vieux de la Montagne, la Coupe et le Poignard, le secret du haschich, et sa bénédiction pour fonder l'Ordre réformé des ismaïliens d'Alamut qui allait réveiller l'antique religion zoroastrienne et hâter le soulèvement national iranien. Nous embrassions les Templiers comme s'embrassent des Frères, et avec eux nous étudiâmes l'Art Royal, le *Sîr* et la *flos florum*.

3 — Nous sommes le *Bundschuh*, les laboureurs et paysans d'Alsace. En l'an de grâce 1493, nous conspirâmes pour tuer les usuriers et annuler les dettes, confisquâmes les trésors des monastères, amputâmes les revenus des prêtres, abolîmes la confession orale et instaurâmes des tribunaux locaux élus par les communautés. Le Dimanche de Pâques, nous attaquâmes la forteresse de Schlettstadt. Nous fûmes vaincus. Nombre d'entre nous furent arrêtés et jetés aux cachots pour être écartelés ou décapités. D'autres furent estropiés, mains et doigts tranchés, puis exilés. Pourtant ceux qui continuèrent répandirent le *Bundschuh*

dans toute l'Allemagne. Après des années de répression et de réorganisation, le *Bundschuh* fit son apparition à Freiburg en l'an de grâce 1513. La marche s'est poursuivie et le *Bundschuh* vit encore.

4 — Nous sommes le tribunal de la *Sainte Vehme*, errant par toute la Westphalie, n'ayant d'autres lois à respecter que celles dictées par la conscience et l'égalité naturelle, mettant fin par les tribunaux populaires aux scandaleuses impunités des barons féodaux, obligeant les profiteurs à rendre gorge, jouant de la corde et du Poignard pour rétablir le droit des gens contre celui des puissants.

5 — Nous sommes les *Illuminés de Bavière*, et nous cherchâmes à renverser la monarchie allemande dix ans avant la révolution française, pour en finir avec le gouvernement et la propriété privée parce que nous voulions abolir toute subordination sur la surface de la terre, sillonnant l'Europe occulte pour échapper aux persécutions menées par la société secrète de la Rose-croix d'Or qui avait bafoué et souillé l'idéal de la première Rose-croix, et diffusant, partout où nous étions l'esprit des Lumières dans les loges maçonniques.

6 — Nous sommes les *Carbonari* qui initièrent François 1er dans une modeste cabane de travailleur, prirent le maquis contre les Bourbons de Naples et les troupes autrichiennes, investirent les loges maçonniques de Mizraïm, mirent en échec les polices de la Restauration et de la Monarchie de Juillet et travaillèrent à renverser le Trône et l'Autel, et nous vîmes nos quatre Frères et Cousins décapités à La Rochelle, mais nous eûmes le temps de tracer sur leur poitrine l'Echelle de la Résolution et de leur expliquer les trois couleurs et le drap blanc.

7 — Nous sommes les *Frères de la Côte*, flibustiers et pirates de hauts étages, pillant et rançonnant les navires marchands, vivant dans nos farouches utopies sous le drapeau noir et les tibias entrecroisés , ce que nulle utopie de bureaucrate politicien n'est parvenu à réaliser depuis : l'égalité fraternelle, la liberté sans limite et la jouissance dépensière. Notre fraternité par delà bien et mer a fait honte à Satan et a rendu Dieu jaloux. Nous fûmes les premiers à découvrir la mondialisation du capital, lorsque les caravelles chargées d'or et d'épices sillonnaient les océans, et contrairement à vous, nous n'attendîmes pas le Grand Soir pour voler aux voleurs et vivre comme des gueux couronnés.

8 — Nous sommes les avant-postes de l'armée du *général Ludd*. En l'an de grâce 1811, nous parcourûmes la campagne anglaise, et dévastâmes

les usines, détruisant les machines et riant à la face des notables. Le gouvernement à la solde du capital nous envoya des milliers de soldats et de civils en armes. Une loi scandaleuse déclara que les machines étaient plus importantes que les êtres humains, et que ceux qui les détruisaient devaient être pendus. Nous fûmes avec notre Frère le carbonaro Lord Byron qui les avertit : « *N'y a-t-il pas assez de sang sur votre code pénal, qu'il faille en verser davantage pour monter au ciel et témoigner contre vous ?*» La révolte éclata et ceux qui échappèrent au noeud coulant furent déportés en Australie. Et pourtant, le général Ludd passe encore au galop à la lisière des champs, ralliant ses troupes du fin fond de la nuit.

9 — Nous sommes les *neuf vengeurs d'Adonhiram*, diligentés par le très sage roi Salomon pour châtier les assassins de notre cher maître. Là où le crime et l'injustice triomphent, là où l'on enchaîne le peuple par la superstition, la force ou l'argent, là où les puissants écrasent la Veuve et l'Orphelin, nous sortons de l'ombre le temps de porter de notre glaive un coup fatal, et puis nous retournons au Secret. Et aujourd'hui que triomphe l'arrogance des puissants, que l'iniquité règne en maîtresse dans les cités de verre et de béton, que le crime est félicité par la loi, mais que le peuple s'émancipe enfin de la tutelle d'une élite qui le trompe et l'exploite, aujourd'hui, quittant notre nid d'Aigle, nous sommes revenus dans la Vallée des Hommes. Et nous faisons appel à vous, entre l'Equerre et le Compas, pour venir au Camp de Rendez-vous, sous la bannière vôtre, unir vos forces aux nôtres, et hâter le cours naturel de l'histoire par certaine alchimie politique dont nous détenons les clefs.
Nous sommes la Confrérie des Nobles Voyageurs, empruntant les vêtements du siècle où nous sommes, parlant la langue des hommes qui nous offrent le pain, le feu et le sel, ayant l'âge du sable de la mer et celui du vent du désert, mêlés à la foule, parmi les baladins et les lépreux et les catins, mais cachant sous nos pouilles le Secret scellé du vrai sel. Assemblée hétéroclite de parias et de bandits d'honneurs, de déclassés et de rêveurs sans scrupules, nous n'avons d'autre maître que notre conscience et il nous a été donné aujourd'hui la garde des *rituels maçonnique de Vengeance*, dits aussi *grades de justice* ou encore de *franc-maçonnerie noire*, par lesquels une fois encore brillera dans l'obscurité l'éclair de nos dagues et de nos sourires.

Aussi, toi qui veux connaître l'Acacia aux neuf rameaux, descends visiter l'intérieur de la Terre, de la Glèbe, de la Plèbe. Et là-bas, au plus noir du noir, nous nous reconnaîtrons et nous te rejoindrons.

Annexe III

Documents originaux

PRINCIPES

1 - L'insuffisance engendrant l'insatisfaction, l'insatisfaction
engendrant le mécontentement, le mécontentement est donc l'agent
moteur même de tout progrès, technique ou social. Sans lui, l'Huma
nité en serait demeurée au stade de la préhistoire.

2 - En conséquence de ce qui précède, et fort logiquement, tout c
qui freine ce progrès est issu et mû par les forces régressives,
techniques ou sociales.

3 - A peine d'être inconséquent, tout partisan du progrès est don
par voie de conséquence, partisan de la révolution.

4 - La révolution, c'est, d'autre part, la ré-évolution, c'est-à-
dire une évolution, permanente et ininterrompue.

5 - Elle doit se faire du consentement de tous les citoyens, conse
tement exprimé par une consultation loyale et régulière, se tradu
sant   par une opinion majoritaire.

6 - Définitivement exprimée, elle doit se traduire en actes par l
voie légale exclusivement, sans désordre ni violence d'aucune sor

7 - La ré-évolution ne saurait remplacer une caste privilégiée pa
une classe privilégiée, ni supprimer une liberté au nom de la Lib
té, ni substituer une dictature à une autocratie.

8 - Elle se doit donc, à elle-même, de défendre ces principes qui
justifient, et elle le doit à ceux qui ont mis en elle leur espér
ce.

9 - A ce titre, toute opposition, occulte ou avouée, doit être br
et cela par tous moyens appropriés.

10 - De même qu'une société civile possède ses lois, que des homm
sont chargés de les appliquer, d'autres chargés de les défendre, l
ré-évolution, condition même et agent moteur de tout progrès, se
de posséder s es principes, d'avoir des citoyens pour les diffuse
les faire admettre, et les appliquer, et d'autres pour les défénd

11 - Tout comme les forces de régression possèdent leurs militant
avoués, connus, la ré-évolution possède les siens.

12 - Tout comme les forces de régression possèdent leurs agents o
tes, inconnus, des procédés psychiques pour les défendre et les
puyer, la ré-évolution possède ses agents occultes, inconnus, des
procédés psychiques pour les défendre et les appuyer en leur acti

13 - Tout comme les procédés occultes utilisés par les forces de
gression résident dans des rites religieux, ceux de la ré-évoluti
résident dans l'Occultisme Traditionnel.

APPLICATIONS

14 - Dans une lutte se déroulant d'abord sur le plan des idéologie
et revê tant en ses racines un aspect psychique, reposant ainsi s.u
des rites, il apparait de façon indiscutable que, des deux côtés,
secret soit une condition importante du succès. Ce afin d'éviter t
"brouillage" dans l'émission active. Et effectivement, l'essentiel
la lutte entre les deux courants se déroule dans l'ombre, inconnu
monde profane.

15 - Face aux Eglises, à leur appareil hiérarchique séculaire, à l:
discrétion absolue qui y est de règle pour les choses essentielles
la courant advers devré s'inspirer des mêmes principes. Il s emble q
l'organisation la plus ancienne, la plus stable, constituant le me:
leur séminaire de recrutement, soit la Franc-Maçonnerie, et plus pai
culièrement la Maçonnerie Latine.

16 - La Maçonnerie anglo-saxonne n'ayant jamais eu dans les Etats l
thériens, protestants, anglicans, à subir deperséoutions dela part
pouvoirs publics, est d emeurée conservatrice, religieuse et dogmati
Ce qui est assurément un non-sens, la Maçonnerie étant par essence c
matique. Au contraire la Maçonnerie Latine a de toujours été perséc
tée au Portugal, en Espagne, en Italie, et à certaines périodes, en
France. Là où l'Eglise Catholique est demeurée prépondérante, pesan
sur l'appareil légal de l'Etat, les mêmes forces régressives évoqué
au § 2 ont combattu, freiné, les courants de progrès social ou techn
que, les libertés individuelles et morales les plus sacrées.

17 - En conclusion d e ce qui précède, et compte tenu d e l'humaine c
osité, du désir d'acquérir des grades nouveaux, la Maçonnerie dite "
lière" ne saurait constituer le séminaire évoqué au § 15. Parallèle
les grades à tendances dites "christiques", reposant sur l'abandon à
providence, sur le renoncement à toute activité virile, sur le pard(
des offenses, ne sauraient former les candidats à l'action occulte
quée au § 13. Il convient donc d'écarter du recrutement tout Maçon
a été imprégné de ces principes, et particulièrement marqué des rit
qui les véhiculent: Rite Ecossais Rectifié, en tous ses hauts-grade:
Rite Ecossais Ancien Accepté en son 18ème degré, (Chev:.R:.C:.),etc.
même, un Maçon martiniste ne semble guère offrir les garanties exig(

18- Il convient donc d'observer que l'Occulte Maçonnique réside à peu
près en totalité, dans les grades de la Maçonnerie dite "Noire", de
couleur de ses décors, et dans ces degrés dites "de vengeance", et
seraient plus proprement dénommés "grades de combat". Ce sont eux qu
conservent l'essentiel de la Magie Maçonnique, avec des éléments ven
directement du Tantrisme et du Taoïsme.

19 - La chose paraitrait étonnante, si l'on ne se souvenait qu'au 17
siècèè, la Rose-Croix se scinda en deux courants. L'un, christique et
mystique, demeura en Europe. L'autre, occulte et naturaliste, se ret
en Asie selon la tradition, et celà à la fin de la guerre de Trente /
Les observations relevées au § 18, quant au Tantrisme et au Taoïsme,c
firment la dite Tradition.

- 3

20 - C'est ainsi que face à une Maçonnerie dite régulière, imbue du principe que rien ne devaitchanger en Europe, soutenant parfois même le droit divin des monarques, l'autorité dogmatique de l'Eglise, on vit apparaître des grades moins galvaudés,tels que le "Templier d 'Aó le "Précepteur d'Asie", le "Chevalier d'Asie", le "Frère d'Asie",etc Les "Illuminés de Bavière" en furent également une manifestation.

2I - Il convient donc de retenir que le Candidat à une telle action, évoquée au B 12, devra être choisi et retenu parmi les Maitres-Maçon n'ayant pas encore reçu une autre augmentation de salaire, et libre de toute sujétion à une quelconque Hiérarchie des grades supérieurs classiques.

22%- La Maçonnerie Noire, dite encore "Maçonnerie de Justice", a vu ses degrés incorporés un peu au hasard dans la hiérarchie primitive du rite dit de Perfection, puis avec toute celle-ci, dans celle du Rite Ecossais Ancien Accepté. Il convient donc de les en détacher e de les rassembler de nouveau en une unique hiérarchie, constituant et bien une Maçonnerie d'Elus.

23 - On observera avec profit que cette hiérarchie se compose de se ou neuf grades, selon que l'on part de l'Apprenti ou du Maître. Le bleau ci-après fera mieux comprendre cette unité dela Maçonnerie No

1 -	Apprenti	:	*peuvent brute la "unal" à 'Hindu*
2 -	Compagnon	:	
1 - 3 -	Maitre	:	Port du Cordon côté noir,avec emblèmes fun

2 - 4 -	Maitre Elu des IX	:)	Cordons noirs, de gauche à droite,
3 - 5 -	Ill:. Elu des XV	: (	gants noirs, poignards flamboyants.
4 - 6 -	Subl:. Chev:.Elu	:)	Tabliers bordés de noir.

5 - 7 -	Chev:. Prussien	:)	Cordons noirs,de droite à gauche,
6 - 8 -	Grand-Elu Kadosh	: (	gants noirs, glaives flamboyants ou ron
7 - 9 -	Prince du Royal-Secrét	:)	avec emblèmes funèbres.

24 - Il apparait évident que le Maitre-Maçon, premier grade où appa rait le Cordon noir avec emblèmes funèbres, lors de la Cérémonie repro duisant la mort d'Hiram, peut être assimilé à un Apprenti-Elu. On lu révèle le drame qui va - en ses conclusions et conséquences - le me vers les degrés d'Elus, où la Justice poursuit le Crime. Conséquenc en découlant, le Sublime Chevalier-Elu peut être assimilé au Compag Elu, et le Prince du Royal-Secret au Maitre-Elu. Chacun de ces troi degrés ultimes d'une des trois Classes, étant l'aboutissement d'une préparation en trois grades, dans lesquels se reproduisent la même classification : Apprenti (M:.Elu des IX et Chev:.Prussien), Compa gnon (Ill:. Elu des XV et Grand-Elu Kadosh), Maitre (Subl:.Chev:.El et Prince du Royal-Secret).

25 - L'étude attentive de la rituélie de ces divers grades apporte preuve de l'existence d'une Magie Maçonnique, dans laquelle des élé ments venus directement du Tantrisme (moudras), du Taoïsme (polygra mes du Y-King), marquent de façon indélébile son origine asiatique.E là, l'Asie évoquée au B 19 s'impose de façon indiscutable.

- 4

26 - La classe des Maîtres-Maçons constituant ainsi le séminaire de
recrutement d'une Maçonnerie d'Elus, l'important sera d'obtenir d'e
qu'ils renoncent, par avance, à toute progression hiérarchique dans l
divers systèmes maçonniques en vigueur actuellement. S'ils sont dé;
reçus en des hauts-grades de caractère opposés, et s'ils sont susce
tibles de s'en détacher psychiquement et intellectuellement, aussi
bien que dans l'appartenance administrative, (par démission), ils
pourront, à ces seules conditions, entrer dans la Maçonnerie d'Elus
et en recevoir les enseignements et les instructions.

27 - Le texte du serment d'entrée et d'adhésion devra comporter de
formules suffisamment occultes pour que tout abandon ou toute trahi
ultérieue, de la part de l'affilié, soit sanctionnés par avance de
fait même. Les procédés d'action occultes permettent de composer un
tel serment, dans lequel c'est l'affilié lui-même qui se condamne p
avance, en cas de trahison. L'efficience de tels serments n'est pas
niable, la formule usitée par les Esséniens en est la preuve absolu

28 - L'organisation d'une telle Maçonnerie devra comporter des for
de recrutement et de réception suffisamment souples et compartiment
pour que la découverte d'un ou de plusieurs affiliés ne permettent p
néanmoins de rejoindre les éléments voisins, et encore moins de ren
ter jusqu'aux membres de sa direction.

29 - La nécessité d'une utilisation rapide du Candidat devenu Affili
implique que lorsqu'il formule sa demande d'entrée, il soit suffisa
ment documenté sur l'Occultisme en général, et particulièrement en
matière d'Astrologie et de Magie ou de Théurgie. Ainsi donc, passant
directement à l'enseignement de la Magie Maçonnique, son Instructeur
perdra un minimum de temps.

30 - Aucun candidat ne sera donc admis que son Instructeur futur n'
constaté par lui-même qu'il possède une solide culture occultiste,
une documentation livresque abondante suffisante en ce domaine, e
qu'il a, par avance, acquis les accessoires qu'on lui aura indiqués
Il devra de même avoir la possibilité matérielle d'opérer, quant au
lieu. Dans la négative, il conviendra de surseoir à sa réception.
aux qualités morales, aussi indispensables que les qualités intelle
elles, le candidat devra posséder celles qui font un soldat courage
loyal, discipliné, ne craignant ni le danger ni certains scrupules
conscience. C'est ainsi qu'on ne saurait absolument pas recevoir un
prêtre dans la Maçonnerie Noire, (amoins qu'il n'ait librement quit
son Eglise), la formation évangélique, dévirilisante au maximum, se
trouvant de ce fait même un obstacle à une semblable action occulte
Quant à ses qualités morales, elles sont impliquées par la signific
tion même de la couleur noire en Héraldique traditionnelle (sable)
la foi, le savoir caché, le sens du secret, l'inflexibilité, l'espri
de sacrifice, le deuil (dépouillement) des ambitions profanes.

oOo

LA FRANC-MAÇONNERIE NOIRE RÉVÉLÉE

ou

LA CONFRÉRIE DES NOBLES VOYAGEURS

SOMMAIRE

INCIPIT LIBER

FRANC-MAÇONNERIE NOIRE

EXPLICIT LIBER

Achevé d'imprimer en mars 2006
sur les presses de la Nouvelle Imprimerie Laballery
58500 Clamecy
Dépôt légal : mars 2006
N° d'impression : 602159

Imprimé en France

Mise en page : Turquoise